PARCOURS PHILOSOPHIQUE

Tome 2

D'ARISTOTE À HEIDEGGER

Collection **Ouverture philosophique**
dirigée par Dominique Chateau et Bruno Péquignot

Une collection d'ouvrages qui se propose d'accueillir des travaux originaux sans exclusive d'écoles ou de thématiques.
Il s'agit de favoriser la confrontation de recherches et des réflexions qu'elles soient le fait de philosophes "professionnels" ou non. On n'y confondra donc pas la philosophie avec une discipline académique ; elle est réputée être le fait de tous ceux qu'habite la passion de penser, qu'ils soient professeurs de philosophie, spécialistes des sciences humaines, sociales ou naturelles, ou... polisseurs de verres de lunettes astronomiques.

Dernières parutions

Paul DUBOUCHET, *Le modèle juridique, droit et herméneutique*, 2001.
Pierre LAMBLE, *Fondements du système philosophique de Dostoïevski (La philosophie de Dostoïevski, tome 1)*, 2001.
Pierre LAMBLE, *La métaphysique de l'Histoire de Dostoïevski (La philosophie de Dostoïevski, tome 2)*, 2001.
Ronald BONAN, *Le problème de l'intersubjectivité dans l'œuvre de Merleau-Ponty. La dimension commune,* Volume 1, 2001.
Ronald BONAN, *L'institution intersubjective comme poétique générale. La dimension commune*, Volume 2, 2001.
Michel FATTAL (sous la direction de), *La philosophie de Platon,* tome 1, 2001
Steven BERNAS, *Archéologie et évolution de la notion d'auteur*, 2001.
André DOZ, *Parcours Philosophique,* Tome 1 : *Avec Hegel,* 2001.

André DOZ

PARCOURS PHILOSOPHIQUE

Tome 2

D'ARISTOTE À HEIDEGGER

L'Harmattan
5-7, rue de l'École-Polytechnique
75005 Paris
France

L'Harmattan Hongrie
Hargita u. 3
1026 Budapest
HONGRIE

L'Harmattan Italia
Via Bava, 37
10214 Torino
ITALIE

DU MÊME AUTEUR

La Logique de Hegel et les problèmes traditionnels de l'ontologie, Paris, Vrin, 1987

HEGEL : *La Théorie de la mesure,* traduction et commentaire, Paris, P.U.F., 1970 ; 1994[2]

ISBN : 2-7475-1875-2

A SABINE, MATHIEU,

CYPRIEN ET LÉO

AVANT-PROPOS

Le lecteur qui aura déjà lu le tome 1 de cet ouvrage voudra bien me permettre d'en reprendre partiellement l'*Avant-propos* à l'usage de celui qui ne l'aura pas lu.

Les articles recueillis dans ces deux volumes ont été, en dehors d'un inédit, publiés dans des revues ou des ouvrages collectifs entre 1968 et 2000 ; certains reproduisent des exposés oraux prononcés à diverses occasions ; dans ce cas je leur ai laissé à peu près leur forme première, qui a, comme toute forme, ses vertus et ses limites.

Je ne me suis pas interdit d'apporter à certains articles quelques retouches ponctuelles ayant pour but de gagner en clarté, en précision, parfois en exactitude, mais n'altérant en rien le contenu. Deux articles ont été allégés de passages ou de notes trop étroitement liés à la conjoncture de leur parution. Certains articles sont suivis d'un complément rédigé au cours de l'année 2000.

Pour la commodité du lecteur j'ai renvoyé fréquemment aux traductions françaises des œuvres en langue allemande dont sont extraites les citations ; mais la traduction des passages cités est généralement la mienne, et même si elle coïncide avec une traduction existante j'en assume la responsabilité.

La plupart des articles retenus appartiennent au genre de l'histoire de la philosophie ; quelques uns abordent directement un thème philosophique, mais en gardant un lien étroit avec telle ou telle pensée importante y ayant trait, ce qui justifie les sous-titres de l'un et de l'autre tome. Inversement j'aimerais laisser percevoir que l'histoire de la philosophie n'est pour moi qu'une aide nécessaire à l'approfondissement des questions.

Les sujets abordés dans ce second tome sont divers, de même que les modes d'approche ; les noms des deux auteurs retenus dans le sous-titre balisent les extrêmes dans le temps : il est assez clair qu'il ne s'agit pas d'un traitement systématique de l'intervalle fermé (Hegel mis à part) qu'ils délimitent. Les circonstances ont joué leur rôle dans l'écriture des articles ; cependant les circonstances n'existent qu'en relation à l'unité d'un projet.

J'adresse mes vifs remerciements aux éditeurs des revues ou des ouvrages collectifs qui ont autorisé gracieusement la présente publication des articles précédemment édités par eux.

HEIDEGGER, ARISTOTE ET LE THÈME DE LA VÉRITÉ

Lorsqu'un philosophe fait un contresens sur la pensée d'un de ses devanciers, sa propre pensée peut-elle s'en trouver compromise ? Il paraît raisonnable de répondre négativement : en effet l'erreur, en ce cas, est historique, non philosophique. Mais lorsque le philosophe-lecteur est Heidegger la question se pose d'une manière particulière, en raison de l'importance qu'a pour sa pensée le rapport à l'histoire de la philosophie – le mot « histoire » étant pris ici non au sens de la science historique mais au sens de ce qui est advenu et advient, réservant en soi un avenir.

Cela se vérifie déjà pour la pensée que l'on peut rapporter au « premier » Heidegger, qui trouve dans *Être et temps* (1927) son expression la plus ample. D'après cet ouvrage nous sommes caractérisés par la compréhension de l'être (*Seinsverständnis*), compréhension qui, le plus souvent, se nuance de méconnaissance ; la philosophie élucide et élabore cette compréhension en quelque sorte naturelle ; mais en elle aussi compréhension et méconnaissance s'unissent étroitement ; la méconnaissance prend souvent cette forme que la vérité qui a été une fois conquise de haute lutte tombe ensuite dans une apparente banalité ; et cette chute, loin de laisser le contenu intact, le prive de sa force native et du plus précieux de son sens, en même temps qu'elle interdit d'en percevoir les limites et de tenter une percée plus radicale. Si, aujourd'hui, il est urgent pour nous de tenter de comprendre l'être plus radicalement, il nous faut nous réapproprier notre propre histoire et en déceler le point critique. Par là s'explique l'importance qu'a pour nous la philosophie grecque. Cette philosophie, déterminante pour toute la suite, a le privilège d'être au clair sur ce qu'elle comprend lorsqu'elle comprend l'être ; cette clarté éclaire d'avance toutes les questions qu'elle pose et tous les pas qu'elle fait, mais elle n'en aperçoit pas la source, c'est-à-dire la lumière elle-même[1] ; et puisqu'il s'agit pour nous de découvrir cette lumière, la redécouverte du point précis où elle s'est dérobée est presque irremplaçable.

Presque irremplaçable, dis-je ; car si fortes que soient les habitudes de la pensée, celle-ci garde, semble-t-il, le pouvoir de s'en affranchir. Le regard phénoménologique ne va-t-il pas droit aux choses mêmes, c'est-à-dire, finalement, à cet *être* que, même sans philosophie, nous ne cessons de comprendre et de méconnaître à la fois ? Dès lors si, en interprétant un texte de la philosophie grecque, le philosophe d'aujourd'hui fait un contresens important, le risque est certes grand qu'il se méprenne aussi sur la chose même dont ce texte à sa manière témoignait, mais il est tout de même limité ; l'erreur historique n'entraîne pas nécessairement l'erreur philosophique.

La question est plus grave s'il s'agit de la pensée du « second » Heidegger, pensée dont l'origine chronologique est certes difficile à préciser, mais dont on peut dire cependant qu'elle se constitue progressivement à partir de 1930. Pour cette pensée l'histoire de la philosophie n'est plus seulement une histoire de la compréhension de l'être ; elle appartient à l'histoire du rapport qui est celui de

[1] *Vom Wesen der menschlichen Freiheit. Einleitung in die Philosophie, Gesamtausgabe* (noté GA), 31, Frankfurt am Main, 1982, p. 109 (trad. *De l'Essence de la liberté humaine. Introduction à la philosophie*, par E. Martineau, Paris, Gallimard, 1982).

l'être à nous autant que celui de nous à l'être, autrement dit – étant donné que l'être ne se sépare pas du rapport – elle appartient à l'histoire même de l'être. Dès lors une erreur concernant l'histoire de l'être est une erreur concernant la chose même ; et comme la pensée qui pense l'histoire de l'être appartient elle-même à cette histoire, il se pourrait que cette erreur la fît errer radicalement, au point que la thèse de l'histoire de l'être se détruirait elle-même.

Je dis que la question se pose : la poser n'est pas y apporter la réponse. Je me propose de la poser effectivement à propos de l'interprétation d'un court passage d'Aristote, à savoir du chapitre 10 du livre Θ de la *Métaphysique*. Faire porter un tel poids à l'interprétation d'un passage si court peut sembler excessif ; mais ce texte est pour Heidegger de toute première importance. Il lui donne une place capitale dans son cours de 1923-1924 sur la *Question de la vérité* [2]. En 1930, dans son cours sur l'*Essence de la liberté humaine*, il déclare que ce chapitre est la clef de voûte du livre Θ, lui-même livre le plus central de toute la *Métaphysique*[3], et que la conception fondamentale de l'être dans la métaphysique antique trouve dans ce texte sa première et ultime expression radicale[4]. C'est donc l'interprétation décisive de toute la philosophie grecque qui se trouve ici engagée. Et dans l'opuscule rédigé en 1940 *La doctrine de la vérité chez Platon* Heidegger confirme son interprétation antérieure et déclare que la pensée aristotélicienne sur l'être de l'étant atteint en ce chapitre le sommet[5]. Tout conduit à penser que, pour l'essentiel, Heidegger n'a jamais varié sur ce point. Quiconque attache de l'importance à sa pensée se doit d'affronter la difficulté, sans préjuger de la réponse.

Il faut donc examiner les deux premiers textes cités.

Dans la *Question de la vérité* et l'*Essence de la liberté humaine* les démarches sont semblables en ceci que c'est chez Aristote qu'est cherchée l'expression décisive de la philosophie antique et

---

[2] *Logik. Die Frage nach der Wahrheit*, GA, 21, 1976.

[3] *Vom Wesen...*, p. 80 ; p. 107 (trad. p. 85 ; p. 109).

[4] *Ibid.*, p. 82 (trad. p. 87).

[5] *Platons Lehre von der Wahrheit*, in *Wegmarken*, GA, 9, 1976, p. 252 (trad. dans *Questions* 2, Paris, 1962, p. 155).

qu'au lieu de comprendre Aristote à partir de la tradition ultérieure, il faut redécouvrir chez lui le fondement, clair pour lui mais recouvert par la suite, d'où cette tradition tire ce qu'elle a de sens. Mais, par ailleurs, les démarches sont inverses, tout en aboutissant au même résultat, l'une partant de la vérité, l'autre partant de l'être, pour montrer l'unité qui relie ces deux termes.

Dans la *Question de la vérité* c'est l'essence de la vérité qu'il s'agit de comprendre. La compréhension traditionnelle rassemble plusieurs thèses : la vérité relève avant tout de la connaissance théorique ; elle a son lieu dans la proposition ; elle a un lien privilégié avec l'intuition ; elle consiste en l'adéquation de la faculté de connaître et de la chose dont il s'agit. La deuxième thèse ne semble d'ailleurs pas s'accorder avec la troisième ; au moins peut-on voir dès l'abord qu'elles conviennent en ceci que la proposition et l'intuition sont toutes deux des modalités de la connaissance. Or, selon Heidegger, ces déterminations de la vérité laissent sans doute apercevoir quelque chose de son essence, mais ce quelque chose dépend entièrement d'une instance plus essentielle de cette même essence ; à ce niveau la vérité est le caractère par où l'étant est non-celé, décelé (*unverborgen*, *entborgen*) ; ce caractère est donc un trait de l'*être* de ce qui est. Comprendre l'essence de la vérité, même s'il s'agit de la vérité comme qualité de la connaissance ou de la proposition, c'est comprendre que la vérité comme « non-celéité » ou « déceléité » est un trait de l'être, comprendre que l'être reçoit de la vérité sa détermination pleine et propre[6]. Or c'est précisément ce dont témoigne expressément Aristote, principalement en *Métaphysique*, Θ, 10.

Que la déceléité détermine l'être fait ressortir en l'être le trait de la présence. Or la présence est une modalité temporelle. Le temps est la source de la clarté en laquelle se tient pour Aristote l'identité de la déceléité et de la présence. On voit comment la lecture d'Aristote prépare *Être et temps*.

Dans l'*Essence de la liberté humaine*, après que la problématique de la liberté ait ramené à la question de l'être, c'est

---

[6] *Die Frage...*, p. 179.

pour comprendre l'être qu'on en vient à reconnaître la vérité comme ce qui le détermine. Plus précisément, dans une première phase nous sommes conduits à reconnaître qu'être s'identifie à présence ; dans une seconde phase, à reconnaître l'unité indissoluble de la vérité, comme non-celéité, et de la présence. Or, ici encore, c'est le chapitre 10 du livre Θ de la *Métaphysique* qui est donné comme le témoin décisif ; c'est ici que Heidegger consacre à ce chapitre l'étude la plus approfondie. Il nous faut donc le considérer à notre tour.

Ce chapitre, le dernier du livre Θ, traite expressément de la vérité et de la fausseté. Le contexte comportant d'abord un rappel de quelques unes des différentes façons dont « l'étant » et, corrélativement, « le néant » se disent, il apparaît clairement que la vérité et la fausseté sont abordées ici dans la ligne de « l'étant comme vrai », ou « étant au sens de "vrai" » (ὂν ὡς ἀληθές), donné par Aristote pour l'une de ces façons au chapitre 4 du livre E de la *Métaphysique*[7]. Or, au dire d'Aristote en E, 4, l'étant au sens de « vrai » n'est qu'une modalité mineure de l'étant et n'existe pas en dehors de la pensée, contrairement à ce qui *est* proprement ou de plein droit (κυρίως) ; son étude, concluent certains commentateurs, ne relève donc pas de la métaphysique, et notamment pas du livre Θ, qui dans l'ensemble traite justement de l'être-en-acte, c'est-à-dire de la modalité maximale de l'être. Erreur, répond Heidegger, car justement Aristote déclare dans les premières lignes de Θ, 10 que le vrai est l'étant au sens le plus propre (κυριώτατα). « L'être-vrai constitue ce qui est le plus

[7] On notera que par « l'étant » je traduis ici τὸ ὄν littéralement ; mais il faut bien entendre par là non pas simplement telle chose qui est, mais cette chose *en tant qu'elle est* ; le sens autoriserait qu'on traduisît par « être », à condition de respecter l'homogénéité, en disant par exemple : « l'être comme être-vrai », ou « comme vérité » ; toutefois la présence dans le même chapitre de la locution τὸ εἶναι, pour laquelle la traduction par « l'être » s'impose, me conduit à maintenir la traduction plus littérale de τὸ ὄν, bien qu'Aristote, lui, ne respecte pas toujours l'homogénéité.
Remarquons aussi que le mot ἀληθές est un adjectif signifiant « vrai », tandis que ψεῦδος, qui lui est opposé dans le texte d'Aristote bientôt commenté, est un substantif signifiant « fausseté » ; inversement on peut être amené à traduire ἀληθές par « vérité » et ψεῦδος par « faux ».

proprement être de ce qui est proprement étant » (*Das Wahrsein macht das eigentlichste Sein des eigentlich Seienden aus*)[8]. Mais cette déclaration expresse ne contredit-elle pas ouvertement celle de E, 4 ? En apparence seulement, répond Heidegger : ici et là Aristote ne parle pas de la même vérité. En E, 4 il parle de la vérité de la pensée et de l'énoncé (du moins est-ce ce que Heidegger relève d'abord ; plus loin il croit déceler une autre raison) ; en Θ, 10 il parle de la vérité qui est un trait de l'être lui-même, c'est-à-dire de la vérité fondamentale[9].

Tout repose sur la lecture de la première phrase, et notamment d'un groupe de mots qui, de fait, a embarrassé éditeurs, traducteurs et commentateurs ; s'il faut le lire comme Heidegger, l'interprétation proposée est sans doute séduisante, à supposer que le reste de Θ, 10 permette de la confirmer. Mais déjà on se demandera : peut-on si aisément éviter la contradiction entre E, 4 et Θ, 10 en soutenant qu'ici et là Aristote ne parle pas de la même vérité ? On peut en douter puisqu'ici et là Aristote parle de l'*étant* comme vrai, comme Heidegger le reconnaît. On verra qu'en fait la position de Heidegger sur ce point est plus complexe. Quoi qu'il en soit, la charge de la preuve lui incombe.

Or, pas un instant Heidegger ne semble soupçonner qu'une lecture toute différente est possible. On va pourtant le constater.

Voici le texte tel que le donnent d'excellentes éditions et tel que le cite Heidegger :

Ἐπεὶ δὲ τὸ ὂν λέγεται καὶ τὸ μὴ ὂν τὸ μὲν κατὰ τὰ σχήματα τῶν κατηγοριῶν, τὸ δὲ κατὰ δύναμιν ἢ ἐνεργείαν τούτων ἢ τἀναντία, τὸ δὲ κυριώτατα ὂν ἀληθὲς ἢ ψεῦδος, τοῦτο δ'ἐπὶ τῶν πραγμάτων ἐστὶ τῷ συγκεῖσθαι ἢ διῃρῆσθαι, ὥστε ἀληθεύει μὲν ὁ τὸ διῃρήμενον οἰόμενος διῃρῆσθαι καί τό συγκείμενον συγκεῖσθαι, ἔψευσται δὲ ὁ ἐναντίως ἔχων ἢ τὰ πράγματα, πότ' ἔστιν ἢ οὐκ ἔστι τὸ ἀληθὲς λεγόμενον ἢ ψεῦδος ;

Voici, retraduite d'assez près, en omettant certaines des parenthèses explicatives, la traduction partielle que donne Heidegger dans la *Question de la vérité* :

---

[8] *Vom Wesen...*, p. 87 (trad. p. 91).

[9] *Ibid.* p. 88 (trad. p. 92).

« Etant donné que l'étant et le néant sont entendus une fois eu égard aux formes des catégories, puis eu égard à la possibilité et à l'actualité de ce qui, dans les catégories, est entendu comme étant et néant [c'est-à-dire comme le contraire du premier], mais que ce qui est entendu comme l'étant qui est, de tous, le plus proprement étant, c'est l'être-à-découvert et l'être-recouvert (*als das allereigentlichste Seiende aber verstanden wird Entdecktheit und Verdecktheit*), [...] la question se pose de savoir quand est, ou n'est pas, ce que nous nommons "découvert" ou "recouvert" »[10].

Du point de vue grammatical cette lecture de la phrase se caractérise par deux traits.

1. La conjonction ἐπεί, « puisque », commande une première proposition qui comporte une série de deux termes : τὸ μὲν..., τὸ δὲ..., et s'achève avec avec τἀναντία, « leurs contraires respectifs », puis une seconde qui est τὸ δὲ κυριώτατα ὂν ἀληθές ἢ ψεῦδος, « mais que... l'être-recouvert », avant une troisième qui commence avec τοῦτο, « et que cela est... aux choses » (cf. ma note 10).

2. Dans le groupe de mots τὸ δὲ κυριώτατα ὂν ἀληθές ἢ ψεῦδος, l'article τὸ se rattache à ὂν qui vaut comme substantif ; la proposition énonce une relation d'identité entre l'étant au sens le plus propre et le vrai en tant que tel, la vérité ; la même relation est implicitement affirmée (on est du moins conduit à le penser) entre le néant au sens le plus propre et le faux.

---

[10] *Die Frage...*, p. 174. Cette traduction appelle remarques et compléments :

a/ De « puis » à « premier » on traduirait plus exactement, en explicitant un peu ce que dit Aristote, par : « puis eu égard à la possibilité et à l'actualité des catégories [s'il s'agit de l'étant] ou à leurs contraires respectifs [s'il s'agit du néant] ».

b/ Heidegger dit ici *Entdecktheit* et *Verdecktheit*, que j'ai traduits respectivement par « être-à-découvert » et « être-recouvert » ; il semble, dans tout ce contexte, employer ces mots comme respectivement équivalents à *Unverborgenheit* ou *Entborgenheit* (« non-celéité » ou « déceléité ») et *Verborgenheit* (« celéité »).

c/ Pour les lignes omises, signalées ici par le signe [...], je propose, en respectant autant que possible l'homogénéité : « [...] et que cela est, du côté des choses, du fait de l'union ou de la séparation, de sorte que celui-ci met à découvert qui tient pour séparé ce qui est séparé et pour uni ce qui est uni, et que celui-là recouvre, qui pense contrairement aux choses [...] ».

Cette lecture a ses lettres de noblesse : elle était celle du Pseudo-Alexandre d'Aphrodise[11]. Elle est celle de Schwegler dans sa traduction[12] ; elle est encore – mais non sans hésitation – celle de Ross dans sa traduction en 1908[13], elle est celle de Jaeger en 1912[14], à ceci près que Jaeger comprend alors κυριώτατα comme signifiant « selon l'usage le plus fréquent », ce que Heidegger, après Ross dans son édition de 1924[15], rejette à juste titre[16] ; elle est celle de P. Aubenque[17], de H.G. Apostle[18], de B. Dumoulin[19].

La seconde lecture s'oppose trait pour trait à la précédente.

1. La première proposition commandée par ἐπεὶ va jusqu'à ψεῦδος et le groupe de mots τὸ δὲ κυριώτατα ὂν ἀληθὲς ἢ ψεῦδος forme le troisième terme de la série déjà commencée : τὸ μὲν..., τὸ μὲν..., τὸ δὲ... En cela déjà on voit que cette lecture est toute naturelle : Aristote rappelle, incomplètement d'ailleurs, la série des différentes façons dont « l'étant » se dit.

2. L'article τὸ se rattache aux mots ἀληθὲς ἢ ψεῦδος, le mot ὂν ayant alors la valeur d'un adjectif qualifiant, conjointement avec l'adverbe κυριώτατα, le ἀληθὲς ἢ ψεῦδος.

Deux possibilités s'ouvrent alors de nouveau. Selon l'une le vrai est qualifié comme ce qui répond au sens le plus propre du mot « étant », le faux comme ce qui répond au sens le plus propre du mot « néant ». Le sens est alors : « et enfin, au sens le plus propre d'" étant " ou de " néant ", le vrai ou le faux ». Quant au fond cette lecture rejoint la précédente, sauf que ce qui était affirmé comme une thèse n'est plus que rappelé incidemment. Telle est l'interprétation qui ressort des traductions de H.

---

[11] *Alexandri in Aristotelis Metaphysica commentaria*, Berlin, 1891, p. 398, 1-4.

[12] *Die Metaphysik des Aristoteles*, Tübingen, 1847, Bd. 2.

[13] *The works of Aristotle*, VIII *Metaphysica*, Oxford, 1908.

[14] *Studien zur Entwicklungsgeschichte der Metaphysik des Aristoteles*, Berlin, 1912, pp. 221 sqq.

[15] *Aristotle's Metaphysics*, text, introd. and comm. W.D. Ross, Oxford, 1924^1, 1953^3, II, pp. 274-275.

[16] *Vom Wesen...*, p. 88 (trad. pp. 88-89).

[17] *Le problème de l'être chez Aristote*, Paris, P.U.F., 1962, p. 168.

[18] *Aristotle's Metaphysics*, trans. with comm., Indiana, 1966.

[19] *Analyse génétique de la « Métaphysique » d'Aristote*, Montréal-Paris, Vrin, 1986, p. 288. (Je précise ici que je ne prétends pas à l'exhaustivité).

Tredennick[20], de P. Gohlke[21], de R. Hope[22] (semble-t-il), de V.G. Yebra[23]. Quant au sens elle se heurte donc à la même difficulté que la première, à savoir qu'elle contredit E, 4. De plus elle est stylistiquement improbable. On pourrait certes comprendre : « et enfin le vrai, lequel *est* au sens le plus fort du mot » ; mais alors l'adjonction de ἢ μὴ ὂν serait indispensable pour symétriquement dire du faux qu'il *n'-est-pas* au sens le plus fort de l'expression.

Considérons donc la deuxième possibilité. Ce sont une partie du vrai et, corrélativement, une partie du faux qui sont qualifiées par κυριώτατα ὂν, mots qui les donnent comme modalités principales respectivement du vrai *comme tel* et du faux *comme tel*, ou, si l'on veut, de la vérité et de la fausseté. Bref, le sens est : « par la troisième façon dont " l'étant " se dit il faut entendre *ce* vrai qui est ce qu'il est – à savoir, vrai – au tout premier chef, le plus proprement ; de même pour le néant et le faux ». En simplifiant on peut dire : le vrai et le faux au sens principal de chacun de ces mots. Telle est la lecture de E. Rolfes[24], J. Tricot[25], J. Owens[26], A. Russo[27].

Cette lecture, Ross l'avait, en 1908, envisagée, mais aussitôt écartée comme supposant une problématique (à savoir celle des

---

[20] ARISTOTLE. *The Metaphysics*, London-New York, 1933 (dans la mesure où il maintient le texte, car il préfère, avec Ross dans son édition, supprimer κυριώτατα ὂν).

[21] ARISTOTELES. *Die Lehrschriften...*, *V Metaphysik*, Paderborn, 1951.

[22] ARISTOTLE. *Metaphysics*, Toronto, 1960. Hope revient partiellement à la lecture de Jaeger en 1912 en traduisant : « ...and commonly, according to the true or the false » (*commonly* traduisant κυριώτατα ὂν) ; par ailleurs, s'il est probable que, selon Hope, « commonly » concerne la façon dont on entend « l'étant », il n'est pas exclu, me semble-t-il, qu'il concerne la façon dont on entend « le vrai ou le faux » ; auquel cas la lecture de Hope devrait (en changeant *commonly*) se ranger dans le cadre de la seconde possibilité, qui va être exposée ci-dessous.

[23] *Metafisica de Aristotele*, Madrid, 1970, II (même remarque que pour Tredennick, cf. n. 19).

[24] *Aristoteles' Metaphysik, übersetzt...*, Leipzig, 1904.

[25] ARISTOTE, *La Métaphysique*, Paris, 1933[1] ; 1953[3], t. II.

[26] *The doctrine of being in the Aristotelian Metaphysics*, Toronto, 1951, pp. 411-412.

[27] ARISTOTELE, *La Metafisica*, Bari, 1971. Notons encore ici que la version de Guillaume de Mœrbeke, qui sert de base au commentaire de saint Thomas, bouleverse l'économie de la phrase de telle sorte qu'il n'y a rien à en tirer.

diverses modalités du vrai et du faux) étrangère au contexte ; il l'écarte encore dans son édition comme « hautement non naturelle » (sur le plan stylistique[28]) ; Jaeger, dans son édition, ne la prend pas en considération[29] ; P. Aubenque l'écarte comme contraire à toute vraisemblance sur le plan syntaxique[30] ; G.E.L. Owen et le groupe de Londres inclinent à l'écarter pour la même raison que Ross dans son édition, mais avec plus de nuances, et finalement sans rien décider[31].

Pourtant elle est satisfaisante quant au sens et la tournure qu'elle suppose, si elle n'est pas très courante, est parfaitement acceptable. On trouve chez Aristote des exemples analogues ; ainsi τὸ κυριώτατα λεγόμενον ἄφθαρτον, où λεγόμενον a la même fonction que ὂν dans le groupe de mots litigieux, veut dire : « l'indestructible au sens le plus propre du mot »[32]. Néanmoins on admettra mal que ὄν, « étant », fonctionne en tout comme λεγόμενον, « dit » : il ne s'en trouve, dira-t-on, pas d'exemple. Or il en existe au moins un.

L'érudition du siècle dernier a pensé retrouver de longs passages du *Protreptique* perdu d'Aristote. Cette attribution a pu être contestée ; je n'ai pas compétence pour entrer dans le débat ; je constate que l'attribution reste généralement admise par les meilleurs spécialistes. Le moins qu'on puisse dire est que le style des fragments est bien aristotélicien.

Le fragment B, 9 de l'édition de Düring contient la phrase suivante : ἔτι τοίνυν ἄλλαι μέν εἰσιν αἱ ποιοῦσαι ἕκαστον τῶν

---

[28] Ross propose finalement de supprimer les mots κυριώτατα ὂν – en quoi il sera suivi par G. Reale dans sa traduction (ARISTOTELE, *La Metafisica*, Napoli, 1968) ainsi que par C.A. Viano dans la sienne (*La metafisica di Aristotele*, Torino, 1974) – ou de les déplacer.

[29] Jaeger propose de maintenir les mots κυριώτατα ὄν en conjecturant plusieurs mots à leur suite, montrant qu'il persiste à penser que l'article τὸ se rattache à ὂν substantivé et que τὸ δὲ κυριώτατα ὂν commence une nouvelle proposition commandée par ἐπεί.

[30] *Op. cit.*, p. 168.

[31] *Notes on Eta and Theta of Aristotle's Metaphysics recorded by M. Burnyeat and others*, Oxford, 1984. Ils objectent par surcroît que ὂν, terme-clef dans le passage, s'accommode mal d'une position simplement prédicative ; mais rien ne s'oppose à ce que ὂν ait deux valeurs différentes dans la même phrase.

[32] *Du Ciel*, I, 11, 281 a 3.

ἐν τῷ βίῳ πλεονεκημάτων ἐπιστῆμαι, ἄλλαι δὲ αἱ χρώμεναι ταῦταις, καὶ ἄλλαι μέν αἱ ὑπηρετοῦσαι, ἕτεραι δὲ αἱ ἐπιτάττουσαι, ἐν αἷς ἐστιν ὡς ἂν ἡγεμονικωτέραις ὑπαρχούσαις τὸ κυρίως ὂν ἀγαθόν [33].

Je propose la traduction suivante :

« De plus, donc, autres sont les sciences qui produisent chacune des choses avantageuses ayant leur place dans la vie, autres celles qui utilisent les premières ; autres celles qui sont soumises, autres celles qui commandent, dans lesquelles, comme étant celles qui se trouvent les plus propres à la direction, est le bien qui est proprement le bien ».

On remarque les derniers mots : τὸ κυρίως ὂν ἀγαθόν, qui présentent exactement le même agencement que τὸ κυριώτατα ὂν ἀληθές ; le contexte ne laisse place à aucune autre lecture que celle que j'ai donnée en accord avec Düring.

Je tiens cette dernière référence pour décisive. La lecture de Rolfes, de Tricot, d'Owens, de Russo, est la bonne. Celle de Heidegger est donc à rejeter ; avec elle l'est la perspective qui commande toute l'interprétation du chapitre Θ, 10 ; ou du moins, si quelque chose de l'interprétation du chapitre doit être retenu, ce sera pour des raisons étrangères à la lecture, décisive aux yeux de Heidegger, de la première phrase.

Pour commencer, en tout cas, c'est bien une interprétation diamétralement opposée à celle de Heidegger qui s'impose. L'étant comme vrai, dont parle ici Aristote, n'est pas ce qui est au premier chef « étant », l'étant au sens le plus propre du mot, bien au contraire ; en revanche, il est le vrai qui est au premier chef « vrai », le vrai au sens le plus propre. A quelle forme de vrai s'oppose-t-il, quel est le vrai au sens le moins propre ? On peut déjà répondre au moins partiellement : précisément *ce* vrai qui est dans les choses, ἐν τοῖς πράγμασι[34] ; alors que c'est l'inverse selon Heidegger : la vérité comme qualité d'une chose est, selon

---

[33] *Aristotle's Protrepticus, An Attempt of Reconstruction,* by I. Düring, Göteborg, 1961, pp. 50-51.
[34] *Métaphysique*, E, 4, 1027 b 26.

lui, la vérité au sens le plus propre, la vérité comme qualité de la connaissance est vérité en seconde ligne[35].

La perspective initiale de Heidegger détermine l'interprétation de la construction du chapitre. La vérité des liaisons contingentes, celle des liaisons nécessaires et celle des entités simples forment les degrés d'une vérité d'autant plus haute qu'elle exclut davantage la possibilité de la non-vérité ; ces degrés vont de pair avec ceux de l'être. Ainsi, caractérisant l'être en son fond, l'identité de la vérité et de l'être trouve son accomplissement en celui même de la vérité[36], de sorte que le κυριώτατα ὄν, le plus proprement étant, coïncide finalement avec l'entité simple. La considération des degrés inférieurs est faite en vue de celle du degré supérieur, qui entre de plein droit dans la métaphysique, constituant précisément la clef de voûte du livre Θ et de tout l'ouvrage.

Il en est en réalité tout autrement. On aura bientôt la confirmation qu'en ce chapitre Aristote ne parle nulle part de la vérité de la chose, dont il lui arrive de parler par ailleurs et qui ne s'identifie pas à l'être au sens d'être-vrai ; nous pouvons préciser tout de suite qu'il n'en parle notamment pas à propos des entités simples, à propos desquelles c'est uniquement la vérité de la connaissance qu'il mentionne. Et il semble bien, d'autre part, qu'en ce qui concerne les entités simples, s'il s'agit bien toujours du *vrai*, ἀληθές, il *ne* s'agit justement *plus* de l'*étant au sens de vrai*, ὂν ὡς ἀληθές, par où le thème de la vérité se rattache à celui de l'être, car ce dernier étant se constitue là où la pensée, en composant ou en séparant, est en danger de présenter ce qui n'est pas plutôt que ce qui est. Il est vraisemblable que le superlatif κυριώτατα s'explique de la sorte : d'une manière générale la vérité qui est dans la connaissance est vérité au sens propre, tandis que la vérité de la chose ne l'est que par extension ; d'autre part, dans le cadre de la vérité qui est dans la connaissance, c'est la vérité du complexe qui est la vérité au sens premier et propre, la vérité du simple ne l'est que par extension[37]; ainsi la vérité du

---

[35] *Vom Wesen...*, pp. 90-91 (trad. p. 94).

[36] Cf. *ibid.* p. 92 (trad. pp. 95-96).

[37] Ce dernier point a été bien vu par Owen et le groupe de Londres, qui répondent

complexe, qui est dans la connaissance, est-elle la vérité au sens le plus propre de tous.

La distorsion que Heidegger fait subir à Θ, 10 se répercute sur E, 4. Dans E, 4 Aristote exclut le ὂν ὡς ἀληθές du champ de la métaphysique ; vers la fin de son étude Heidegger revient sur les raisons de cette exclusion. La raison décisive n'est pas, selon lui, que l'étant au sens de vrai se trouve dans la pensée ; car les entités simples, qui ne seront pas exclues, sont elles aussi concernées par une vérité qui est dans la pensée, quoiqu'il s'agisse alors d'une autre instance de la pensée, la νόησις (en quelque sorte intuitive) et non plus la διάνοια (qui compose et divise). La raison décisive est, selon Heidegger, que dans E, 4 est considérée une vérité dont la structure est celle d'un être insuffisamment consistant en raison même de sa complexité[38]. C'est dire aussi que ce qui dans E, 4 est exclu du champ de la métaphysique, ce n'est pas *tout* le ὂν ὡς ἀληθές, mais seulement une partie de celui-ci.

Cette explication a contre elle deux faits : 1. Dans E, 4 rien ne conduit à penser qu'Aristote exclue du champ de la métaphysique une partie seulement du ὂν ὡς ἀληθές ; 2. dans Θ, 10 Heidegger ne peut citer aucun passage où il soit question, concernant les entités simples, d'une autre vérité que celle qui est dans la pensée, de sorte que même si l'on admet que l'étant au sens de vrai englobe la vérité des entités simples, celle-ci n'entre pas davantage dans le champ de la métaphysique.

Il y a plus. Le groupe de mots décisif est τὸ κυριώτατα ὂν ἀληθὲς ἢ ψεῦδος. Nous avons vu que dans la *Question de la vérité* Heidegger traduit : « ce qui est entendu comme l'étant qui est, de tous, le plus proprement étant ». Mais si l'étant au sens le plus propre est le vrai, qu'en est-il du faux (je maintiens provisoirement, par commodité et sans rien engager par là, le vocabulaire traditionnel) ? A l'évidence, pour Aristote, à l'étant au sens de vrai correspond le néant au sens de faux : il le disait au livre E, il le redit plus loin en Θ, 10, en une ligne dont, nous le verrons, l'interprétation donnée par Heidegger fait problème, mais

---

ainsi à Ross (*Op. cit.*, p. 156).

[38] *Vom Wesen...*, pp. 105-106 (trad. pp. 107-108).

où, en tout état de cause, la correspondance est maintenue[39]. Il faut donc admettre, dans l'hypothèse de la lecture de Heidegger, que l'énoncé « l'étant au sens le plus propre est vérité ou fausseté » comporte un sous-entendu : le néant n'y est pas nommé, mais il devrait l'être. Et il faut admettre que, de même qu'il y a coïncidence entre l'étant au sens le plus propre et le vrai au sens le plus propre, de même il y a coïncidence entre le néant au sens le plus propre et le faux au sens le plus propre. Mais cela mériterait quelques explications. Heidegger, étrangement, n'en donne aucune.

On peut même se demander si Heidegger admet l'existence du sous-entendu. Il faut d'ailleurs reconnaître que, dans l'hypothèse où τὸ κυριώτατα ὂν est le sujet grammatical de la proposition, l'omission des mots ἢ μὴ ὄν, « ou néant », qui eussent assuré la correspondance avec ἢ ψεῦδος, « ou fausseté », s'explique mal. Dès lors ce serait bien τὸ ὄν, l'étant, qui serait ἀληθὲς ἢ ψεῦδος, vérité ou fausseté.

Plusieurs choses font penser que Heidegger est allé dans ce sens. C'est d'abord que, dans les pages où il présente l'arrière-plan de la problématique avec les quatre significations de « l'étant » données au livre E, Heidegger présente comme quatrième sens : τὸ ὄν ὡς ἀληθὲς καὶ ψεῦδος, « l'étant eu égard à son être-vrai et à son être-faux »[40]. Or, nous l'avons vu, Aristote dit bien : *l'étant* au sens de vrai et *le néant* au sens de faux[41]. Négligence rédactionnelle non corrigée par l'éditeur ? En tout cas, négligence significative. C'est ensuite que, expliquant les lignes où Aristote traite des liaisons contingentes ou nécessaires, Heidegger voit le faux lui-même, compris alors comme le « dissimulé » (*verstellt*), du côté de l'étant et non pas seulement dans la pensée. Commentant la phrase d'Aristote : « Au sujet, donc, des choses qui peuvent être ou ne pas être, la même opinion et le même énoncé deviennent faux et vrais, et il est possible de dire tantôt vrai tantôt faux [en maintenant inchangé l'énoncé] »[42], Heidegger

---

[39] E 2, 1026 a 35-36 ; 4, 1027 b 18-19 ; Θ, 10, 1051 b 33-34.

[40] *Vom Wesen...*, p. 78 (trad. p. 83).

[41] Cf. ci-dessus, n. 39.

[42] Θ 10, 1051 b 13-15.

écrit : « Le même étant en son être-ainsi – en laissant entièrement de côté la question de savoir si et comment la conception humaine change – est par essence tantôt décelé tantôt dissimulé [...] »[43]. Et lorsqu'Aristote écrit : « Au sujet de ce qui ne peut être autrement la même chose énoncée ne devient pas tantôt vraie, tantôt fausse, mais les mêmes choses énoncées sont constamment ou vraies ou fausses »[44], Heidegger commente : le même étant, qui est constamment décelé eu égard à ce qui est constamment présent avec lui, est constamment dissimulé eu égard à ce qui est constamment absent de lui[45]. Laissons de côté le fait que Heidegger néglige ici le cas où le vrai consiste à énoncer comme séparées les entités séparées en fait, et le faux à les énoncer comme unies : on peut voir là une façon abrégée de parler. Laissons même de côté le fait qu'Aristote ne dit pas que *le même étant* est à la fois vrai (décelé) et faux (dissimulé), mais que d'une part si certaines choses énoncées à son sujet sont vraies en un certain temps, *ces mêmes choses énoncées* sont vraies en tout autre temps, et d'autre part si certaines choses énoncées sont fausses en un certain temps, *ces mêmes choses énoncées* sont fausses en tout autre temps. Retenons seulement que si τὸ κυριώτατα ὂν ἀληθὲς ἢ ψεῦδος veut dire *sans sous-entendu* « le plus proprement étant est vrai (décelé) *ou* faux (dissimulé) », alors le plus proprement étant ne coïncide pas avec le pur vrai, c'est-à-dire avec l'entité simple, mais généralement avec l'étant sous l'angle de la vérité et de la fausseté possibles, *qu'il comporte* (c'est le cas du complexe) *ou qu'il exclue* (c'est le cas du simple) la possibilité de la fausseté. Mais alors Heidegger n'est-il pas en désaccord avec lui-même, qui, de la façon la plus explicite, affirme : « l'être-vrai constitue ce qui est le plus proprement être de ce qui est proprement étant », c'est-à-dire de ce qui est

---

[43] *Vom Wesen...*, p. 98 (trad. p. 101).

[44] Θ, 10, 1051 b 15-17. Dans la phrase grecque le verbe *devient* n'a aucun sujet exprimé ; le neutre de l'adjectif ἀληθές, « vrai », correspond à cette indétermination ; le sujet de la deuxième proposition est le neutre ταὐτά « les mêmes ». La traduction par « la même chose énoncée », « les mêmes choses énoncées », veut préserver l'indétermination correspondant au neutre grec, le mot *chose* devant s'entendre au sens le plus large et le plus indéterminé.

[45] Cf. *Vom Wesen...*, p. 99 (trad. p. 102).

« acte »[46], et identifie l' ἀληθὲς ὄν au κυριώτατον ὄν [47] ? Pour maintenir la cohérence de l'interprétation il est nécessaire de la modifier, ou du moins de la compléter, en ne laissant pas penser que la locution τὸ κυριώτατα ὄν dise *directement* la perfection de l'être : elle dirait simplement *l'ouverture de l'espace* en lequel la vérité déploie sa puissance pour la porter à son point culminant dans la forme suprême de l'être.

Il n'est pas impossible que plus tardivement l'interprétation de Heidegger se soit franchement infléchie en ce sens. De toute façon cette variante de l'interprétation repose sur une lecture doublement erronée.

Nous venons de voir ce qu'il y a d'erroné dans l'interprétation de Heidegger considérée dans ses grandes lignes. Des erreurs de détail doivent de plus être relevées ; certaines sont sans doute des conséquences de l'erreur initiale ; d'autres en sont indépendantes.

1. A maintes reprises Heidegger modifie les mots grecs décisifs. Il substitue régulièrement ὄν ἀληθές et même ἀληθὲς ὄν, « étant vrai » ou « vrai étant », à ὄν ὡς ἀληθές « étant comme vrai », après avoir une fois mis ὡς entre parenthèses[48]. Or, les locutions ne sont pas équivalentes ; la mise entre parenthèses de ὡς ne se justifie pas. D'autre part, si Heidegger cite bien, à plusieurs reprises, le mot κυριώτατα[49], il le transforme à plusieurs reprises en κυριώτατον, qui a valeur non d'adverbe, mais d'adjectif : substitution sans importance, en effet, dans l'hypothèse de la lecture de Heidegger, mais incompatible avec la lecture correcte. Peut-on penser qu'il s'agisse dans les deux cas, ou dans l'un des deux, d'une erreur de l'éditeur, sachant que la *Gesamtausgabe* laisse parfois à désirer ? La multiplicité des occurrences ne le permet guère.

2. Selon Heidegger, on l'a vu, le chapitre Θ, 10 présente les degrés de la vérité allant de pair avec ceux de l'être ; il cite à ce

---

[46]*Ibid.*, p. 87 (trad. p. 91) ; cf. ci-dessus, n. 8.

[47]*Ibid*, p. 92 (trad. p. 96). On verra plus loin ce qu'il faut penser de ce ἀληθὲς ὄν et de ce κυριώτατον.

[48]*Vom Wesen...*, p. 80 (trad. p. 85).

[49]*Ibid.* pp. 82, 83, 84 (trad. pp. 87, 88).

propos une phrase du livre α, 1 : ἕκαστον ὡς ἔχει τοῦ εἶναι, οὕτω καὶ τῆς ἀληθείας , « c'est selon ce qu'elle a d'être qu'une chose a de la vérité »[50], phrase où Aristote parle manifestement de la vérité de la chose, de la vérité que la chose *a*. De fait, en Θ, 10, Aristote affirme une correspondance entre le mode d'être et le mode de vérité : ὥσπερ οὐδὲ τὸ ἀληθὲς ἐπὶ τούτων τὸ αὐτό, οὕτως οὐδὲ τὸ εἶναι, « comme, concernant ces choses, le vrai n'est pas le même, de même en est-il de l'être »[51] – énoncé que Heidegger rapproche de celui d'α,1 ; mais il y a correspondance et correspondance, et pour qu'une correspondance entre être et vérité existe ici il n'est nécessaire ni qu'il s'agisse de degrés d'être et de vérité, ni que la vérité en question soit la vérité de la chose, comme c'est le cas en α,1 ; la formule de Θ, 10 présente une analogie avec celle d'α,1, mais une analogie dont il ne faut pas outrepasser les limites.

Rappelons encore qu'ici même Aristote énonce la correspondance qu'il voit entre être et vérité, d'une part, non-être et fausseté, d'autre part.

3. Ce même thème : « comme est la vérité, de même est l'être », compris comme nous venons de le voir, Heidegger croit en retrouver une expression dans un groupe de mots de Θ, 10 : τὸ δὲ εἶναι τὸ ὡς ἀληθές [52] ; ce texte, ainsi que celui des quelques mots suivants, présente des différences mineures suivant les éditeurs, mais le sens global n'est pas douteux, surtout si l'on tient

[50] α, 1, 993 b 30-31 ; *Vom Wesen...*, p. 93 (trad. p. 97). En E, 29 Aristote fait état d'une « fausseté » caractérisant une chose (πρᾶγμα) et dont la structure est celle même du néant au sens de faux, par exemple l'unité de *diagonale* et de *commensurable*. Symétriquement on est conduit à admettre une « chose vraie », par exemple la séparation de *diagonale* et de *commensurable* ; mais la « chose » dont il s'agit alors est non pas chose « en elle-même », comme on dira plus tard, et, comme dit Aristote en E, 4, « au dehors », mais chose-dans-la-pensée en tant que répondant à une chose-au-dehors. Si l'on parle de « vérité de la chose » au sens d'α, 1, il s'agit de la vérité de la chose-en-elle-même ou chose-au-dehors. Lorsque je parle de « vérité de la chose » sans plus, je l'entends au sens d'α, 1.

[51] Θ, 10, 1051 b 22-23 ; *Vom Wesen...*, p. 100 (trad. P. 103).

[52] Θ, 10, 1051 b 33 ; cf. *Vom Wesen...*, p. 100 (trad. p. 103). C'est du moins le texte qui figure dans la *Gesamtausgabe* ; c'est celui que donne Jaeger ; mais la lecture de Heidegger s'accorderait mieux avec la leçon τὸ δὲ εἶναι ὡς τὸ ἀληθές qui est celle de Schwegler, de Bonitz, de Christ, de Ross.

compte de la suite : καὶ τὸ μὴ εἶναι ὡς τὸ ψεῦδος ; sont nommés ici l'être au sens de vrai et le non-être au sens de faux, et ces groupes de mots s'intègrent à une proposition qui se continue ensuite ; Heidegger croit à tort que le premier groupe de mots constitue à lui seul une proposition énonçant qu'il en est de l'être comme il en est de la vérité.

4. Qu'il s'agisse, en Θ, 10, de la vérité de l'étant, Heidegger croit en voir une confirmation allant jusqu'à la redondance dans ce qu'Aristote affirme après la première phrase : « Si, pensant que tu es blanc, nous sommes dans le vrai, ce n'est pas à cause de cela que tu es blanc ; mais c'est parce que tu es blanc que, disant cela, nous sommes dans le vrai »[53]. Or cette phrase dit seulement que la vérité *dépend* de l'être et non l'inverse ; et la vérité dont il s'agit est bien celle du dire et de la pensée.

5. Encore à l'appui de la thèse selon laquelle il s'agit de la vérité de l'étant, Heidegger cite partiellement une des propositions de la première phrase du chapitre, venant immédiatement après la suite de mots décisive : τοῦτο δ'ἐπὶ τῶν πραγμάτων ἐστὶ τῷ συγκεῖσθαι ἢ διῃρῆσθαι, « et cela [à savoir, le vrai et le faux] est, du côté des choses, du fait de l'union ou de la séparation »[54] ; mais ces mots ne disent nullement que le vrai et le faux soient dans les choses, mais que, le vrai et le faux comportant une correspondance entre la pensée et les choses, il y a lieu, lorsqu'on demande quand existe le vrai et le faux, de considérer ce terme de la correspondance que sont les choses.

6. Le mot συγκεῖσθαι, que je viens de traduire assez librement par « union » – plus littéralement ce serait « co-jacence » –, Heidegger le comprend comme indiquant l'union permanente et nécessaire, l'opposant à συμβεβηκέναι – que je rendrais volontiers par « concomitance » (on sait que συμβεβηκός est rendu traditionnellement par « accident ») –, qui signifierait l'union transitoire et contingente[55]. Mais en Θ, 10, outre que le mot ne figure pas[56], Aristote ne réserve pas συγκεῖσθαι à l'union

---

[53] *Vom Wesen...*, p. 91 (trad. p. 95).

[54] *Ibid.*., p. 87 (trad. p. 92).

[55] *Ibid.*, p. 96 (trad. p. 99).

[56] S'y trouve la locution κατὰ συμβεβηκός» (1051 b 25), mais le contexte est

permanente et nécessaire. Il y a un συγκεῖσθαι nécessaire et permanent et un συγκεῖσθαι transitoire et contingent.

7. Heidegger considère comme concernées par le συγκεῖσθαι tel qu'il le comprend les seules déterminations relevant du *Wassein*, de la « quiddité », comme est la matérialité pour la craie[57]. Or, selon la doctrine bien connue d'Aristote, certaines déterminations peuvent être liées nécessairement et constamment à une chose sans pour autant faire partie de sa quiddité.

L'accumulation des erreurs est impressionnante. Certaines d'entre elles sont, je l'ai dit, séparables de l'erreur fondamentale. Il se peut que, par la suite, Heidegger soit revenu sur certaines ; il semble bien qu'il ne soit jamais revenu sur l'erreur fondamentale.

Notons cependant que lorsqu'Aristote se prononce sur ce qui constitue le vrai au sens le plus propre *il n'énonce pas une thèse philosophique* : il se borne à expliciter le sens du mot ἀληθές tel qu'il le comprend. Cela ne préjuge en rien d'une réponse à la question *philosophique* : quel est, parmi les divers modes de la vérité, celui dont les autres dépendent et qui, à ce titre, détient l'essence de toute vérité ? Il n'est pas exclu qu'une réponse implicite allant dans le sens de Heidegger soit sous-jacente à la pensée d'Aristote. De même il n'est pas exclu qu'Aristote puisse témoigner, fût-ce à son insu, de ce que l'essence de la vérité est déterminante pour l'être lui-même. Il faudrait, pour étayer ou infirmer cette hypothèse, scruter encore ces textes, et quelques autres, d'Aristote ; et puisqu'il s'agit pour Heidegger de l'essentiel de toute la philosophie grecque, il faudrait examiner ce qu'il en est avant Platon et chez Platon. Il faudrait aussi scruter une bonne fois le mot ἀλήθεια où Heidegger entend se dire la non-celéité ou déceléité de l'étant. Une chose peut déjà ressortir : dans ce qui semble n'être qu'un problème d'histoire de la philosophie se trouve engagé, avec la discussion du centre de la pensée de Heidegger, un des problèmes majeurs de la philosophie de notre temps.

---

différent.

[57] *Vom Wesen...*, pp. 96-98 (trad. pp. 99-101).

MÉDITATION CUSAINE

Dans cet exposé je ne propose pas une étude dans l'esprit de l'histoire de la philosophie ; c'est pourquoi j'ai choisi le titre « méditation ». Mais cela ne veut pas être non plus une méditation à la manière de la démarche de pensée cusaine : ce veut être un essai de m'approprier quelques thèmes de la pensée cusaine, donc de les comprendre, avec l'espoir que mes auditeurs aussi pourront s'approcher du même but. Que l'exposé n'appartienne pas à proprement parler à l'histoire de la philosophie ne veut évidemment pas dire qu'on pourrait se contenter de l'inexact ; mais cela inclut l'acceptation d'un certain risque. On ne nie pas non plus que l'indication des sources du Cusain, la comparaison de sa doctrine avec celles-ci et celle de ses écrits entre eux, seraient très utiles en vue d'une juste compréhension ; mais je demande la permission de ne pas prétendre à la complétude.

Les thèmes choisis se rattachent à un procédé fréquent du Cusain concernant le langage : je veux dire une violence faite au langage, qui prend l'aspect du jeu de mots ; ou une façon de lutter avec les mots qui est liée à une pensée paradoxale. Avec l'usage étrange des mots vont des démarches de pensée apparemment sophistiques. Qu'il ne s'agisse pas simplement de jeux de mots et de sophismes, c'est ici présupposé, mais il faut le prouver autant que possible.

J'emprunte le premier exemple au sermon sur l'Épiphanie, dont le thème est la question des mages : *Ubi est qui natus est rex judaeorum ?*, « où est le roi des Juifs qui vient de naître ? » Le procédé est ouvertement emprunté à Maître Eckhart, mais le Cusain le fait sien. Ainsi affirme-il que la phrase peut s'entendre affirmativement, à savoir : « où (grammaticalement : sujet) est le roi », ou « le roi est où, est le où ». L'explication est la suivante : ce roi est Dieu, qui est le lieu de tout. En dehors de leur lieu, expliquait Eckhart, toutes les choses sont inquiètes ; ainsi en dehors de Dieu. Le thème, par delà saint Augustin, remonte à l'Écriture. Thomas d'Aquin également donne pour une métaphore que Dieu est le lieu de tout étant. Mais ce qui est remarquable chez Maître Eckhart et chez Nicolas de Cues est la transformation de la phrase ; et assurément la réflexion sur le lieu doit être menée conjointement avec la réflexion sur la transformation de la phrase.

Remarquons ce qui suit. Dans le mot interrogatif « où ? » gît l'affirmation que la chose est en un certain lieu, et certes en un lieu qui en lui-même est déterminé, mais est pour moi, qui pose la question, indéterminé. Pour moi est présent un lieu flottant. Mais réciproquement il appartient à la structure du lieu que la chose pourrait être ailleurs et qu'en ce lieu pourrait être présente une autre chose. Le flottement appartient donc d'une certaine manière à la structure de la chose et du lieu, ou de l'être-en-un-lieu de la chose. Et donc appartiennent aussi à cette structure le faisant-question ou le pouvant-être-en-question, la possibilité du questionner ou l'indétermination. Le lieu est l'essentiellement flottant, il est le flotter même ; il est ce qui est déterminé de façon indéterminée. Comme tel il est le *où*, qui est partout le même, mais est le même en étant partout un autre ; de la sorte il est universel. Mais *cette* universalité ou identité dans l'altérité laisse paraître et rayonner à travers elle *une autre* universalité, à savoir l'omniprésence simple de l'Unique, de l'Origine, de Dieu ; car, pour une chose, ne pas être (et dans ce cas le non-être consiste en l'indétermination) est la face négative du fait d'être de par l'origine et, par conséquent, la face négative de l'être de l'origine.

Remarquons que l'affirmation « Dieu est le lieu » contient la transposition de la conception aristotélicienne du lieu naturel en lequel chaque chose a son repos. Car dans l'espace au sens usuel toutes les places sont indifférentes : ce pourquoi aucune chose n'est jamais à *sa* place ; de sorte que la question « où est x ? » n'obtient à proprement parler aucune réponse. Cependant une réponse est exigée ; car être en un lieu ne se réduit pas à flotter, mais le lieu est aussi chaque fois *celui-ci*, qui est l'unique en son espèce, ne pouvant se confondre avec aucun autre. Mais cette unicité qui est liée à l'universalité ne se trouve qu'en Dieu, l'absolument unique et simple. Dieu est le *où* .

Le second exemple sera emprunté au *De apice theoriae*, *Du Sommet de la pure connaissance*. D'une manière semblable une phrase interrogative y est transformée en une affirmative. L'interlocuteur demande au cardinal : « Que cherches-tu, *quid quaeris* ? ». Le cardinal répond : « Tu dis vrai ! ». L'interlocuteur : « Tu te moques de moi ! Je ne *dis* rien, je *demande* ». Ici la réponse du cardinal ne peut être exactement transcrite du latin en français, tandis que l'allemand peut s'en approcher : l'interrogatif latin *quid* peut aussi avoir le sens de « quelque chose », et l'a toujours lorsqu'il est intégré au mot *aliquid*. Le cardinal répond donc : « Lorsque tu as dit : "Que cherches-tu ?" tu as parlé justement, car je cherche quelque chose. Quiconque cherche cherche quelque chose, sinon il ne chercherait tout simplement pas. Comme tous les chercheurs je cherche donc quelque chose, car je voudrais bien savoir ce qu'est le *quelque chose* – ou encore : le *que* – lui même, le *quid* comme tel, la quiddité, qui est tant cherchée ».

La question est assez enchevêtrée. L'interlocuteur questionne sur l'objet de la recherche. Or la recherche elle-même contient une question : qu'est-ce que x ? Par exemple : qu'est-ce que l'homme ? Donc : « Que cherches-tu ? – L'homme est ce au sujet de quoi je demande : qu'est-ce que cela ? » ; et parallèlement : « Le quoi est ce au sujet de quoi je demande : qu'est-ce que cela ? ». Mais on pourrait faire deux objections : 1/ demander ce qu'est le quoi n'est qu'un cas particulier, mais nullement la façon nécessaire de poser la question : « qu'est-ce que x ? » ; 2/ la question : « qu'est-ce que le quoi ? » conduit à une itération sans fin.

Sur la première objection. On ne peut à proprement parler chercher quelque chose si l'on n'étend pas la pensée jusqu'au « Quelque chose comme tel » ; car « être-quelque-chose » est le noyau de tout ce qui est quelque chose. Chercher le « Quelque chose comme tel », ce n'est pas un simple cas particulier de ce qu'est chercher. Sans ce « Quelque chose comme tel », ce que nous abordons en fait de « quelque chose » ne serait pas présent pour nous.

Mais pour que la question naïve « qu'est-ce que x ? » soit complètement transformée en la question plus profonde « qu'est-ce que le Quelque chose comme tel ? », il faut encore présupposer que l'être-quelque-chose ou la « quiddité en général » ne soit pas seulement la *condition* de la chose, *ce sans quoi* la chose ne peut être, mais l'*origine* de la chose quant à tout son contenu ; donc que l'universel est le fondement du particulier ; ce qui n'est possible que si l'universel n'est pas seulement le trait commun des multiples particuliers mais leur origine une, unique.

Sur la seconde objection. Que signifie la question « qu'est-ce que x ? » ? On attend, comme se substituant au x qui se laisse rencontrer, une quiddité ou essence déterminée ; mais une quiddité parmi d'autres est encore quelque chose qui – certes à un autre niveau – se laisse rencontrer ; l'essence du « quelque chose comme tel », elle, est *la* quiddité en un nouveau sens : elle est l'Un, l'Unique qui rayonne à travers ce qui constitue le caractère principal du « quelque chose », à savoir d'être ce qui est déterminé de façon indéterminée (l'Un lui-même est déterminé de façon déterminée). Dans le mot inévitable « que... », par lequel commence la phrase interrogative « *qu*'est-ce que le quoi ? », ce nouveau sens est anticipé. Il n'y a donc pas d'itération sans fin.

J'emprunterai le troisième exemple au dialogue *De non aliud*, *Du Non-Autre*. Je relèverai cinq paradoxes, dans l'ordre où ils se présentent dans le dialogue.

1 - On demande : qu'est-ce qui nous fait au premier chef savoir ? Réponse : la définition. Plus précisément, la définition qui définit tout ; laquelle se définit donc aussi elle-même. Mais quelle doit être cette définition, nous ne le voyons pas encore.

Aussitôt nous objectons : tout d'abord on parle de la définition en général et l'on dit qu'on peut tout définir, que tout ce qui est pensable a sa définition ; et ensuite, tout d'un coup on entend *une certaine* définition, à savoir celle qui peut tout définir. À titre de réponse provisoire nous pouvons dire qu'une présupposition tacite prend place ici, à savoir : l'essence de tout objet n'*est* que de par la place de celui-ci dans le tout ; ainsi tout serait en quelque manière défini en même temps. Mais l'idée d'une définition englobant tout n'est d'abord qu'un pur idéal vide.

2 - Étant donné que la définition cherchée se définit elle-même, le défini n'est pas autre chose que la définition. (Remarquons : il faut entendre par « définition » le *contenu* de la pensée qui se présente pendant qu'a lieu l'acte de définir). Objection : cette structure (identité du défini et de la définition), vérifiée dans un certain cas (la définition englobant tout porte *entre autres* sur elle-même), est donnée pour caractéristique, pour trait essentiel de la définition englobant tout, *même* en tant qu'elle porte sur autre chose. Réponse provisoire : penser que la définition englobant tout définisse *entre autres* elle-même, c'est penser trop court : sa relation à soi, en vertu de laquelle elle se définit elle-même, doit appartenir à sa simplicité, qui la rend apte à tout englober.

3 - Le défini *n*'est *pas autre*, est *non-autre*, que la définition ; donc, continue le Cusain, nous avons trouvé la définition cherchée, à savoir : non autre (que), *non aliud*. Le non-autre, qui tout d'abord doit être une relation entre le défini (inconnu et indiqué seulement formellement) et la définition, devient l'essence même : c'est déjà une difficulté. Et maintenant, continue le Cusain, essayons notre trouvaille, en définissant le non-autre qui est devenu le défini et la définition : le non-autre n'est pas autre que le non-autre. C'est assurément indéniable. Mais peut-on avec cela tout définir ? Le Cusain donne l'exemple: « Le ciel n'est pas autre que le ciel ». Cela aussi aussi est indéniable. Mais cette proposition peut-elle valoir comme définition du ciel ? La *forme* de la non-altérité nous donne-t-elle le *contenu* du ciel ?

Je voudrais d'abord faire une remarque. La formule « non-autre » contient une négation et présuppose quelque chose, à savoir l'autre, qui lui-même contient une négation, étant donné que l'autre d'un x contient le caractère « non-x ». Mais le Cusain souligne : le non-autre ne présuppose rien, mais tout le présuppose ; en effet « l'autre n'est pas autre (autrement dit : est non-autre) que l'autre ». Et cependant, objecterons-nous, il faut reconnaître que la formule « non-autre » contient bien la présupposition de ce qui est à nier, à savoir : l'autre. La formule positive de l'*identité* (x est x), ne présupposant rien en dehors de x, ne conviendrait-elle pas mieux que la formule négative de la *non-altérité* ?

Peut-être pouvons-nous apercevoir la solution de l'énigme en soulignant que ce qui a lieu ici n'est pas la simple négation mais la négation de la négation : car *autre*, nous l'avons vu, contient une négation, que *non-autre* vient nier. La négation de la négation est elle-même l'identité. Peut-être identité et négation sont-elles co-originaires, mais de telle sorte qu'il y ait un primat de l'identité, quoique la formule de la négation de la négation exprime un primat apparent de la négation. Mais pourquoi ce primat apparent?

Analysons la façon de voir habituelle. Un quelconque contenu rencontré est présupposé comme présent. Or il y a un fait qui n'est pas contingent mais compris dans la structure du *rencontrer* comme tel, à savoir : quelque chose d'autre peut se rencontrer. Donc le contenu engagé dans la rencontre n'est jamais à proprement parler présent, il est pour ainsi dire arraché à la présence et porté dans l'altérité, dans l'absence, la « néence »[1]. Si, malgré cela, un contenu doit être authentiquement présent, il faut qu'il soit arraché à cet arrachement, et cela non pas ultérieurement mais d'une manière inhérente à la constitution de son être, donc originellement. La « forme » de la non-altérité n'est donc pas une simple forme à laquelle un « contenu » serait extérieur, mais la forme elle-même est contenu. S'il nous est permis de commencer par demander : « comment le contenu d'une chose peut-il sortir de

---

[1] Le mot « néence » traduit ici *Unwesenheit* analogue à *Abwesenheit,* « absence », et à *Anwesenheit,* « présence ». L'*e* qui suit l'*é* rappelle celui qui suit l'*s* dans « absence » et « présence », conformément à la racine latine, et qui s'est trouvé remplacé par un *a* dans le mot « néant ».

la forme ? », il devient nécessaire de transformer la question. Étant donné que la non-altérité est à tout le moins le noyau du contenu, la question devient la suivante : est-ce que *tout* le contenu de la chose est contenu dans ce noyau ? Est-ce que la non-altérité est *l'origine* du contenu total ? De fait, le Cusain considère le non-autre comme *principium*, fondement, origine – ce qui nous conduit d'ailleurs au quatrième paradoxe.

4 - En effet Nicolas de Cues considère le non-autre comme définition de Dieu ; là le concept d'origine est décisif. Le procédé est, sommairement, le suivant : le non-autre s'est, à l'examen, révélé origine ; or l'origine est Dieu ; donc le non-autre est Dieu. Le fait que le concept de Dieu, et précisément de Dieu comme origine absolue, soit considéré comme connu sans problème fait apparaître le procédé comme extérieur et artificiel. Mais ce n'est qu'une voie pour conduire l'interlocuteur jusqu'au but ; plus profondément, la non-altérité est elle-même la voie qui nous fait redécouvrir Dieu.

Revenons à la co-originarité d'identité et de (non-)altérité. Il ne faut pas l'entendre comme si beaucoup d'autres étaient effectivement là, ou, si l'on peut dire, étaient effectivement là comme possibles – donc des autres dans l'état de possibilité ; ce qui est là c'est la possibilité de cette possibilité ; une telle possibilité est une possibilité infinie. Il y a donc une certaine altérité qui ne peut être pensée que comme se supprimant elle-même (car la possibilité infinie n'est pas ces autres qu'elle rend possibles), de sorte que c'est seulement la non-altérité, ou l'identité, qui à proprement parler est. Le non-autre est le chiffre de l'infinité simple, de l'infinie richesse et plénitude et fécondité virtuelle de Dieu. Ainsi à la question posée plus haut « pourquoi le primat apparent de la négation ? » nous pouvons répondre : *pour nous* la négativité de ce qui est en soi autre, c'est à dire la pluralité de ce qui provient, précède l'origine simple ; de ce fait la non-altérité aussi précède *pour nous* la simplicité originaire.

5 - La proposition : *le non-autre n'est pas autre que le non-autre* (*non aliud est non aliud quam non aliud*) est donnée comme définition de la Trinité. Il semble que ce soit jouer sur les mots ; mais cela s'explique si l'on revient à ce qu'on a vu plus haut

concernant la fécondité comprise à partir de la négation de la négation. Mais ici c'est une fécondité interne qu'il faut considérer. Originarité (donc, une certaine sorte de négativité) et unité simple font un, mais doivent cependant présenter leur différence, et cela dans l'unité. L'Un se présente encore une fois comme l'Un. Ainsi de l'origine (Père) provient ce qui est encore l'origine (Fils) ; les deux sont co-originaires, mais ne doivent pas être confondus. Ainsi par le *non aliud* qui se tient entre les deux extrêmes est exprimé le lien de ces deux (Esprit Saint), et cela également comme co-originaire et comme origine provenant de l'origine.

Peut-être avons-nous le sentiment de nous être occupés de futilités. Mais écoutons le Cusain lui-même : *in minimis principia maxime relucent,* « c'est dans les plus petites choses que les principes ont le plus grand éclat » (*De possest*).

QUATRE ÉTUDES BRÈVES SUR DESCARTES

« Se défier de ces jeux de réflexion qui, sous prétexte de découvrir la signification profonde d'une philosophie, commencent par en négliger la signification exacte » : ce précepte de Victor Delbos, que Martial Gueroult citait en 1953 en tête de l'*Avant-propos* de son *Descartes selon l'ordre des raisons*[1], garde toute sa valeur. En ce qui concerne la philosophie de Descartes on peut raisonnablement penser que le jour n'est plus très éloigné où sa « signification exacte » sera établie hors de toute contestation. Depuis un peu plus de trente ans il n'est guère de voie qui n'ait été explorée et examinée avec beaucoup de soin : il n'y aura bientôt plus qu'à récolter le fruit de cet intense labeur.

Si telle est aujourd'hui la situation c'est pour une grande part à Gueroult lui-même que nous en sommes redevables. Par la minutie de ses analyses, la puissance de ses argumentations, la hardiesse même de certaines de ses thèses, Gueroult a inauguré une nouvelle époque des études cartésiennes ; il n'est guère de chercheur qui ne se soit, depuis lors, référé à ses œuvres. On ne s'étonnera donc pas que les *Études* qui suivent aient directement ou indirectement leur point de départ chez lui. On ne s'étonnera pas non plus qu'elles fassent ressortir surtout les désaccords. Là où les thèses du grand historien sont incontestables, il n'y a que peu à ajouter : *ubi bene, nemo melius.* Mais le fait est que certaines thèses, la suite l'a montré, demeurent discutables ; certaines même le sont qui n'ont guère été discutées jusqu'ici. Il

---

[1] Paris, Aubier, 1953, 1968[2], t. I, p. 9.

semble que le moment favorable pour en reprendre l'examen soit venu : on dispose aujourd'hui d'assez de recul et l'esprit partisan, naguère inévitable, et parfois stimulant pour l'invention mais peu propice au discernement, n'est plus de mise. La vérité ne peut qu'y gagner[2].

I Réalité et façon d'être

Dans son *Descartes* paru, comme je l'ai rappelé, en 1953, Gueroult exposait, concernant la première preuve de l'existence de Dieu dans la *Troisième Méditation*, une difficulté qui lui paraissait insurmontable ; dans une note parue en 1966 dans la *Revue philosophique de la France et de l'Étranger*, reprise en appendice dans la seconde édition du *Descartes* (1968), il exposait la solution qu'il venait de trouver[3]. Voici comment, en 1966 et 1968, il résumait la difficulté :

« [...] devant y avoir pour le moins autant de perfection dans la cause efficiente et totale que dans son effet, la cause de l'idée de Dieu doit comporter au moins autant de réalité formelle qu'il y a de réalité objective dans cette idée. Cette réalité objective étant infinie, sa cause doit être une réalité formelle infinie, c'est-à-dire Dieu même [...]. Mais, d'autre part, Descartes accepte sans discussion, comme "enseigné par la lumière naturelle", l'opinion selon laquelle la réalité objective de toute idée "déchoit" de la chose ou réalité formelle dont elle est l'image, et de ce chef comporte moins de perfection qu'elle. Ainsi, l'idée de Dieu a moins de perfection que Dieu même [...] ».

---

[2] Les deux premières *Études* reprennent de très près ma note « Sur la signification de "instar archetypi", Descartes, Troisième Méditation », *Revue Philosophique de la France et de l'Étranger,* 1968, pp. 381-387, qui elle-même développait, sur le point qui fait l'objet de ma première *Étude,* quelques indications figurant dans mon article « Sur le passage du concept à l'être chez Descartes et chez Hegel », *Revue de Métaphysique et de Morale*, 1967, pp. 216-230. La nécessité d'apporter certaines améliorations à mon précédent travail m'a amené à en écrire une nouvelle version.

[3] *Op. cit.* I, pp. 209-213 ; II, pp. 327-328 ; *Revue philosophique de la France et de l'Étranger*, 1966, pp. 187-488. Gueroult avait déjà exposé la difficulté dans un cours professé en 1951-1952.

« D'où l'objection : d'une part, la réalité formelle de Dieu comporte en soi, par hypothèse, beaucoup plus de perfection que la réalité objective de l'idée qui la représente ; d'autre part, seule est *nécessairement* exigée comme cause de cette réalité objective une réalité formelle contenant *au moins autant* de perfection qu'elle. En conséquence, on ne peut exiger *nécessairement* de cette cause qu'elle en contienne *plus,* c'est-à-dire qu'elle soit la réalité formelle de Dieu. Ainsi, ce *plus,* c'est-à-dire Dieu lui-même, n'est pas prouvé ; il reste simplement possible. »

Je laisserai de côté la solution proposée par Gueroult, me bornant à noter – ce que le lecteur pourra aisément vérifier – qu'elle fait intervenir dans le raisonnement un chaînon complètement absent chez Descartes. C'est à la difficulté seule que je m'intéresserai, en demandant : existe-t-elle vraiment ?

Affirmer que la difficulté existe soulève d'emblée quelques difficultés préjudicielles. Comment expliquer qu'elle ait échappé à tous les objecteurs ? Et Descartes lui-même l'a-t-il aperçue ? Si non, sa perspicacité est gravement en défaut. Si oui, a-t-il trouvé la solution ? S'il ne l'a pas trouvée, cela aggrave son cas, et quant à la perspicacité et quant à l'honnêteté : c'est, à vrai dire, inconcevable. S'il l'a trouvée, il est inexcusable d'avoir omis un chaînon du raisonnement : son cas n'est guère amélioré. À moins qu'il n'ait estimé le point trop facile pour qu'il valût la peine de l'expliciter : mais alors, de nouveau, quel manque de perspicacité, puisqu'il faudra quinze années à un Gueroult pour trouver la solution !

Relisons le passage duquel Gueroult croit pouvoir tirer que « la réalité objective de toute idée déchoit de la chose [...] dont elle est l'image » :

« En sorte que la lumière naturelle me fait connaître évidemment que les idées sont en moi comme des tableaux ou des images qui peuvent à la vérité facilement déchoir de la perfection des choses dont elles ont été tirées, mais qui ne peuvent jamais rien contenir de plus grand ou de plus parfait. »[4]

[4] *Œuvres complètes,* éd. Adam et Tannery (désignée par la suite par A.T.), IX, p. 33 ; cf. VII, p. 42. C'est bien le passage sur lequel s'appuie Gueroult, qui cite la suite de mots latins : *deficere a perfectione rerum a quibus sunt desumptae.*

Descartes dit-il que les idées déchoient toujours ? Nullement. Ce qu'il dit l'implique-t-il ? Pas davantage. Ce qu'il dit l'exclut-il ? Certes non : il faut revoir le contexte.

Considérons les cas problématiquement possibles concernant les rapports quantitatifs de la réalité objective de l'idée et de la réalité formelle de la chose dont l'idée a été tirée. Deux cas sont possibles : égalité ou inégalité ; à son tour l'inégalité se subdivise en deux cas problématiquement possibles : l'idée a plus de réalité que la chose dont elle a été tirée, ou elle en a moins. De ces deux derniers cas Descartes nie que le premier soit réellement possible et affirme que le second est réellement possible, auquel cas l'idée déchoit. Mais qu'en est-il du cas d'égalité ? Gueroult procède comme s'il était exclu. Or rien ne conduit à le considérer comme exclu et, au contraire, tout conduit à l'admettre comme réellement possible.

En effet, un peu plus haut, Descartes avait dit en substance que, d'une manière générale, la cause d'un effet doit être au moins aussi parfaite que l'effet : elle peut être tout juste aussi parfaite, c'est le cas d'égalité ; l'inégalité est possible, mais dans un sens seulement, à savoir si la cause est plus parfaite que l'effet[5]. Traduisons : l'effet peut facilement déchoir de la perfection de la cause dont il a été tiré, mais il ne saurait être plus parfait. C'est la même démarche qui est suivie dans le passage litigieux, où Descartes ne fait qu'appliquer aux idées les exigences de la causalité. Le cas d'égalité est réellement possible, et dans ce cas l'idée ne déchoit pas.

D'où vient l'étrange interprétation du texte qui est celle de Gueroult (mais non de lui seulement) ?

Remarquons d'abord comment l'historien a reformulé les mots de Descartes : « déchoir de la perfection des choses dont elles ont été tirées ». Cela devient chez Gueroult : « la réalité objective de toute idée " déchoit " de la chose ou réalité formelle *dont elle est l'image* » (souligné par moi).

Je laisse de côté l'omission de la « perfection », simple négligence sans conséquence, et je m'attache aux mots que j'ai soulignés. Pourquoi cette substitution qui brouille tout ?

---

[5] Cf. A.T., IX, p. 32 ; VII, pp. 40-41.

Descartes vient de dire : « les idées sont comme des tableaux ou des images... ». Mais cela implique-t-il que *les choses dont les idées ont été tirées* soient précisément *les choses dont les idées se donnent pour être les images* ? Nullement. Ainsi, un peu plus loin, Descartes dira en substance : il est possible que les idées que j'ai des choses corporelles aient été tirées de moi-même, quoique je ne sois pas une chose étendue. L'idée d'une chose corporelle n'est pas l'image de moi d'où elle a peut-être été tirée. De nouveau, on se demandera : pourquoi Gueroult a-t-il ainsi forcé le sens du texte ? Il y a certainement été conduit par son interprétation de la phrase immédiatement précédente, où Descartes dit que, même en admettant qu'une idée donne naissance à une autre idée, il faut une première idée dont la cause soit pour elle « comme un patron ou un original ».

Selon Gueroult, ce rapport d'*original* à *idée* comporte ce trait que l'idée est une *copie conforme* de l'original. La discussion de cette interprétation fera l'objet de ma seconde *Étude.* Peu importe pour l'instant : admettons que la « première idée » doive vraiment être la copie conforme de sa cause. Reste que dans la phrase pour l'instant litigieuse Descartes ne traite pas seulement de cette « première idée » censée copie conforme de sa cause, ni seulement de celles des autres idées qui sont copies conformes de leurs causes, s'il en est, mais de toutes les idées.

Mais nous n'avons pas encore atteint le cœur de la question. De toute façon, au point précis où il s'agira pour Descartes d'affirmer l'existence de Dieu, l'idée devra en fait avoir pour cause précisément la chose dont elle se donne pour être l'image. Pourquoi dire que cette idée déchoit ? Ce qui est ici décisif tient à l'interprétation de deux passages de Descartes auxquels Gueroult se réfère plus explicitement dans le corps de l'ouvrage : l'interprétation qu'il en donne commande directement sa thèse sur la déchéance de toute idée et la difficulté qui s'ensuit.

Le premier passage se trouve quelques lignes plus haut dans la *Troisième Méditation* :

« [...] mais, pour imparfaite que soit cette façon d'être, par laquelle une chose est objectivement ou par représentation dans l'entendement par son idée, certes on ne peut pas néanmoins dire que cette façon et manière-là ne soit rien [...] »[6].

Le second se trouve dans les *Premières Réponses*, où Descartes explique ce qu'est « être objectivement » :

« [...] laquelle façon d'être est de vrai bien plus imparfaite que celle par laquelle les choses existent hors de l'entendement [...] »[7].

Ce que Descartes déclare ici fort imparfait, c'est une *façon d'être* d'une chose, comparée à une autre *façon d'être* de la même chose. Façon d'être, *modus essendi*, et réalité, *realitas*, sont deux déterminations ontologiques tout à fait différentes. Or, Gueroult les confond : selon lui une idée a moins de réalité, est moins parfaite que la chose qu'elle représente (quand cette chose existe) et ainsi elle déchoit ; mais Descartes ne dit pas que l'idée (ou, ce qui revient au même, la chose en tant qu'elle est objectivement) a moins de réalité que la chose qu'elle représente (si cette chose existe), mais que le *mode* de sa réalité est moins parfait ; non qu'elle est « moins parfaite », mais qu'elle « *est* moins parfaite*ment* ». Cette imperfection de la *façon d'être* n'a rien à voir avec la déchéance qui, dans certains cas, peut affecter l'idée quant à sa *réalité*. Ce qui peut troubler c'est que, pour Descartes, « perfection » peut être et est souvent synonyme de « réalité » ; il vient d'ailleurs de dire à deux reprises « réalité ou perfection », mais il est clair que « façon d'être » n'est pas « réalité » et que deux dimensions de la perfection sont à considérer, qu'il faut soigneusement distinguer. Aussi bien dira-t-on que la « réalité ou perfection » est « dans » la chose, « dans » l'idée ; ni la façon d'être ni la perfection qui lui est propre ne sont « dans » la chose ni « dans » l'idée. Comme eût pu dire Aristote : la perfection se dit de multiples façons.

La confusion est flagrante dans un passage où Gueroult fait une citation partielle de la phrase de la *Troisième Méditation* citée en dernier lieu :

---

[6]A.T., IX, p. 33 ; VII, p. 41.

[7]A.T., IX, p. 82 ; VII, p. 102.

« Tout au plus, peut-on affirmer que " si imparfaite que soit " la réalité objective d'une idée comparée à la réalité formelle de son objet, " elle n'est pas un pur néant " »[8].

On le voit : à « *façon d'être* » qui est dans le texte, Gueroult a substitué « *réalité* » (c'est la seconde substitution qu'il se permet).

La racine de l'erreur consiste en cette confusion. Son développement décisif est atteint dans l'interprétation d'une autre phrase de Descartes située juste avant :

« Or, afin qu'une idée contienne une telle réalité objective plutôt qu'une autre, elle doit sans doute avoir de cela quelque cause, dans laquelle il se rencontre pour le moins autant de réalité formelle que cette idée contient de réalité objective »[9].

En expliquant cet énoncé et la façon dont Gueroult le comprend, on pourra expliquer tout le mécanisme de l'erreur.

Comment Gueroult comprend-il la comparaison des réalités ? Nommons « forme » ce qu'il y a de commun à une chose et à une idée qui lui est « conforme ». Considérons la relation de conformité comme symétrique. Tout se passe à peu près selon Gueroult comme si valait une équation telle que :

$$\text{forme} \times \text{façon d'être} = \text{réalité}$$

ou encore

$$\text{forme} + \text{façon d'être} = \text{réalité.}$$

Ainsi, si l'on part d'une certaine idée, à réalité égale une chose a perdu en forme en fonction de ce qu'elle a gagné en façon d'être. Supposons que la chose conforme à l'idée n'existe pas et que la cause de l'idée ait une réalité égale à celle de l'idée : la cause a moins de réalité *qu'en aurait la chose conforme à l'idée si elle existait.* Inversement si la chose conforme à l'idée existe, ayant gagné en façon d'être, à forme égale elle a gagné en réalité, et l'idée a déchu par rapport à elle (et d'ailleurs, dans le premier cas supposé, l'idée a déchu par rapport à ce que serait la chose conforme si elle existait).

---

[8] *Op. cit.,* I, p. 210.

[9] A.T., IX, pp. 32-33 ; VII, p. 47.

Or tout cela est faux. La façon d'être n'est pas un facteur ou un ingrédient de la réalité : cela n'a pas de sens. Analysons autrement.

Supposons que la chose conforme à l'idée existe : la cause de l'idée est au moins aussi parfaite que la chose conforme à l'idée. Et si la cause de l'idée est la chose conforme à l'idée, il y a dans la chose tout juste autant de réalité formelle qu'il y a de réalité objective dans l'idée ; et l'idée ne déchoit pas. Supposons que la chose conforme à l'idée n'existe pas : la cause de l'idée doit être au moins aussi parfaite (et sans doute plus parfaite) *que serait la chose conforme à l'idée si elle existait.* C'est ce que dit Descartes (et j'ajoute un mot à la traduction pour rendre la tournure latine) :

« [...] l'idée de la chaleur, ou de la pierre, ne peut pas être en moi, si elle n'y a été mise par quelque cause, qui contienne en soi pour le moins autant de réalité, *que j'en conçois [être] dans la chaleur ou dans la pierre* (*quantum esse in calore vel lapide concipio*) »[10].

J'ai l'idée de la pierre, une certaine réalité m'est représentée, je conçois cette réalité *« être dans la pierre », comme étant dans la pierre* : c'est tout un ; et cette même réalité est vraiment soit dans la pierre, soit dans une chose au moins aussi parfaite que la pierre.

S'agissant de Dieu et donc du *maximum* absolu de réalité, seul est possible le cas d'égalité et de conformité : il y a en Dieu tout juste autant de réalité formelle qu'il y a dans l'idée de Dieu de réalité objective ; et l'idée de Dieu ne déchoit pas.

« Et ainsi, comme dit ailleurs Descartes, toute difficulté est ôtée » (*et sic omnis difficultas tollitur*) [11].

II **Comme un patron ou un original**

Immédiatement avant le premier passage de la *Troisième Méditation* cité dans ma première *Étude* se trouve la phrase :

---

[10] A.T., IX, p. 32 ; VII, p. 41 (mots soulignés par moi).

[11] *Entretien avec Burman*, A.T., V, p. 149.

« Et encore qu'il puisse arriver qu'une idée donne la naissance à une autre idée, cela ne peut pas toutefois être à l'infini, mais il faut à la fin parvenir à une première idée, dont la cause soit comme un patron ou un original, dans lequel toute la réalité ou perfection soit contenue formellement et en effet, qui se rencontre seulement objectivement ou par représentation dans ces idées »[12].

A ce propos Gueroult rappelle une interprétation erronée de Liard et une autre d'Hamelin tendant à justifier Descartes contre Liard. Ce dernier avait commenté l'énoncé des *Principes* :

« [...] nous voyons par le moyen de cette même lumière, qu'il est impossible que nous ayons l'idée ou l'image de quoi que ce soit, s'il n'y a, en nous ou ailleurs, un original qui comprenne en effet toutes les perfections qui nous sont ainsi représentées »[13].

Ce principe, disait en substance Liard, revient à rendre immédiate l'affirmation que les choses existent hors de nous : inutile alors de recourir à l'existence de Dieu pour affirmer l'existence des choses[14]. Hamelin répond : Descartes, il est vrai, a parlé en « réaliste », mais « cela n'empêche pas que le nerf de sa preuve puisse être tout autre chose qu'un recours à ce prétendu principe que toute idée suppose un idéat »[15] ; et lorsque Descartes admet que les idées des animaux ou des choses corporelles inanimées pourraient être tirées de moi-même, Hamelin écrit : « Remarquons en passant que voilà des idées qui seraient expliquées sans patron ni original »[16]. Bref, Descartes contredit lui-même ce prétendu principe et, en fait, sa preuve repose sur le seul principe de causalité. Inexact encore, continue Gueroult : le principe de correspondance vaut pour la première idée, et, bien compris, il collabore étroitement avec le principe de causalité[17].

Liard, Hamelin et Gueroult ont en commun deux affirmations. La première concerne la nature du rapport d'original à idée

[12] A.T., IX, p. 32 ; VII, p. 41 (mots soulignés par moi).

[13] *Principes...*, I, 18, A.T., IX (2), p. 33 ; VIII, p. 12.

[14] Édition des *Principes*, Paris, 1885, p. 102.

[15] *Le Système de Descartes*, Paris, 1911, p. 198.

[16] *Ibid.*, p. 191.

[17] *Op. cit.*, I, pp. 171-203, notamment pp. 199-203.

immédiatement dérivée : ce rapport est de modèle à copie conforme. La seconde est que, dans les passages où figure le mot « original » ou *archetypus,* Descartes énonce un principe, que Gueroult nomme « principe de correspondance de l'idée et de l'idéat ». La première affirmation implique la seconde. Je me propose de les examiner l'une et l'autre.

Pour qu'une idée ait un original, faut-il qu'elle en soit la copie conforme ? Nullement. Dans une lettre à Élisabeth, Descartes considère des originaux, non au sens absolu mais au sens relatif :

« Premièrement, je considère qu'il y a en nous certaines notions primitives, qui sont comme des originaux, sur le patron desquels nous formons toutes nos autres connaissances »[18].

Telles sont les notions de l'être, du nombre, de la durée, de l'extension, de la pensée, de l'union de l'âme et du corps. Les connaissances formées sur le patron de ces originaux ne sont pas des copies conformes de ceux-ci : elles en retiennent et exploitent certains aspects. Ainsi la notion de la figure a pour original la notion d'extension : elle n'en est pas une copie conforme. Le fait qu'il s'agisse ici d'originaux au sens relatif et non absolu est sans importance. Et dans le passage des *Principes* cité ci-dessus il est bien dit :

« [...] il est impossible que nous ayons l'idée ou l'image *de quoi que ce soit* (*ullius rei*), s'il n'y a, en nous ou ailleurs, un original [.. .] »[19].

Ainsi j'ai l'idée d'une chose étendue et il se peut, contrairement à ce que dit Hamelin, que je sois l'original de cette idée, qui ne me ressemble guère.

L'exigence d'un original coïncide, dans le cas où l'effet est une idée, avec l'exigence d'une cause, et ce qui est requis de l'original est cela même, ni plus ni moins, qui est requis de la cause, à savoir qu'il y ait en elle au moins autant de réalité formelle qu'il y a dans l'idée de réalité objective.

On peut néanmoins se demander si la conformité, sans être requise par le concept même d'original, n'est pas requise en fait en

---

[18] *Lettre* du 21 mai 1643, A.T., III, p. 665.

[19] Souligné par moi.

ce qui concerne la première idée. En effet, Descartes dit, dans le passage de la *Troisième Méditation* cité au début de cette *Étude* :

« [...] comme un patron ou un original, dans lequel toute la réalité ou perfection soit contenue formellement et en effet, qui se rencontre seulement objectivement ou par représentation dans ces idées ».

Il ne dit pas : « formellement et en effet *ou éminemment* ». Si la réalité est contenue formellement, n'est-ce pas que l'idée est « conforme » à sa cause ?

La question qui se pose alors est : la locution « formellement et en effet » est-elle prise au sens strict, comme s'opposant non seulement à « objectivement » mais aussi à « éminemment », ou au sens large, comme s'opposant à « objectivement » et englobant « éminemment » ?

On pourrait observer que Descartes dit « *dans ces idées* », c'est-à-dire non pas seulement dans la première mais aussi dans celles auxquelles celle-ci donne la naissance, ce qui implique le sens large ; mais j'écarte cet argument car le texte latin porte *in idea* et non *in ideis.*

Mais remontons d'une page et relisons depuis « Et de là il suit... »[20]. Nous constaterons qu'à plusieurs reprises Descartes oppose « formellement, formel » à « objectivement, objectif », de telle sorte que « éminemment », mentionné ou non, apparaît comme un cas particulier de « formellement ». Voici les lignes les plus significatives, que je retraduis de plus près que la traduction usuelle :

« [...] je ne dois pas aussi douter que, quoique la réalité que je considère dans ces idées soit seulement objective, il ne soit nécessaire que *la même réalité (eadem realitas) soit formellement dans les causes de ces idées* [...] » [21].

Seul figure « formellement » ; il est clair qu'« éminemment » y est enveloppé.

Il en est de même du « en effet » *(re ipsa)* du passage des *Principes* cité ci-dessus.

---

[20] A.T., IX, p. 32, l. 15 ; VII, p. 40, l. 26.

[21] A.T., IX, p. 33, l. 10-14 ; VII, p. 41, l. 30 ; p. 42, l. 1-2 (souligné par moi).

Et aussitôt après avoir achevé d'exposer les exigences de la causalité concernant les idées, Descartes enchaîne :

« [...] Mais enfin que conclurai-je de tout cela ? C'est à savoir que, si la réalité objective de quelqu'une de mes idées est telle, que je connaisse clairement qu'elle n'est point en moi, ni formellement, ni éminemment, et que par conséquent je ne puis moi-même en être la cause, il suit de là nécessairement que je ne suis pas seul dans le monde, mais qu'il y a encore quelque chose qui existe, et qui est la cause de cette idée [...] » [22].

Il n'est pas dit que l'idée ainsi supposée sera copie conforme de sa cause. Il est vrai qu'il n'est pas dit non plus qu'elle sera la première idée ; mais ce n'est pas non plus exclu. S'il fallait comprendre dans le sens de Gueroult, la conclusion de Descartes serait incomplète.

Et dans le texte des *Secondes Réponses* souvent dit *Abrégé géométrique* ne figure aucun principe formulant une exigence particulière en ce qui concerne la première idée, aucun principe exigeant qu'au moins une idée soit copie conforme de sa cause.

Rien de tout cela – est-il besoin de le dire ? – n'empêche que l'idée de Dieu soit effectivement copie conforme de sa cause : réalité infinie entraîne *ipso facto* égalité et conformité.

Mais alors que devient le « principe de correspondance de l'idée et de l'idéat » ? Peut-il subsister malgré le contresens portant sur le mot « original » ? S'il devait être pris au sens de Liard et d'Hamelin, c'est-à-dire comme affirmant l'existence de la chose dont l'idée se donne pour être l'image, il faudrait immédiatement répondre : non. Mais Gueroult ne le comprend pas ainsi ; et, à vrai dire, il n'est pas très facile de savoir comment il le comprend, car il ne l'énonce nulle part explicitement comme Descartes énonce les axiomes qu'il utilise. Remarquons bien, en effet, que la phrase citée au début de cette *Étude* ne saurait être, même aux yeux de Gueroult, un énoncé du principe : elle serait déjà l'expression d'une combinaison du principe de correspondance et du principe de causalité. Le principe de correspondance semble, pour Gueroult, coïncider avec la « description phénoménologique » de l'idée, laquelle « s'annonce

---

22 A.T., IX, p. 33 ; VII, p. 42.

à moi comme copie d'un objet »[23]; il s'identifie, semble-t-il, à la « définition de l'idée comme copie d'un original »[24] ; mais il est aussi un « postulat », qui d'ailleurs « *définit* l'image comme *reflet* d'un original »[25]. Par lui, semble-t-il « [mon entendement conçoit la nécessité] d'une conformité effective de l'idée à son idéat, dans le cas où cette idée doit avoir une valeur objective »[26]. Qu'est-ce à dire ? Une idée a une « valeur objective », au sens de Gueroult, si elle est conforme à la chose dont elle se donne pour être l'image[27]. Donc, dans le cas où une idée doit être conforme, il est nécessaire qu'elle soit effectivement conforme : est-ce éclairant ? Il est assez embarrassant de devoir se prononcer sur un principe aussi fuyant. Deux choses en tout cas sont claires : le principe – qui devrait, s'il était formulé par Descartes, l'être comme un axiome, moyennant quoi il pourrait collaborer avec le principe de causalité – n'est nulle part formulé par Descartes ; s'il existe, il est implicite et incorporé à la phrase citée au début de cette *Étude,* et il donne à cette phrase un sens qu'elle n'a pas. Je conclus qu'il n'existe pas.

Mais peut-être qu'en faisant état de ce pseudo-principe Gueroult a rencontré une vraie question. Peut-être la définition que Descartes donne de l'idée, ou l'idée qu'il se fait de l'idée, enveloppe-t-elle une *thèse* ; thèse implicite, ouvrant sur des questions d'ontologie délicates et profondes. Mais je m'arrête, car nous quitterions là le domaine de la seule « signification exacte » pour aborder celui de la « signification profonde ».

III **Par rapport à notre perception**

La garantie de la véracité divine est-elle, selon Descartes, nécessaire seulement aux déductions assez longues pour empêcher qu'on ait l'évidence simultanée de tous les chaînons qu'elles comportent, ou aussi, même après le *cogito,* aux évidences

---

[23] *Descartes...* , I, p. 199 (deux occurrences de « description phénoménologique »).
[24] *Ibid.*, p. 197.
[25] *Ibid.* (le mot « définit » est souligné par moi).
[26] *Ibid.*, l. 37-39.
[27] *Ibid.*, p. 184, l. 21-25.

actuelles, autrement dit aux intuitions et aux déductions assez brèves pour être saisies d'un seul coup d'œil ? On sait que Gueroult répond qu'elle est nécessaire aussi aux évidences actuelles. Cette thèse ne lui est pas propre ; elle fait le fond de l'objection du cercle, déjà faite par les contemporains de Descartes : car comment affirmer quoi que ce soit et prouver l'existence de Dieu sans disposer déjà de la garantie, que seule procure la démonstration ? On la retrouve aujourd'hui sous une forme plus ou moins atténuée, chez nombre d'interprètes ; mais Gueroult est sans doute le seul qui l'ait développée jusqu'aux extrêmes conséquences, et c'est là sa grandeur. Aussi, la prenant en bloc avec ses conséquences, la considérerai-je par la suite comme la thèse de Gueroult.

Je suis de ceux qui la rejettent. Cependant mon propos principal dans cette *Étude* ne sera pas de la réfuter : d'abord parce que beaucoup de choses excellentes ont déjà été écrites sur le sujet, ensuite parce qu'une critique complète serait très longue. Je me propose de tenter d'élucider, dans le cadre de l'interprétation que je fais mienne, un point délicat qui, autant que je voie, n'a pas été jusqu'ici tellement considéré. Mais pour aborder ce point d'une façon fructueuse, il me faut néanmoins regrouper brièvement quelques-unes des raisons par lesquelles je soutiens la thèse que j'adopte. J'exposerai d'abord quelques difficultés auxquelles se heurte la thèse de Gueroult ; je montrerai ensuite brièvement l'origine de l'erreur ; j'examinerai les difficultés qu'on peut objecter à la thèse que je soutiens et, à cette occasion, je viendrai pour finir au point principal de mon propos.

L'une des conséquences les plus surprenantes de la thèse de Gueroult est que la preuve *a priori* (dite aussi « ontologique ») de l'existence de Dieu, qui a sa place dans la *Cinquième Méditation*, ne peut être métaphysiquement certaine – donc, être vraiment une preuve – que grâce à la garantie de la véracité divine déjà apportée par les preuves ou (pour simplifier et en admettant avec Descartes qu'on peut considérer les deux preuves comme n'en faisant qu'une) par la preuve *a posteriori* de la *Troisième Méditation*. En effet, la preuve *a priori* présuppose que ce que nous connaissons clairement et distinctement appartenir à la nature d'une chose peut être dit avec vérité de cette chose[28], présupposé que la véracité divine doit justifier.

Mais comment accepter qu'une preuve présuppose sa propre conclusion ? C'est, répond Gueroult, qu'il faut distinguer, en ce qui concerne la certitude, un plan de la nature (le mot pris par référence à la « nature de mon esprit ») et un plan métaphysique. Au plan de la nature, la preuve *a priori* se suffit, et est une preuve ; au plan métaphysique elle ne suffit pas, et n'est pas une preuve. En correspondance à ces deux plans il faut distinguer deux interventions de la garantie divine, une qui concerne les évidences actuelles et ne peut se fonder que sur la preuve *a posteriori*, l'autre qui concerne les souvenirs d'évidences, indispensables à la conduite des déductions, et qui peut se fonder aussi sur la preuve *a priori* ; celle-ci ne se présuppose pas elle-même et, si elle présuppose sa propre conclusion, c'est comme conclusion résultant d'une autre preuve située sur un autre plan. Mais qu'en sera-t-il pour la preuve *a posteriori* ? Là, la question du cercle se pose sérieusement ; « épineuse question », dira Gueroult [29].

Indiquons plus ou moins brièvement les principales difficultés auxquelles se heurte cette thèse.

1. Les argument par lesquels Gueroult pense prouver que Descartes lui-même n'aurait pas considéré la preuve *a priori* comme une vraie preuve ne sont pas probants (je n'ai pas la place de le montrer).

2. Lorsque Descartes répond à l'objection du cercle ou traite la question de la science de l'athée, sa réponse est, comme l'a dit Jean Beaufret dans une *Étude* que, sans être d'accord sur tous les points, je tiens pour décisive, « merveilleusement invariable »[30]. Je prends la formulation qui se trouve dans les *Quatrièmes Réponses*, adressées à Arnauld :

---

[28] Cf. A.T., IX, p. 117 ; VII, p. 127, et Gueroult, *Nouvelles réflexions sur l'argument ontologique*, Paris, Vrin, 1955, p. 24.

[29] *Nouvelles réflexions...*, p. 44, n. I.

[30] J. Beaufret, « Remarques sur Descartes », in *Dialogue avec Heidegger*, II, Paris, Éditions de Minuit, 1973, p. 29. Concernant cette même question je tiens à saluer particulièrement une page de Michelle Beyssade (*Descartes*, Paris, P.U.F., 1972, pp. 42-43) où, un an plus tôt, en dehors de toute perspective critique, la pensée de Descartes est exposée de façon parfaitement exacte.

« Car, premièrement, nous sommes assurés que Dieu existe, pour ce que nous prêtons notre attention aux raisons qui nous prouvent son existence ; mais après cela, il suffit que nous nous ressouvenions d'avoir conçu une chose clairement, pour être assurés qu'elle est vraie ; ce qui ne suffirait pas, si nous ne savions que Dieu existe et qu'il ne peut être trompeur. »[31]

Si l'on suit Gueroult il faut admettre que Descartes n'a jamais fait qu'une réponse incomplète. Plus encore. Gueroult dit quelque part – et c'est alors une pièce de son argumentation[32] – qu'Arnauld a compris le rapport des deux preuves de l'existence de Dieu et que Descartes le sait. Or Arnauld fait l'objection du cercle à propos d'une preuve ; c'est donc, suivant Gueroult, la preuve *a posteriori* qu'il vise, et la réponse de Descartes n'est pas incomplète mais complètement à côté de la question.

3. Comment Gueroult résout-il l'« épineuse question » ? Je me bornerai à renvoyer le lecteur aux pages que l'historien y a consacrées[33] : au lecteur de juger s'il peut donner son accord.

Mais Descartes n'a-t-il rien dit expressément ? Fort heureusement si, et c'est un point sur lequel Beaufret encore a fort pertinemment attiré l'attention[34]. Burman a fait à Descartes l'objection du cercle très précisément à propos de la preuve *a posteriori* :

« Il semble bien que l'auteur fait un cercle : car dans la *Troisième Méditation* il prouve Dieu par des axiomes, alors qu'il n'est pas encore assuré de ne pas se tromper à leur propos ».

Et Descartes répond :

« Il prouve et il sait qu'à leur propos il ne se trompe pas, parce qu'il leur prête son attention ; et aussi longtemps qu'il le fait, il est certain de ne pas se tromper et est contraint de leur donner son assentiment. » [35]

L'*Entretien avec Burman* n'est pas signé de Descartes. Nous restitue-t-il fidèlement les réponses de Descartes ? On a le droit de

---

[31] A.T., IX, p. 190 ; VII, p. 246.

[32] *Nouvelles réflexions...*, p. 75.

[33] *Descartes...*, I, pp. 137-246.

[34] *Op. cit.*, II, p. 37.

[35] A.T., V, p. 148.

poser la question. On pourrait même se demander si le texte n'est pas de bout en bout un faux ; cela, toutefois, paraît très invraisemblable. Tout porte à penser que Burman a très fidèlement transcrit. Avons-nous cependant toujours les *ipsissima verba* de Descartes ? Il est difficile de l'assurer. Burman n'a-t-il pas, çà et là, omis quelque *quasi,* quelque *quodammodo,* quelque *quandoque* réduisant la portée d'une affirmation, ou omis une partie de la réponse ? Une fois au moins j'inclinerais à le penser. Mais ici, à une question très simple, d'un seul tenant, Descartes a fait une réponse très simple, d'un seul tenant et non susceptible d'atténuation.

Gueroult n'a pas ignoré ce texte. Il le cite – dans une note – et commente :

« La réponse qu'à cet égard Descartes fait à Burman, et qui est calquée sur celle qu'il donne à propos de la preuve ontologique, est de toute évidence métaphysiquement insuffisante, car elle sous-entend que la valeur objective de ces axiomes est dispensée de la preuve que requiert la valeur objective des idées représentatives. »[36]

L'authenticité du texte, on le voit, n'est pas contestée. Quant à savoir pourquoi Descartes aurait été subitement si inférieur à lui-même, Gueroult ne le demande même pas. Observera-t-on que, quelques lignes plus bas, Descartes mentionne qu'il est en train de manger tout en conversant[37] et dira-t-on qu'étant donné l'étroite union de l'âme et du corps de l'homme cette circonstance n'est pas des plus favorables à l'exercice de l'entendement pur ? Car si l'on en croit Shakespeare :

Fat paunches have lean pates ; and dainty bits
Make rich the ribs, but bankrout quite the wits [38].

Laissons là ces fragiles conjectures... Descartes a parlé, il a tranché. Je comprends le mouvement d'humeur de Beaufret.

---

[36] *Nouvelles réflexions...,* p. 44, n. I.

[37] A.T., V, p. 148.

[38] *Love's labour's lost,* Acte I, scène I. Voici la traduction de François-Victor Hugo (éd. de la Pléiade) : « A large panse maigre cervelle ! Les morceaux succulents, s'ils enrichissent la chair, font faire banqueroute à l'esprit ».

Il est temps de venir aux racines de l'erreur. J'en retiendrai deux principales.

C'est encore une fois Beaufret qui a très justement remarqué que Gueroult a cru retrouver chez Descartes le problème de Kant : trouver ce qui peut faire que la faculté de connaître n'en reste pas à un simple jeu de représentations auquel manquerait tout rapport à l'objet[39]. De fait il s'agit pour Descartes, d'après Gueroult, de fonder ce que lui, Gueroult, tient à nommer « valeur objective des idées claires et distinctes » : ce problème coïncide, toujours selon Gueroult, avec celui de savoir à quelles conditions je peux affirmer l'existence (au moins dans certains cas, l'existence possible) de choses hors de moi. Mais ici Gueroult confond deux plans. Au début de la *Troisième Méditation* je constate que j'ai les idées, dont certaines claires et distinctes, de certaines choses autres que moi : ces choses existent-elles ? Pour l'instant je ne perçois pas clairement et distinctement qu'elles existent : je m'abstiens donc d'en juger. Gueroult traduit : la « valeur objective » des idées claires et distinctes est incertaine. Mais non : tant que je perçois *(percipio)* clairement et distinctement, la « valeur objective » – si l'on tient vraiment à cette locution – de ce que je perçois ainsi n'est plus en question, sinon celle du *cogito* et de ma connaissance de moi-même comme chose qui pense le serait aussi, ce qui ne se peut. Et au moment où, grâce à un raisonnement assez bref, je percevrai clairement et distinctement qu'une certaine chose autre que moi, et dont j'ai l'idée, existe, je pourrai en toute sécurité juger qu'elle existe.

La seconde raison tient à la description de la situation au début de la *Troisième Méditation*, dont il faut citer quelques lignes :

« Mais toutes les fois que cette opinion ci-devant conçue de la souveraine puissance d'un Dieu se présente à ma pensée, je suis contraint d'avouer qu'il lui est facile, s'il le veut, de faire en sorte que je m'abuse, même dans les choses que je crois connaître avec une évidence très grande. Et au contraire toutes les fois que je me tourne vers les choses que je pense concevoir fort clairement, je suis tellement persuadé par elles, que de moi-même je me laisse emporter à ces paroles : me trompe qui pourra, si est-ce qu'il ne

39 *Op. cit...*, II, p. 33.

saurait jamais faire que je ne sois rien, tandis que je penserai être quelque chose ; ou que quelque jour il soit vrai que je n'aie jamais été, étant vrai maintenant que je suis ; ou bien que deux et trois joints ensemble fassent plus ni moins que cinq [...] »[40].

Notons bien : « toutes les fois que... toutes les fois que... » : ce qui est décrit ici est une alternance dans le temps. Rien n'impose de penser qu'il s'agisse, comme l'a cru Gueroult, de deux instances inégales dont les arrêts respectifs pourraient être tenus simultanément dans la cohérence d'une pensée unique ; il s'agit de deux instances égales vers lesquelles je me tourne alternativement.

Et pourquoi ne puis-je me tenir durablement à ce que me dit l'évidence actuelle ? Parce que je ne connais pas la *cause* qui rend l'évidence actuelle digne de confiance. Tant que dure l'évidence je ne me laisse pas troubler par les arguments de celui qu'on peut appeler l'« avocat du diable », et cela n'a rien à voir avec une quelconque « fascination de l'évidence »[41]; mais je ne suis pas en mesure de lui répondre sur son terrain, à lui qui se fonde sur une prétendue cause en vertu de laquelle l'évidence me tromperait, je ne peux le réduire au silence, et lorsque je serai sorti de l'évidence actuelle je prêterai de nouveau l'oreille à son discours.

Ainsi s'expliquent très aisément les textes où Descartes fait état d'une possibilité de se tromper même dans les choses qui semblent très évidentes. Descartes donne lui-même la réponse, notamment dans la *Cinquième Méditation* :

« Me dira-t-on que j'ai tenu autrefois beaucoup de choses pour vraies et certaines, lesquelles j'ai reconnu par après être fausses ? Mais je n'avais connu clairement ni distinctement aucune de ces choses-là [...] »[42].

Mais, dira-t-on, Descartes donne cette réponse seulement *après* avoir démontré la véracité divine. Certes ; mais la véracité divine n'est pas le principe de la réponse mais le principe qui rend la réponse efficace pour réduire l'adversaire au silence. Car tant que je n'ai pas extirpé le principe de son argument il se moque de ma réponse ; cela, certes, ne me trouble pas tant que je suis dans

---

[40] A.T., IX, p. 28 ; VII, p. 36.
[41] *Nouvelles réflexions...*, p. 35.
[42] A.T., IX, p. 56 ; VII, p. 70.

l'évidence et très attentif ; mais, passé l'évidence actuelle et l'attention qui l'accompagnait, je prête de nouveau l'oreille à son discours [43].

Cependant il y a trois textes, très semblables entre eux, qui ne se laissent pas expliquer de la sorte, car ce qu'ils mettent en cause n'est pas le souvenir d'évidence mais l'évidence actuelle : la question qu'ils posent est celle même où il m'importe de venir.

Dans les trois cas il s'agit de la distinction réelle de l'âme et du corps de l'homme et du fait que cette distinction ne peut encore être affirmée au cours de la *Seconde Méditation.* Le premier texte se trouve dans la *Praefatio ad lectorem* [44] ; je ne le cite pas parce qu'il est très proche du troisième mais moins complet que lui. Le second se trouve dans l'*Abrégé des Six Méditations* :

« Il est requis, outre cela, de savoir que toutes les choses que nous concevons clairement et distinctement sont vraies, selon que nous les concevons *(eo ispo modo quo illa intelligimus)* : ce qui n'a pu être prouvé avant la quatrième Méditation »[45].

Le troisième texte se trouve dans les *Quatrièmes Réponses* :

« C'est pourquoi si je n'eusse point cherché de certitude plus grande que la vulgaire, je me fusse contenté d'avoir montré, en la seconde Méditation, que *l'esprit* est conçu comme une chose subsistante, quoiqu'on ne lui attribue rien de ce qui appartient au *corps,* et qu'en même façon le corps est conçu comme une chose subsistante, quoiqu'on ne lui attribue rien de ce qui appartient à l'esprit. Et je n'aurais rien ajouté davantage pour prouver que

---

[43] C'est cet aspect temporel de l'affaire que, me semble-t-il, Geneviève Rodis-Lewis ne fait pas assez apparaître lorsqu'elle écrit : « Il faut noter que tous ces textes évoquent la possibilité d'une tromperie même dans ce qui (au présent) me *semble* très évident » (« Note sur le "cercle cartésien " », *Bulletin d'études cartésiennes*, *Archives de Philosophie*, 1979 (4), p. 24). Il y a équivoque sur le *présent*. L'adversaire jette la suspicion sur l'évidence présente au sens du *présent en général* : et certes le présent en général devrait contenir le *présentement présent*, mais justement la suspicion cède devant l'évidence présentement présente ; elle n'atteint le présentement présent que lorsqu'il est encore à venir ou est déjà passé : autrement dit elle ne l'atteint pas.

[44] A.T., VII, p. 8.

[45] A.T., IX, p. 10 ; VII, p. 13.

l'esprit est réellement distingué du corps, d'autant que vulgairement nous jugeons que toutes les choses sont en effet, et selon la vérité (*in ordine ad ipsam veritatem*, « par rapport à la vérité même »), telles qu'elles paraissent à notre pensée (*modo... quo se habent in ordine ad nostram perceptionem*, « telles qu'elles se comportent par rapport à notre perception »).

Mais, d'autant qu'entre ces doutes hyperboliques que j'ai proposés dans ma première Méditation, celui-ci en était un, à savoir, que je ne pouvais être assuré *que les choses fussent en effet, et selon la vérité, telles que nous les concevons*, tandis que je supposais que je ne connaissais pas l'auteur de mon origine, tout ce que j'ai dit de Dieu et de la vérité dans la 3, 4 et 5 Méditation, sert à cette conclusion de la réelle distinction de *l'esprit* d'avec le *corps*, laquelle enfin j'ai achevée dans la sixième »[46].

Ces trois textes ensemble font le point fort de la thèse que je conteste. Il m'incombe donc de montrer qu'ils peuvent et même doivent se comprendre en accord avec la thèse que je fais mienne. Pour cela je vois s'imposer trois conditions : que ma solution suppose le moins de sous-entendus possibles ; que ce que je suppose sous-entendu ne consiste pas en un ou plusieurs chaînons du raisonnement, mais en une ou plusieurs explications[47] ; que ma propre explication n'ait rien d'un exercice d'acrobatie.

Considérons d'abord le problème dans sa particularité. Il s'agit en fait de la distinction de deux substances finies ; « en fait », car, dans la *Seconde Méditation*, le méditant n'a pas encore tiré au clair les idées de fini et d'infini. Nous concevons les substances par leurs attributs (ici, par leurs attributs principaux respectifs) ; et s'il est vrai qu'ici nous concevons clairement et distinctement l'une sans l'autre, nous ne percevons pas pour autant la propriété qu'elles auraient de pouvoir exister l'une sans l'autre, parce que nous ne percevons pas directement la puissance qui peut les faire exister l'une sans l'autre. Lorsque nous les concevons l'une sans l'autre, nous bénéficions d'une évidence qui est la seule dont nous

---

[46] A.T., IX, pp. 175-176 ; VII, p. 226.

[47] Il arrive en effet que Descartes n'explique pas tout ce qui pourrait prévenir une question embarrassante, cf. *Nouvelles réflexions...*, p. 76, n. 4.

pourrons jamais disposer car elle tient à notre façon même d'entendre *(eo ipso modo quo intelligimus),* qui est celle d'un entendement fini ; amplement suffisante d'ailleurs, en son ordre, mais par elle-même incomplète et requérant un complément, à la différence de celle du *cogito,* des axiomes, des preuves de l'existence de Dieu. Ce complément nous sera apporté en son temps. Il est à noter qu'il ne consiste pas uniquement en la connaissance de la véracité divine : il faut y joindre la considération de la *puissance* divine, que la *Sixième Méditation* met d'ailleurs au premier plan de la démonstration.

Mais, dira-t-on, nous venons de considérer le problème en sa particularité ; or Descartes ne dit-il pas que *d'une manière générale* nos évidences sont douteuses tant que nous supposons ne pas connaître l'auteur de notre origine ? Certes, mais à partir du *cogito* ce doute est complètement levé en ce qui concerne les évidences complètes ; il n'est qu'incomplètement levé en ce qui concerne les évidences incomplètes.

Cette explication est fort simple. Elle ne suppose qu'un sous-entendu. Ce qui est supposé sous-entendu est bien une explication et non un chaînon du raisonnement. C'est quand même un sous-entendu, et c'est assez pour laisser subsister quelque insatisfaction. Mais si on la met en balance avec tout ce qui pèse de l'autre côté, il faut reconnaître que cette raison, non de douter, mais d'être insatisfait est « bien légère et pour ainsi dire métaphysique ».

IV **Par les causes, par les effets**

On sait que, peu avant *l'Abrégé géométrique* des *Secondes Réponses,* Descartes définit les façons de démontrer ou voies analytique et synthétique. Le texte français présente des obscurités ; il est préférable de retourner au texte latin que je traduis ici d'assez près :

« L'analyse montre la vraie voie par laquelle la chose a été découverte méthodiquement et comme par les causes [*tanquam a priori*] etc. ».

« La synthèse au contraire, par une voie opposée et recherchée comme par les effets [*tanquam a posteriori quaesitam*] (même si souvent la preuve elle-même y est plus par les causes que dans l'analyse) démontre certes clairement ce qui est conclu et se sert d'une longue suite de définitions, de demandes, d'axiomes, de théorèmes et de problèmes etc. »[48].

Sur ce que sont et ce que ne sont pas l'analyse et la synthèse, comme sur l'usage qu'en fait Descartes, des précisions de première importance ont été apportées notamment par un article de Jacques Brunschwig[49] et un autre de Jean-Marie Beyssade[50]. Il ne reste plus guère qu'à interpréter *a priori* et *a posteriori*. Ces locutions n'auraient-elles plus ici qu'un sens chronologique ? On peut *a priori* l'exclure : car elles n'ont jamais, dans le langage philosophique de l'époque, d'autre sens que « par la cause ou les causes », « par l'effet ou les effets ». *Tanquam* contient sans doute une légère restriction ; néanmoins certaines choses doivent pouvoir être considérées comme des causes, d'autres comme des effets. Que sont ces causes et ces effets ? Et d'abord, causes de quoi et effets de quoi ?

Je propose : de la même chose, à savoir de l'opportunité de considérer certaines vérités afin de trouver la réponse à la question posée.

Dans l'analyse, c'est l'examen de la question qui détermine ce qu'il y a lieu de considérer pour trouver la réponse. Lorsqu'on considère cette vérité on sait pourquoi elle doit être considérée car on a déjà vu son rapport à la question : ce rapport est la cause de l'opportunité susdite.

Celui qui suit la voie synthétique ne voit pas d'abord en quoi les vérités qu'on lui impose de considérer se rapportent à la question : il ne le comprend qu'à la fin. Au préalable quelqu'un a suivi jusqu'au bout la voie analytique et, faisant retour sur son

---

48 A.T., VII, pp. 155-156 ; cf. IX, pp. 121-122.

49 « La preuve ontologique interprétée par M. Gueroult », *Revue philosophique de la France et de l'Étranger*, 1960 (2), pp. 251-265.

50 « L'ordre dans les Principia », *Les Études philosophiques*, 1976 (4), pp. 387-403.

parcours, a pu constater au passage que la considération de certaines vérités convenablement choisies peut mener à la réponse : l'opportunité susdite est la cause dont l'effet est l'atteinte de la réponse par cette voie ; cette cause a été connue à partir de son effet.

Est-il besoin de dire que je serai reconnaissant aux lecteurs qui voudront bien me faire part de leurs observations ? Elles hâteront le jour où, définitivement assurés de la signification exacte de la philosophie cartésienne, nous pourrons aborder la tâche autrement redoutable, mais aussi autrement essentielle, d'en scruter la signification profonde.

POSTLUDE SUR DESCARTES

A la suite de la publication de mes *Quatre Études brèves sur Descartes* en 1984[1]. plusieurs lecteurs ont bien voulu, répondant à l'invitation que j'y avais exprimée, me faire part de leurs observations ou questions. En rassemblant mes réponses et quelques autres réflexions je me propose d'apporter une nouvelle contribution à l'interprétation « exacte » de la pensée de Descartes.

Concernant ma première *Étude* « Réalité et façon d'être », on me demande de clarifier encore, si possible, l'explication que j'ai donnée de la phrase de Descartes : « Or, afin qu'une idée contienne une telle réalité objective plutôt qu'une autre, elle doit sans doute avoir de cela quelque cause, dans laquelle il se rencontre au moins autant de réalité formelle que cette idée contient de réalité objective »[2]. Je ne pourrai mieux le faire, me semble-t-il, qu'en reprenant l'un des exemples de Descartes, celui de l'idée d'une pierre.

Supposons que la pierre, dont j'ai l'idée, existe. La cause de l'idée de la pierre doit avoir au moins autant de réalité formelle que la pierre.

Supposons que la pierre n'existe pas. La cause de l'idée de la pierre doit avoir au moins autant de réalité formelle qu'en aurait la pierre si elle existait.

---

[1] *Les Études philosophiques*, 1984, pp. 321-335.

[2] A.T., IX, pp. 32-33 ; VII, p. 47.

Mais certains lecteurs ne parviennent pas à comprendre que les perfections respectives des modes d'être objectif et formel (le premier étant de loin plus imparfait que le second) n'entrent en rien dans la réalité elle-même ; que le mode d'être n'est pas un facteur de la réalité. En vérité c'est qu'ils persistent à comprendre la réalité objective comme si elle était une sorte, inférieure, de réalité formelle.

Certes, « perfection » peut être synonyme de « réalité », et c'est plus d'une fois le cas dans la *Troisième Méditation*. Mais toutes les « perfections » ne sont pas de même ordre. Ainsi il se peut que, tout se passant dans l'ordre de l'être formel, une cause ait exactement le même degré de réalité que l'effet : c'est là le minimum exigible ; néanmoins, Descartes dit bien quelque part que la cause en tant que cause a une dignité de cause (*dignitas causae*) et, par comparaison, l'effet a une indignité d'effet (*indignitas effectus*) ; la traduction de Clerselier dit « dignité d'être cause » et « imperfection d'être effet »[3]. Cette différence de dignité *ou de perfection* n'entre pas en ligne de compte lorsqu'il s'agit d'estimer les « réalités ou perfections » respectives de la cause et de l'effet : ce sont deux dimensions de perfection totalement différentes, non du même ordre. Et lorsque la cause est de l'ordre de l'être formel et l'effet de l'ordre de l'être objectif, l'« indignité », l'« imperfection » de l'effet se constitue elle-même selon une modalité particulière, et, si l'on veut, aggravée, mais cela n'entre pas davantage dans la ligne de compte de la réalité.

Usons de quelques analogies. Supposons que des pièces d'or se reflètent dans un miroir. Le mode d'être de ces « pièces en mode de reflet », si l'on peut dire, est de beaucoup moins parfait que celui des pièces réelles ; mais leur forme, leur grandeur, leur couleur sont les mêmes ; et pour qu'il y ait trois pièces d'or en mode de reflet, il faut qu'il y ait au moins trois pièces d'or réelles (il peut y avoir des pièces réelles qui ne se reflètent pas). Or certains raisonnent comme si les pièces en mode de reflet étaient encore des pièces réelles, mais, par exemple, des pièces d'argent doré ; et l'on imagine alors que, sur un plateau d'une balance, on mettra, par exemple, trois pièces d'argent , et sur l'autre des pièces

---

[3] *Quatrièmes Réponses*, A.T., IX, p. 187 ; VII, p. 242.

d'or ; on ne veut pas que la balance penche du côté des pièces d'argent ; or la masse volumique de l'argent est inférieure à celle de l'or ; il suffira donc qu'il y ait sur l'autre plateau, disons, deux pièces d'or (qu'on veuille bien me donner licence de ne pas respecter le rapport exact des masses volumiques !). Mais l'analogie de la balance est, sous cette forme, aberrante ; les pièces en mode de reflet ne se mettent pas sur le plateau d'une balance, et leur imperfection de reflets n'a rien à voir avec l'imperfection qui est celle de l'argent relativement à l'or quant à la masse volumique.

Ce qu'il ne faut jamais perdre de vue, c'est que l'idée, en tant qu'elle est « comme l'image d'une chose », est véritablement une présence, en un entendement, de la chose même dont elle se donne comme étant l'image, *que d'ailleurs cette chose existe ou non hors de l'entendement* : car, si cette chose n'existe pas, sa *réalité* (à savoir, la réalité qui serait la sienne si elle existait) est présente éminemment en une autre chose qui, elle, existe et peut produire dans un entendement la présence de la chose qui n'existe pas[4].

En tout cela, ce qui n'est pas aisé à comprendre jusqu'au bout, c'est, sans doute, d'une part la notion de réalité, d'autre part l'analogie de l'idée et de l'image ; mais essayer de l'expliquer serait entrer dans le domaine de la « signification profonde ». Je n'exclus pas d'y venir un jour, mais ce serait trop long pour un postlude.

Les points suivants concernent ma troisième *Étude* « Par rapport à notre perception ».

On me demande si je ne suis pas allé un peu vite en considérant (certes avec l'appui de Descartes lui-même) la première et la deuxième preuve de l'existence de Dieu dans la *Troisième*

---

[4]Je ne peux discuter ici le très intéressant article d'Alexandre Matheron, « Descartes, le principe de causalité et la réalité objective des idées », in *Scepticisme et exégèse*, *Les Cahiers de Fontenay*, 1995. Je remarquerai seulement que l'auteur est conduit à parler de *la réalité d'une réalité* (cf. p. 141), ce qui, à mes yeux, traduit une confusion ; on peut toujours remplacer « réalité » par « perfection », mais l'inverse n'est pas vrai, et, si l'on peut parler de la « perfection d'une réalité », et donc de la « perfection d'une perfection » , on ne peut parler de la « réalité d'une réalité ».

Méditation comme formant un seul bloc, que j'opposais à la preuve *a priori* de la *Cinquième Méditation*. J'en conviens volontiers ; si j'ai procédé de la sorte, c'est bien pour aller plus vite, et aussi pour n'avoir pas à faire état d'une nouvelle raison de désaccord avec Gueroult, par elle-même de peu d'intérêt. Mais j'y viens maintenant.

De cette seconde preuve Gueroult affirme qu'elle est conditionnée par la première « [...] parce que l'un de ses principes fondamentaux est qu'aucune faculté ne peut être en moi sans que je puisse en avoir la connaissance. Ce principe implique que je ne puis être en soi autre que je me connais, et que de la connaissance à l'être la conséquence est bonne. Or cette proposition n'est valable que si je sais que Dieu existe et qu'il ne peut me tromper, ce que démontre la première preuve »[5]. Or, que Dieu ne puisse me tromper, c'est ce que Descartes ne tire qu'*à la fin* de la *Troisième Méditation*, *après* l'exposé de la seconde preuve. L'ordre des raisons, mis en avant avec tant d'éclat, n'est guère respecté ! Certes Descartes *aurait pu*, s'il l'avait voulu, affirmer la véracité divine tout de suite après la première preuve ; mais *il ne l'a pas fait*, et cela prouve que la seconde preuve n'en a pas besoin.

Je m'étonne, en revanche, de ce qu'aucun lecteur ne m'ait signalé une autre simplification que j'ai faite et qui se rattache à un point plus intéressant. J'ai, en effet, imputé à Gueroult la thèse selon laquelle, même après le *cogito*, la garantie divine est nécessaire non seulement aux déductions assez longues pour empêcher qu'on ait l'évidence simultanée de tous les chaînons, mais aussi aux évidences actuelles[6]. La réalité est un peu plus compliquée, sans d'ailleurs que cela change rien à l'essentiel du problème, comme on le verra.

En effet, quelques pages après celles où Gueroult tente de résoudre à sa manière la question du prétendu « cercle cartésien », le lecteur découvre qu'un certain nombre d'axiomes (qualifiés kantiennement d'*a priori*) sont « soustraits au doute méta-

---

[5] *Descartes selon l'ordre des raisons*, I, p. 265.

[6] *Quatre Études...*, p. 50 du présent recueil.

physique »[7] ; que ces « éléments *a priori* » sont plus nombreux dans la seconde preuve que dans la première, mais tout de même, donc, présents en celle-ci[8] ; et l'on comprend, plusieurs pages encore plus loin, que « les propositions *pour penser il faut être*, *le néant n'a point de propriété*, *tout a une cause*, *il y a au moins autant de réalité dans la cause que dans l'effet* etc. », ont une évidence « invulnérable au Malin Génie, puisque par elles aucune existence n'est affirmée »[9]. Il faudrait donc dire que selon Gueroult ce ne sont pas *toutes* les évidences actuelles qui sont suspectées d'être privées de « valeur objective » (comme il tient à le dire, toujours kantiennement), mais seulement celles qui prétendent nous procurer la connaissance de quelque chose qui existe[10]. Et de la sorte on pourrait sans doute interpréter la note des *Nouvelles réflexions* où Gueroult ose soutenir que Descartes, en affirmant que le méditant est certain de ne pas se tromper à propos des axiomes parce qu'il y porte tout son attention, n'aurait pas répondu correctement à l'objection du cercle faite par Burman[11] : ces axiomes devraient bien, selon Gueroult, être jugés indubitables par Descartes, mais non pour la raison alléguée par celui-ci. Mais en fait la suite de la note, comme les pages du *Descartes* auxquelles je faisais allusion, laisse penser que la position de Gueroult n'était pas, sur ce point, fermement arrêtée. Peu importe au demeurant, puisque de toute façon il est inadmissible de ne pas s'en tenir à la réponse de Descartes.

Tout cela nous permet de mieux comprendre une des principales erreurs de Gueroult qui, bien au delà de l'emploi, certes regrettable mais par lui-même sans gravité, d'un vocabulaire kantien, kantianise effectivement la problématique de Descartes. Les axiomes ontologiques, lors même qu'ils ne nous procurent pas la connaissance de quelque chose qui existe, n'en concernent pas moins la *dimension* même de l'être, de la *rei veritas*. *Si* le problème kantien de la « valeur objective des

---

[7] *Descartes...*, I, p. 266.

[8] *Ibid.*

[9] *Ibid.*, pp. 274-272 ; cf. II, pp. 79-80.

[10] Cf. Descartes, *Principes...*, I, art. 10 ; Gueroult, *op.cit.* II, pp. 79-80.

[11] *Nouvelles réflexions...*, p. 44 ; cf. mes *Quatre Études...*, pp. 49-50 sup.

représentations » se pose, il se pose aussi bien pour les axiomes ontologiques que pour n'importe quels autres jugements. Et *si* les axiomes ontologiques sont « soustraits au doute métaphysique », toutes les autres évidences actuelles le sont aussi et le problème kantien ne se pose pas.

Concernant précisément la validité des évidences actuelles après le *cogito*, on me fait part de quelques hésitations. J'ai écrit : « Tant que je perçois (*percipio*) clairement et distinctement, la "valeur objective"– si l'on tient vraiment à cette locution – de ce que je perçois ainsi n'est plus en question, sinon celle du *cogito* et de ma connaissance de moi-même comme chose pensante le serait aussi, ce qui ne se peut »[12]. On m'objecte que Descartes écrit, encore au début de la *Troisième Méditation* : « Dans cette première connaissance, à savoir : que je suis une chose qui pense, il ne se rencontre rien qu'une claire et distincte perception de ce que je connais ; laquelle de vrai ne serait pas suffisante pour m'assurer qu'elle est vraie, s'il pouvait jamais arriver qu'une chose que je concevrais ainsi clairement et distinctement se trouvât fausse ; et partant il me semble que déjà je puis établir pour règle générale, que toutes les choses que nous concevons fort clairement et fort distinctement sont toutes vraies »[13]. Or, me dit-on, les lignes « laquelle de vrai...se trouvât fausse » montrent qu'une menace pèse encore sur la perception claire et distincte. Mais non ! Ce texte est précisément celui que je résumais dans le passage cité ! Ces lignes de Descartes n'exposent rien d'autre qu'un très simple raisonnement par l'absurde : si la perception claire et distincte n'était pas digne de confiance, la connaissance que j'ai de moi-même ne serait pas certaine ; or cette dernière connaissance est certaine ; donc il est faux que la perception claire et distincte ne soit pas digne de confiance.

Mais allant plus loin, et comme à l'appui de son interprétation des lignes « laquelle de vrai... se trouvât fausse », mon correspondant me fait remarquer qu'à propos de la règle générale Descartes dit seulement « il me semble que je... » (*videor*). En

---

[12] *Op. cit.*, p. 51 sup.

[13] A.T., IX, p. 27 ; VII, p. 35.

effet on peut ici poser à Descartes la même question que Burman à propos d'un autre passage, où figure la locution *videre videmur* : « *Sed cur videmur, dubitationis signum* ? », « Mais pourquoi "nous paraissons", qui est signe de doute ? »[14]

Remarquons d'abord que *videri* n'implique pas toujours le caractère du douteux. Ainsi Descartes dit, dans la *Troisième Méditation*, que je conçois moi-même et une pierre comme des choses fort différentes certes, mais qui « *in ratione tamen substantiae videntur convenire* », « toutefois semblent convenir en ce qu'elles sont des substances »[15] (la traduction « elles semblent » affaiblit d'ailleurs la valeur positive du mot). Et lorsqu'il répond à Burman, Descartes ne reprend pas le mot « doute » ; il admet cependant que *videri* laisse ouverte la possibilité que quelqu'un nie ce qui nous apparaît – en l'occurrence, le fait que nous « voyons »; et pourtant, ajoute-t-il, dans le cas présent, ce *videre* se résout dans le *videri*, de sorte que cela suffit à notre démonstration.

Il reste que, de soi, *videri* comporte bien une atténuation par rapport à, par exemple, *patere*, qui dirait l'évidence à laquelle personne ne peut se soustraire (sauf à vouloir, par un coup de tête, refuser l'évidence pour affirmer son libre arbitre, ce qui, notons-le au passage, est tout autre chose que de douter et suspendre son jugement[16]). Comment expliquer cette atténuation ?

Avant de répondre, arrêtons-nous encore un instant sur le mot « règle ». Parler de règle, c'est dire que la proposition « tout ce que nous concevons etc. » n'est pas envisagée pour elle-même et quant à sa visée théorique, mais en fonction de l'*usage* qui pourra en être fait à propos d'autres propositions qu'il s'agira d'assumer ou de rejeter ; et c'est en raison de cet usage qu'il y lieu de parler de la *généralité* de la règle. En toute rigueur il faut distinguer la proposition en question en tant que *conclusion implicite* du raisonnement par l'absurde et cette même proposition formulée *explicitement* comme une règle, je dirais même transformée en

---

[14] *Entretien avec Burman*, 41, éd. J.-M. Beyssade, Paris, P.U.F., 1981, pp. 104-105.

[15] A.T., VII, p. 44 ; IX, p. 20.

[16] *Lettre à Mesland* , 9 Février 1645, A.T., IV, p. 173.

règle. Or, un raisonnement par l'absurde ne donne pas la raison ou la cause de la validité de sa conclusion. La généralité de la règle est donc en quelque sorte accrochée à la particularité du *cogito* à partir duquel la règle a été établie ; en l'absence de l'actualité de celui-ci, ma persuasion concernant la règle peut être battue en brèche par les arguments de celui qu'on peut appeler l'avocat du diable : c'est exactement la situation qui va être décrite une page plus loin (« Toutes les fois que... Et au contraire toutes les fois que... »). Aussi serais-je imprudent si, muni que je suis présentement de la règle générale, je croyais être définitivement tiré d'affaire. Et ainsi s'explique aisément la légère atténuation que comporte le mot *videor* ; mais notons bien encore que cette atténuation n'affecte en rien la validité du raisonnement par l'absurde et de sa conclusion implicite, raisonnement et conlusion qui *précèdent* l'établissement de la règle générale proprement dite ; et que l'hypothèse « s'il pouvait jamais arriver qu'une chose que je concevrais ainsi clairement et distinctement se trouvât fausse » appartient entièrement au raisonnement par l'absurde et n'est nullement une annonce des phases défavorables de l'alternance qui va peu après se présenter.

Faut-il ajouter que ce qui est dit dans le *Discours de la méthode*, à savoir que nous ne sommes assurés de cette règle que par la connaissance de Dieu[17], ne présente pas de difficulté plus redoutable ? Faut-il rappeler que l'explication en est entièrement donnée par Descartes dans l'*Entretien avec Burman* : « Si en effet nous ignorions que toute vérité vient de Dieu, pour claires que fussent nos idées, nous ne saurions pas qu'elles sont vraies et qu'elles ne nous trompent pas, cela bien sûr lorsque nous ne nous tournerions pas vers elles et quand nous nous souviendrions seulement de les avoir clairement et distinctement perçues. Autrement, en effet, même si nous ignorons que Dieu existe mais quand nous nous tournons vers elles, nous ne pouvons pas en douter ; sans quoi nous serions dans l'incapacité de démontrer l'existence de Dieu »[18] ?

---

[17] A.T., VI, pp. 38-39.
[18] *Op.cit.*, p. 146.

Mais revenons aux *Méditations*. Dans les pages que je viens d'évoquer, j'ai soutenu qu'il s'agit d'une alternance entre deux types de considération de poids égal et non pas, comme l'a cru Gueroult, d'une différence de niveaux entre un plan « psychologique » et un plan « métaphysique » supérieur. Mais n'y aurait-il pas un indice en faveur de l'existence d'un plan psychologique ? Toutes les fois, dit Descartes, que je me tourne vers les choses mêmes que je juge percevoir clairement et distinctement, « je suis tellement persuadé par elles que *je me laisse emporter à ces paroles* (*ut sponte erumpam in has voces*) : Me trompe qui pourra etc. »[19] : n'est-ce pas là le langage de quelqu'un qui est entraîné par une force qu'il ne maîtrise pas, force qui exprimerait la nature de son esprit, sujet que serait celui-ci à la « fascination de l'évidence », cela même que dépasse le plan « métaphysique » ? Or il ne faut pas tirer de ces lignes une conclusion excessive. L'alternance des considérations ne va certes pas sans m'affecter ; les mots « je me laisse emporter » traduisent à la fois une impatience bien compréhensible devant l'insistance de l'avocat du diable, et une confiance en moi quelque peu excessive dès lors que je pense être définitivement tiré d'affaire.

On me demande enfin une précision sur ce que j'ai énoncé au début de mon *Étude* en posant la question : « La garantie de la véracité divine est-elle, selon Descartes, nécessaire [...] aussi, même après le *cogito*, aux évidences actuelles [...] ? »[20] On sait que ma réponse est négative ; mais on me demande ce qu'il en est, selon moi, avant le *cogito*, et comment je comprends ce que déclare Descartes dans les *Secondes Réponses* à propos des évidences très simples : « nous n'en pouvons jamais douter »[21]. Cela ne vaut-il qu'après le *cogito* ou déjà avant celui-ci ?

Remarquons pour commencer que cette question n'entre pas tout à fait dans mon sujet. Je vois chez Descartes *moins* de doute, après le *cogito*, que beaucoup d'interprètes, dont Gueroult ; à supposer qu'avant le *cogito* j'en voie moi-même *encore trop*,

---

[19] A.T., IX, p. 28 ; VII, p. 36.
[20] Cf. ci-dessus p. 50.
[21] A.T., IX, p. 114 ; VII, pp. 145-146.

mon argumentation précédente n'en serait pas mise en danger. Toutefois je ne peux laisser la question sans réponse.

Tout d'abord remarquons que je ne peux que m'interdire l'échappatoire que pourrait offrir la position de Gueroult en rapportant le « nous n'en pouvons jamais douter » au plan « psychologique » jugé inférieur au plan « métaphysique ». Mais remarquons aussi à quoi Gueroult est conduit concernant la *Première Méditation* : à savoir, que les doutes hyperboliques, contraires à la nature de notre esprit, sont *feints* et distincts du doute *véritable* [22]. Mais peut-on feindre de douter, s'agissant de feindre à ses propres yeux ? Cela n'a guère de sens. De fait on n'en finirait pas de citer les passages où Gueroult voit le doute métaphysique fonctionner comme un doute réel et véritable ; et s'il n'était tel, ses effets pourraient-ils être ce qu'ils sont ? Sur sa réalité, en tout cas, Descartes lui-même ne laisse aucun doute : « La méditation que je fis hier m'a rempli l'esprit de tant de doutes, qu'il n'est plus en ma puissance de les oublier »[23]. Il faut ici dissiper une confusion : le *feindre* porte sur les raisons de douter, mais ces raisons produisent un doute réel et véritable.

Il serait tentant de penser que la formule de Descartes « nous n'en pouvons jamais douter » ne doive pas s'entendre en toute rigueur, mais comme sous-entendant : « après la *Seconde Méditation* ». En effet, au début de ce passage, Descartes dit : « Mais d'autant que je remarque ici que vous vous arrêtez encore aux doutes que j'ai proposés dans ma première Méditation, et que je pensais avoir levés assez exactement dans les suivantes, j'expliquerai ici derechef le fondement sur lequel il me semble que toute la certitude humaine peut être appuyée. »[24] Reste que la formule susdite ne semble pas admettre d'atténuation. Et de fait, Descartes, au début du passage, ne dit pas tant : « Relisez les Méditations suivantes » que : « Je viens vous rejoindre là où vous êtes ». L'interprétation stricte paraît bien (*videtur...*) s'imposer.

---

[22] *Descartes...*, I, p. 42.

[23] A.T., IX, p.13 ; VII, p.18.

[24] A.T., IX, p. 113 ; VII, p. 144 (remarquons en passant l'usage du mot *videtur*, « il me semble »).

Mais comment concilier ce « nous n'en pouvons jamais douter » et ce doute universel qui est, nous l'avons vu, réel et véritable ?

Il faut ici tirer parti de la précieuse contribution d'Anthony Kenny[25]. Relisons quelques passages de la *Première Méditation.* La bonté de Dieu ne semble pas devoir exclure « que je me trompe *toujours* »[26] ; « d'autant moins puissant sera l'auteur qu'ils attribuent à mon origine, d'autant plus sera-t-il probable que je suis tellement imparfait que je me trompe *toujours* » [27] ; « je suis contraint d'avouer que de toutes les opinions que j'avais autrefois reçues en ma créance pour véritables, *il n'y en a pas une* de laquelle je ne puisse maintenant douter »[28]. Avec A. Kenny il faut souligner la note de *généralité* qui s'attache à toutes ces formules : les opinions sont envisagées en général, obliquement, et non pas une à une et directement ; les évidences ne me sont plus présentes, je me souviens seulement d'avoir eu des perceptions qui se donnaient pour évidences. En revanche, présentement, j'ai une raison de douter de manière générale et indifférenciée : voilà constitué le doute, réel et véritable. Autre chose est de pouvoir dire à certains moments : « tout ce que je crois jamais trouver évident est en fait douteux », autre chose serait de pouvoir dire : « cela, que je reconnais maintenant comme évident, est douteux »[29].

---

[25] *Descartes : a study of his philosophy*, London-New York, 1968, pp. 172-199, et « The cartesian spiral », *Revue internationale de Philosophie*, 1983, n°146, pp. 247-256.

[26] A.T., IX, p. 16 ; VII, p. 21. (C'est évidemment moi qui souligne).

[27] A.T., IX, p. 17 ; VII, p. 21.

[28] *Ibid.*

[29] A.Kenny compromet quelque peu la distinction capitale qu'il a faite, lorsqu'il la retraduit en distinguant une certitude « psychologique » d'une certitude « métaphysique » ; la locution « certitude psychologique » est pour le moins ambiguë, de même que la locution « doute implicite » ; cette dernière peut laisser penser que l'implicite pourrait s'expliciter ; mais il ne le peut pas, et A. Kenny en convient ; or qu'est-ce qu'un implicite qui ne peut s'expliciter ? Il faudrait dire que le doute général *se présente comme* concernant implicitement les propositions particulières évidentes ; de même celles-ci *sont censées* être implicitement contenues dans la proposition générale « les perceptions se donnant pour évidentes sont douteuses ».

Mais alors où est la différence avec la situation d'alternance décrite dans la *Troisième Méditation* juste après l'établissement de la règle générale ? C'est que, disposant de la règle générale, je suis déjà en mesure de répondre quelque chose à l'avocat du diable : « me trompe qui pourra... » ; certes, je ne suis pas en mesure de le faire taire définitivement, car je ne connais pas la raison qui fait que la perception claire et distincte est tout à fait digne de confiance, et il en profitera dès qu'il le pourra ; mais c'est assez pour que je puisse, à partir d'une évidence présente, progresser quelque peu, et ce peu va se révéler décisif puisque je vais très vite démontrer l'existence de Dieu. Tandis qu'à l'étape de la *Première Méditation*, comme dit Descartes « je n'ai rien à répondre »[30], et cela suffit pour me paralyser : je me barre moi-même l'accès à ces choses très simples dont « nous ne pouvons jamais douter », je fais en sorte qu'elles soient pour moi comme si elles n'étaient pas.

Il me faut insister encore sur ce rôle du temps, si constamment méconnu de tous ceux qui restent persuadés qu'il existe un vrai problème du « cercle cartésien ». Jusqu'à l'établissement de la véracité divine, dit-on, « la lumière naturelle est disqualifiée », « les mathématiques elles-mêmes sont douteuses » etc. Qu'est-ce que ce présent : « *est* disqualifiée », « *sont* douteuses »... ? Le méditant l'entend comme un présent durable, mais c'est *momentanément* qu'il en juge ainsi ; et certes c'est alors pour de sérieuses raisons ; mais lorsqu'il n'est plus tourné vers ces raisons mais vers l'indubitable, le jugement en question tombe, et le présent durable visé est entraîné dans sa chute ; et si maintenant (par impossible) le méditant s'y cramponnait, c'est alors qu'il pécherait contre la saine méthode. Malheureusement plus d'un commentateur, aujourd'hui, s'y cramponne, pensant qu'il s'agit d'un « droit » auquel s'opposerait le « fait » du *cogito* ou d'une quelconque évidence actuelle.

Aucune observation ne m'ayant été faite sur la distinction que je proposais entre évidence complète et évidence incomplète, qui constituait pourtant la pointe de ma troisième *Étude*, je ne peux présentement rien dire de plus à ce sujet.

---

[30] A.T., IX, p. 17 ; VII, p. 21.

HEIDEGGER ET L'ESPRIT CARTÉSIEN

Je proposerai d'abord trois préalables.

1 - Heidegger lui-même se rapporte à quelque chose qu'on peut appeler « esprit cartésien » (quoique la locution ne se trouve pas chez lui, à ma connaissance) ; et cela, non accessoirement, mais d'une manière qui lui est essentielle.

2 - L'intérêt de Heidegger pour Descartes ne se sépare pas de son intérêt pour l'esprit cartésien ; inversement, l'intérêt pour l'esprit cartésien ne dispense pas, à ses yeux, d'une étude directe et détaillée de la pensée de Descartes.

3 - Comme je l'avais proposé aux organisateurs, ma communication prend place dans la section « cartésianismes et anticartésianismes » ; il peut y avoir quelques raisons de considérer la pensée de Heidegger comme un anticartésianisme ; mais nous aurions grand tort de négliger ce que Heidegger dit à propos de l'antiplatonisme de Nietzsche (j'adapte la phrase aux besoins de la citation et je traduis assez librement) : « tout "anti-" reste nécessairement immobilisé dans l'essence [ou : dans la présence] de ce contre quoi il s'élève » (*bleibt notwendig im Wesen dessen verhaftet, wogegen es angeht.*)[1] Donc Heidegger récuserait cette qualification.

Nous trouvons une confirmation du deuxième préalable (association de Descartes et de l'esprit cartésien) dans la première contribution importante de Heidegger concernant Descartes, à

---

[1] *Chemins qui ne mènent nulle part,* trad. W.Brokmeier, Paris, Gallimard, 1962, p. 179.

savoir dans le cours de 1923/24 *Introduction à la recherche phénoménologique*[2]. En effet c'est ici la discussion de la pensée de Husserl, en tant qu'elle assume un héritage cartésien, qui motive un nécessaire « retour à Descartes », entendons : un examen direct de la pensée de Descartes.

Ce cours se situe au temps de la gestation d'*Être et temps* (1927). Dans la partie publiée de ce dernier ouvrage, il est plus d'une fois question de Descartes, notamment dans l'examen critique de la conception cartésienne de la *res extensa*, examen qui a lieu au cours d'une élucidation de la notion de monde, et précisément pour montrer que lorsque la *res extensa* vient au premier plan la mondanité du monde s'efface. Mais c'est surtout dans le programme, non réalisé, de ce qui devait être la seconde partie du livre que Descartes apparaît à une place décisive, cette fois en raison du *cogito* et de la conception de la *res cogitans* : pour comprendre comment le rapport de l'être et du temps a été, jusqu'ici, à la fois reconnu et méconnu, il faut retourner de Kant et de sa doctrine du schématisme à ses présupposés qui affleurent dans le *cogito* cartésien, et ensuite retourner de celui-ci à ses présupposés issus de l'ontologie antique.

Dans cette première grande époque de sa pensée Heidegger fait sienne, d'une certaine manière, l'idée, assurément classique, que Descartes inaugure la philosophie moderne ; il la fait sienne encore après le « tournant ». Mais dans les deux cas il le fait à sa manière, qui diffère de la manière la plus courante ; et d'autre part, une différence d'accent apparaît entre les deux époques.

Dans la première époque Heidegger insiste surtout sur l'idée que Descartes est profondément déterminé par la philosophie médiévale et scolastique ; et cela, non pas seulement en ce que, à côté de ce qu'il apporte de nouveau, persisterait un résidu ancien non encore surmonté, comme beaucoup l'ont pensé, mais plutôt en ce que le nouveau lui-même n'est en vérité qu'une modification de l'ancien – l'ancien qui, pour l'essentiel, est simplement reconduit ; de sorte que par la suite, dans la mesure où Descartes est à l'origine de ce qui devait venir après lui, ce même soubassement

---

[2] GA 17, 1994.

sera encore reconduit en ne faisant que s'enfoncer un peu plus dans l'apparente évidence du « cela va de soi ».

Après le « tournant » l'accent est mis davantage sur ce qu'a d'irréductible le principe de toute grande époque de la métaphysique. Du fait même, Heidegger souligne davantage l'originalité du moment cartésien, principe de la métaphysique des temps modernes ; en cela il rejoint une façon de voir assez courante. Il dit même quelque part que lorsque Descartes reprend simplement la division de l'étant en créateur et créé, il donne l'exemple le plus net de la façon dont un nouveau commencement de la pensée métaphysique (à savoir, la détermination de l'homme à partir du *cogito*) peut être recouvert par ce qui s'imposait jusque là[3].

Toutefois, même dans cette seconde époque la distance par rapport à la façon de voir la plus courante reste importante. Elle tient à deux éléments.

D'une part Heidegger maintient que le « nouveau » n'est possible que sur la base de l'« ancien ». Ainsi souligne-t-il mainte fois que le « sujet » au sens moderne, qui commence à s'établir avec le *cogito* de Descartes (bien que ce ne soit pas encore le vocabulaire de Descartes lui-même) n'est ce qu'il est que comme mutation de l'*hypokeimenon* (le mot sera traduit en latin par *subjectum*), qui est pour Aristote « ce qui est présent à la base ».

D'autre part ce qu'on peut appeler l'histoire de l'esprit (du moins de l'esprit occidental) est de plus en plus considéré par Heidegger non pas seulement comme histoire de la compréhension humaine de l'être, mais comme histoire et destin de l'être lui-même (c'est là, sans doute, un des aspects les plus problématiques et les plus difficiles de la pensée de Heidegger) ; ce qui, d'ailleurs, rend la locution même d'« esprit cartésien » quelque peu inadéquate, en ce qu'elle souligne trop l'individualité d'un philosophe.

Retenons donc qu'entre le premier et le second Heidegger, il y a, concernant Descartes, une différence d'accent, mais sans sous-estimer la continuité. C'est ce que je voudrais faire ressortir à propos de l'interprétation du *cogito*, interprétation toujours

---

[3] *Nietzsche*, trad. P. Klossovski, Paris, Gallimard, II, p. 132.

orientée vers la portée ontologique de celui-ci. Portée ontologique : en effet, si le texte des leçons sur Nietzsche auquel je viens de me référer parle d'une détermination de *l'homme* par le *cogito*, il est capital pour Heidegger qu'à travers celle-ci se décide une détermination de *l'être*.

Dans le cours de 1923/24 l'analyse est centrée sur la nature de la vérité – n'oublions pas que la solidarité de la vérité et de l'être est un des thèmes constants de Heidegger. La vérité est ici déterminée à partir de la clarté et distinction de la « perception », dont la fonction de critère de l'indubitable est énoncée dans la « règle générale » formulée au début de la *Troisième Méditation*. Heidegger considère même que la règle générale est implicitement première par rapport au *cogito* lui-même, lequel est posé parce qu'il y satisfait de façon privilégiée (bien que la règle soit tirée d'une réflexion sur la connaissance que j'ai de moi-même). En fin de compte, ce qui ressort est que l'être, l'*esse*, est fondamentalement déterminé comme être-perçu, *esse perceptum*, ou être-représenté, *esse repraesentatum*, et justement cette détermination principielle s'applique au *cogito* et à l'être de la chose pensante, en ce qu'il y a là coïncidence entre l'être-perçu et l'être-percevant.

Dans le *Nietzsche* Heidegger dit à peu près la même chose, en insistant sur ce que suggère le mot allemand *Vorstellen* (qui traduit habituellement *repraesentare*), le trait du « placer devant soi » ; l'être est défini comme *Vorgestelltheit*, « représentéité » (je risque le néologisme), ce qui ne veut pas dire que l'étant soit une « simple représentation » au sens banal, c'est-à-dire quelque chose de non-effectif. La principale différence entre les deux textes tient à ce qui suit. En 1923-24, Heidegger se demande quel est le lien entre les deux aspects de l'être de la chose pensante, l'*être-perçu* et l'*être-créé* ; la réponse est qu'ils convergent dans le caractère du vrai. La vérité, en effet, se définit à partir du Dieu créateur (comme chez Thomas d'Aquin). L'architecture de l'étant, dominée par la différence du créateur et du créé, est donc ici directement déterminante. Tandis que dans le *Nietzsche*, la détermination de l'être comme *Vorgestelltheit* semble se suffire à elle-même ; on voit donc poindre l'absoluité du sujet (cf. l'idéalisme allemand).

Demandons-nous maintenant : qu'advient-il, selon Heidegger, en ce moment fondateur de la pensée moderne que constitue l'avènement de la pensée de Descartes ? Nous pouvons tenter de répondre en tenant compte de la continuité que nous avons montrée entre les deux principales époques de la pensée de Heidegger.

D'un point de vue d'abord formel il me semble que nous pouvons dire : quelque chose est décelé et – contrepartie indissociable – quelque chose est occulté. Ce qui est décelé, c'est, sans doute, le champ, très riche, d'une nouvelle mathématisation. C'est aussi, sans doute, une part de l'essence de la liberté humaine. Ce qui est occulté, essayons de le dire dans l'horizon de 1927. Le *cogitare* ne se déploie qu'en occultant son enracinement dans ce que Heidegger nomme le *Dasein* ; par ce mot, difficile à traduire – littéralement « être-là », mais avec la nuance qu'on peut rendre par « être-le-là » – il désigne « l'étant que nous sommes nous-mêmes ». Le *Là* comporte, en une unité indivise, l'ouverture qui nous met à la mesure de l'être et l'assignation indépassable à un ici-maintenant, qu'implique la corporéité. La corporéité, loin de se réduire à l'être de la *res extensa*, n'est ce qu'elle est que dans l'éclosion du *Dasein*. Et dans cette éclosion c'est le rapport à l'*être* qui est en jeu.

Prolongeant cela, nous pouvons dire qu'aux yeux de Heidegger le destin de l'esprit cartésien est de se déployer jusqu'à l'extrême oubli de ce en quoi s'enracine son principe. Mais en cela – toujours aux yeux de Heidegger – il ne fait que radicaliser quelque chose qui est de l'essence de toute la métaphysique. Aussi bien l'exigence qui s'affirme dans le rôle ontologiquement déterminant de la « perception claire et distincte » ne fait-elle qu'accentuer et recentrer une exigence déjà active et déterminante dans l'ontologie grecque. L'étonnant étant que déracinement et occultation aillent de pair avec la promotion d'une pensée d'une grandeur insigne et capable d'un déploiement multiforme. Car il ne faut pas s'y tromper : si l'on peut dire que Heidegger critique, et parfois vivement, Descartes, une telle critique ne veut s'adresser qu'à ce qui en vaut la peine ; elle est d'abord reconnaissance de la présence d'une authentique pensée. (Si, par exemple, aujourd'hui, des scientifiques, éventuellement éminents, s'imaginent qu'en tenant les neurones ils tiennent « l'étant que nous sommes nous-mêmes », Heidegger, c'est clair, est du côté de Descartes). La question que Heidegger nous aide à poser est : Descartes, si fort soit-il, a-t-il la force de préserver ce dont il a la charge ? Et la métaphysique elle-même a-t-elle cette force ? Question difficile, car elle peut se reporter sur la pensée même dont elle procède.

Complément

Pour expliquer l'essence du *Da* dans *Dasein* j'ai parlé de « l'assignation à un ici-maintenant ». Cela demande une explication complémentaire, car cela pourrait laisser penser que l'*ici* est une donnée première qui se suffit à elle-même, ce qui est contraire à la pensée de Heidegger. Celui-ci écrit en effet : « Conformément à sa spatialité le *Dasein* n'est jamais tout d'abord ici (*hier*) mais là-bas (*dort*) – un là-bas à partir duquel il revient sur son ici [...] »[4]. Le couple {là-bas, ici} est essentiel à la spatialité du *Dasein* et l'ici ne peut être détaché du couple auquel il appartient ; à son tour le couple lui-même prend place dans le *là*, auquel il est nécessaire. Toutefois la géométrisation de l'espace, qui répond elle aussi à une authentique exigence[5], tend à rendre plus familière la désignation d'un ici ; il est donc possible d'en partir afin de retrouver ce qui, déjà compris au fond du plus familier, est néanmoins habituellement recouvert.

Pour bien entendre le *Da* du *Dasein* il est non moins important de noter que la spatialité de celui-ci n'est pas dissociable de sa temporalité.

---

[4] *Être et temps*, §23.

[5] Cf. *Ibid.*, §24.

REMARQUES SUR LES ONZE PREMIÈRES PROPOSITIONS DE L'ÉTHIQUE DE SPINOZA

A propos du *Spinoza* de M. Martial Gueroult

Ampleur et netteté de la vue d'ensemble, extrême précision dans le détail : la difficile alliance de ces deux traits également nécessaires à l'histoire de la philosophie, M. Gueroult l'a portée, dans ses célèbres ouvrages, à un degré de réussite rarement égalé. Ni les arbres ne cachent la forêt, ni la forêt n'étouffe les arbres. Pour nul grand texte plus que pour l'*Éthique* de Spinoza n'était nécessaire ce commentaire pas à pas que M. Gueroult nous a donné dans son monumental *Spinoza* dont les deux premiers tomes sont parus à ce jour[1]. Il est désormais impossible, non seulement à l'historien de la philosophie, mais au philosophe pour qui Spinoza est source de questions, de se passer de cet ouvrage ; on peut dire qu'inversement le commentaire de M. Gueroult rend presque inutile le recours à ceux qui l'ont précédé.

Est-ce à dire que l'exactitude de ce commentaire soit sans défaillance ? Pour notre part ce n'est jamais sans un profond étonnement qu'il nous est arrivé de nous trouver en désaccord avec une interprétation de M. Gueroult. Nous ne parlons pas ici de ces désaccords qui peuvent toujours subsister lorsqu'il s'agit de déterminer le sens des thèses de l'auteur étudié : ils sont toujours possibles parce qu'ils tiennent aux présupposés toujours discutables que tout exégète, parce qu'il est lui-même *impliqué*

---

[1] I *Dieu*, Paris, Aubier, 1968 et II *L'Âme*, 1974.

dans la philosophie, incorpore nécessairement à sa compréhension du texte. Nous parlons de ces désaccords qui portent sur l'articulation même du texte ; nous parlons de cette zone où il est *possible* de parvenir à des résultats indiscutables. Souvent, il est vrai, les objections qui nous étaient venues à l'esprit cédaient à la force des explications. Parfois, cependant, nous avons dû nous résoudre à constater que notre désaccord était irréductible. Ce fut naguère le cas pour Descartes, à propos de la troisième *Méditation* ; c'est aujourd'hui le cas pour Spinoza, à propos de la *Partie I* de l'*Éthique*. Il est à peine besoin de dire que, dans les deux cas, nous estimons les points contestables du commentaire beaucoup moins importants que son apport positif ; ils ne sont pas négligeables pour autant. En en faisant part au lecteur, nous avons conscience d'un certain déséquilibre : la rançon de la perfection est que, là où le commentaire de M. Gueroult est incontestable, il n'y a pas grand chose à lui ajouter (du moins sur le plan où le commentateur a voulu se placer), tandis que la moindre discussion d'un point contestable appelle de longs développements. Il faut cependant s'y résoudre : la critique reste le seul hommage à la mesure d'une telle œuvre, pourvu qu'elle s'oblige à une rigueur qui ne l'en rende pas indigne.

Ajoutons une dernière remarque. Chaque fois que nous avons mené à son terme une discussion critique de certaines thèses de M. Gueroult il en est résulté pour nous un surcroît de clarté qui nous aurait sans doute toujours manqué si nous n'avions pas eu l'occasion de l'entreprendre ; ce que nous avons vu en critiquant M. Gueroult, nous ne l'aurions pas vu sans lui. Tant il est vrai que le niveau auquel sont saisies les questions est encore plus important que les réponses qui y sont apportées.

Les trois points qui font l'objet de notre discussion ont trait, quant à l'*Éthique*, au début de la *Partie I* jusqu'à la *Proposition 11* incluse, et, quant à l'ouvrage de M. Gueroult, à la première partie du tome I, chap. III, IV, V. Le *premier*, concernant la notion de substance et la « construction » de l'essence de Dieu dans les dix premières *Propositions* (cf. chap. III et IV), et le *second*, concernant la première preuve de l'existence de Dieu dans la *Proposition 11*, et généralement la situation de cette même

Proposition (cf. chap. V, § I à VII), sont de grande importance quant à l'économie de la *Partie I* de l'*Éthique*. Le *troisième*, concernant la troisième preuve de la *Proposition 11* (cf. chap. V, § XIII à XVI) est de portée plus restreinte, mais, se rattachant à la même question que le précédent, il lui apporte un complément qui mérite aussi d'être retenu.

On nous permettra de ne pas faire état, dans notre exposé, des études sur Spinoza autres que celle de M. Gueroult, ni des recensions de son tome I parues à ce jour.

Les références au *Spinoza* de M. Gueroult auront toutes trait au tome I et seront indiquées par la seule mention du numéro de la page. Les références à Spinoza auront trait, sauf mention explicite, à la *Partie I* de l'*Éthique* ; les indications des pages renverront, s'il y a lieu, à l'édition Gebhart, notée Geb. Les traductions du texte latin seront soit celles d'Appuhn, soit, si elles en diffèrent, celles proposées par M. Gueroult, soit les nôtres ; dans le cas où nous renverrons à Appuhn (noté App.), la pagination sera celle de l'édition de 1964-1966 (Paris, Garnier-Flammarion). Les références à Descartes renverront à l'édition Adam et Tannery, notée A.T.[2]

I

Dès le début de son premier chapitre M. Gueroult expose avec toute la clarté désirable l'articulation de la *Partie I* de l'*Éthique*

[2] Pour maintenir une suffisante homogénéité avec le texte de M. Gueroult nous traduirons *ens* par « être », quoique nous fassions pleinement nôtre la position de M. E. Gilson qui, revenant, dans la seconde édition de son ouvrage l'*Être et l'Essence*, sur les scrupules qui, dans la première, l'avaient retenu, prend nettement partie en faveur d' « étant », qui est en effet l'équivalent exact de *ens* – tandis que « être » correspond à *esse* –, et déclare : « La crainte française du néologisme ne justifie pas une timidité si dommageable à la précision philosophique » (*Op. cit.*, Paris, Vrin, 1962, Appendice II, p. 350). Cette traduction serait d'autant plus souhaitable que Spinoza emploie parfois *esse* substantivement (cf. *Prop.* 9 ; *Prop.* 10, *Scol.* ; *Lettre* 36 à Hudde, Geb. IV, pp. 184-185 ; *Traité de la Réforme de l'entendement*, Geb. II, p. 35).

telle qu'il la voit[3] ; cette *Partie* comporte trois parties dont « la première (*Propositions 1 à 15*) se divise en deux sections :

a. Déduction des éléments de l'essence de Dieu, à savoir des substances à un seul attribut (*Propositions 1 à 8*).

b. Construction de l'essence de Dieu par l'intégration des substances à un seul attribut en une substance constituée d'une infinité d'attributs, existant par soi, indivisible et unique (*Propositions 9 à 15*)[4].

Les titres des chapitres répondent à cette articulation : chap. III, « La substance constituée d'un seul attribut » (*Propositions 1 à 8*) ; chap. IV, « La substance constituée d'une infinité d'attributs » (*Propositions 9 à 10)* ; chap. V, « Les preuves de l'existence de Dieu » (*Proposition 11*).

Ainsi, selon M. Gueroult le groupe des huit premières *Propositions* concerne exclusivement les substances ayant chacune un seul attribut ; il en expose la « théorie »[5]. Mais le *Scolie* de la *Proposition 10* impose, et la *Proposition 11* suppose

---

[3] M. Gueroult désigne par « livres » les parties de l'*Éthique* : c'est sans grande importance, mais nous nous tiendrons à l'usage de Spinoza.

[4] P. 20.

[5] Cf. encore : « Dans les *Propositions 1* à *8* il s'agissait de substances distinctes, définies chacune par un seul attribut » (p. 142). Toutefois on peut noter quelques variations dans la caractérisation du groupe. Ainsi p. 109 il apparaît que le groupe se divise en deux sous-groupes, de 1 à 4 et de 5 à 8, et ce sont seulement les quatre dernières *Propositions* qui constituent proprement « la théorie des substances à un seul attribut » (cf. p. 117), tandis que les quatre premières sont « plus générales et de caractère axiomatique » (*ibid.*). Étant donné que les quatre premières « constituent autant de Lemmes pour la démonstration des quatre dernières » (p. 109) on peut penser que l'unité du groupe n'est pas compromise et que sa caractérisation globale est de ce fait justifiée. Mais p. 178, M. Gueroult écrit : « ce qui a été conçu de la *Proposition 2* à la *Proposition 8*, c'est seulement la substance à un seul attribut et les propriétés qui s'en déduisent » : la subdivision serait alors entre la *Proposition 1* et les *Propositions 2* à *8*. Mais ailleurs encore (p. 179, n. 7) M. Gueroult fait une exception pour la seconde démonstration (*aliter*) du *Corollaire* de la *Proposition 6*, dont la portée dépasse le champ de la substance à un attribut, dépassement qui sera exploité plus tard (cf. p. 186). La thèse centrale de M. Gueroult ne fait cependant aucun doute : les huit premières *Propositions* constituent pour l'essentiel une théorie de la substance à un seul attribut. Mais, à notre sens, les variations que nous avons remarquées ne sont pas sans trahir quelque embarras : la raison en apparaîtra plus tard.

le concept de la substance constituée d'une infinité d'attributs. Entre les deux groupes de textes les *Propositions 9* et *10* font une « transition » ; cela n'empêche pas qu'il y ait « solution de continuité », « rupture »[6].

Une telle rupture présente une difficulté considérable. Car non seulement dans les huit premières *Propositions* Spinoza ne traite, selon M. Gueroult, que des substances à un seul attribut, ce qui déjà conduit à se demander comment il peut se faire qu'ensuite « les propriétés de la substance infiniment infinie, à commencer par l'existence nécessaire, semblent démontrées en vertu des propriétés de la substance à un seul attribut »[7] ; mais le résultat des huit premières *Propositions* « est d'aboutir apparemment à une pluralité indéfinie de substances constituées chacune d'un seul attribut »[8]. Et dès la *Proposition 5* il « est définitivement établi [...] que, jusqu'à plus ample informé, il y a autant de substances que d'attributs »[9].

Une remarque nous fera prendre la mesure de la difficulté. Assurément la notion spinoziste d'une substance constituée d'une infinité d'attributs est en elle-même difficile à comprendre, déconcertante, paradoxale, dès lors que l'attribut n'est pas une simple propriété, comme le sont les « attributs divins » traditionnels, mais constitue une essence de substance, ce qui autorise à considérer comme vraisemblable qu'il y ait autant de substances que d'attributs ; Spinoza ne l'ignore pas, qui prend soin de montrer que le concept d'une substance ayant une infinité d'attributs est bien loin d'être absurde[10] : chacun sait qu'on ne donne un démenti que lorsque la question à tout le moins s'est posée ! Mais, si l'on en croit M. Gueroult, il faut aller plus loin : la *Proposition 5* établit qu'il y a autant de substances que

---

[6] P. 142.

[7] *Ibid.*

[8] P. 141.

[9] P. 119. La coupure pratiquée par nous dans cette citation (que nous redonnerons plus loin dans son entier) fait ressortir le paradoxe au-delà sans doute de ce qu'avait voulu l'auteur : étrange « définitif » que celui qui vaut « jusqu'à plus ample informé » !

[10] Cf. *Prop. 10, Scol.*

d'attributs[11]. Dès lors, si cette égalité est ensuite remise en question, il ne suffira pas de parler de complément d'information ; il faudra bien parler de « renversement des affirmations premières »[12], de « conflit direct »[13] et pour tout dire, de contradiction. Et lorsque que M. Gueroult se demande pourquoi dans l'énoncé de la *Proposition 9* « D'autant plus de réalité ou d'être possède chaque chose, d'autant plus d'attributs lui appartiennent », Spinoza a usé de l'expression ambiguë « chaque chose » (*unaquaeque res*), plutôt que de l'expression précise « chaque substance », on comprend qu'il puisse répondre que, si Spinoza a écarté cette dernière, c'est qu'« aucun énoncé ne serait plus choquant, alors qu'on vient de *démontrer* que chaque substance [...] se définit par son attribut, possède toute la réalité de cet attribut, mais aucune autre », bref, a un seul attribut[14].

Il est vrai que certaines des formulations de M. Gueroult répondent au souci d'atténuer la difficulté, comme on a déjà pu le remarquer : les propriétés de la substance infiniment infinie *semblent* démontrées en vertu de celles de la substance à un attribut[15]; le résultat des huit premières *Propositions* est d'aboutir *apparemment* à une infinité de substances à un seul attribut[16] ; le *Scolie* de la *Proposition* 9 *paraît bien* entrer en conflit direct avec la *Proposition 5*[17] ; le renversement *n'est pas aussi total qu'il y paraît d'abord*[18]. Cependant ces atténuations ne concernent que la présentation, laissant entière la question de fond. Par ailleurs, M. Gueroult écarte, lorsqu'il la rencontre, une solution qui, à vrai dire, remettrait tout en cause. Ayant remarqué que le *Scolie* de la *Proposition 10*, où Spinoza affirme la concevabilité d'une substance à plusieurs et même à une infinité d'attributs, paraît (juge-t-il) entrer en conflit direct avec la *Proposition 5* « Il ne peut

[11] P. 119.
[12] P. 165.
[13] P. 164.
[14] P. 152.
[15] P. 142 (le mot souligné l'est par nous).
[16] P. 141.
[17] P. 164 *(id.)*.
[18] P. 165.

y avoir dans la Nature deux ou plusieurs substances de même attribut », M. Gueroult, après une première réponse que nous passons pour l'instant, demande : « Ajoutera-t-on que, si Spinoza affirme, dans l'énoncé de cette *Proposition*, qu'il ne peut y avoir dans la Nature plusieurs substances ayant un même attribut, il ne dit pas, en revanche, qu'il ne peut y avoir dans la Nature une substance ayant plusieurs attributs ; et qu'il ouvrirait ainsi la porte aux conclusions résultant des *Propositions 9* et *10* ? »[19] Mais c'est pour refermer aussitôt la porte un instant entrouverte : « Ce serait sans doute aller trop loin, car, dans la *Proposition 5*, il n'est question que des substances qui constituent la Nature, et chacune d'elle se définit par un seul attribut. Il est donc exclu qu'elles puissent, chacune, en comporter plusieurs, sans quoi *la diversité des attributs ne pourrait plus fonder la diversité des substances* ». C'est dans une autre direction que la réponse est cherchée : « Mais ce qui est exclu des *substances qui constituent la Nature* (à savoir la pluralité de leurs attributs) ne l'est pas nécessairement de la Nature elle-même [...] »[20].

M. Gueroult entend donc aborder la difficulté de front.

Quant à la question : « comment Spinoza peut-il appliquer à la substance absolument infinie des démonstrations qui ne valaient que pour la substance à un attribut ? » la réponse de M. Gueroult est d'abord d'ordre méthodologique. De même que le géomètre établit les propriétés du triangle en se servant des propriétés des angles et des droites, de même Spinoza utilise les propriétés démontrées de la substance à un seul attribut pour démontrer celles de la substance constituée d'une infinité d'attributs[21]. La comparaison n'est pas convaincante : car le triangle n'est pas

---

[19] Pp. 164 –165. (En fait c'est à la *Démonstration* que pense M. Gueroult).

[20] On se demandera sans doute où, dans la *Proposition 5* et sa *Démonstration*, il est question de « constituants de la Nature » ; la locution *in rerum natura* n'est assurément pas propre à le suggérer, puisqu'elle se retrouve dans le *Scolie* de la *Proposition 10* où il s'agit justement de la substance unique et divine (ce que d'ailleurs M. Gueroult a noté au passage p. 118). La réponse est que selon la perspective qui commande l'interprétation de M. Gueroult, la démarche du début de la *Partie I* est d'aller des constituants de Dieu à Dieu. Or c'est justement cette perspective qui est en question, comme nous allons bientôt le voir.

[21] Pp. 142-143.

constitué de triangles ; alors que, selon l'interprétation de M. Gueroult, comme on le verra bientôt, la substance « infiniment infinie » devrait être constituée de substances.

Quant à la principale difficulté, qui est celle tenant à la présence d'une contradiction, la clef de la réponse réside dans le caractère du *conçu par soi*, qui appartient solidairement à la substance et à l'attribut : « [...] *la conception par soi des attributs, qui fonde leur distinction réelle et par quoi on les avait posés d'abord comme des substances à un attribut, loin de rendre impossible leur union en une même substance, est précisément ce qui la rend possible, en tant qu'aucun être ne peut appartenir à une substance comme l'un de ses constituants, s'il ne se conçoit pas par soi.* »[22] Paradoxe que le commentateur ne craint pas de rehausser par des formules encore plus paradoxales : « [...] il est impossible de conférer comme attributs à une substance des réalités qui ne seraient pas elles-mêmes conçues comme des substances. »[23] « [...] il est à la fois nécessaire et possible que toutes les substances à un seul attribut soient, non des substances différentes mais les attributs d'une seule et même substance. »[24] Ici la solution se révèle plus problématique que le problème : car *attribut* n'est pas *substance*, *substance* n'est pas *attribut*, une substance ne peut être l'attribut d'une substance. Tel est pourtant le paradoxe que M. Gueroult place au centre de la construction de l'essence de Dieu et que dès le début de son ouvrage il considère comme un résultat acquis[25].

Cette formule : « une substance attribut d'une substance » doit-elle cependant être absolument écartée ? En toute rigueur elle le devrait ; et pourtant – et cela pourrait nous être objecté – Spinoza l'emploie dans le *Scolie* de la *Proposition 15*, après avoir usé d'une formule approchante dans le *Corollaire 2* de la *Proposition 14*, auquel il renvoie alors, écrivant : *atque hinc conclusimus*

---

[22] P. 161.
[23] P. 160.
[24] P. 162.
[25] P. 19. Cf. dans le chap. I : « [...] l'une de ces substances que la substance divine comprend en elle à titre d'attributs » (p. 51). « [...] Dieu est constitué d'une infinité de substances, qui, de ce fait, ne sont que ses attributs [...] (p. 67).

substantiam extensam unum ex infinitis Dei attributis esse, « et de là nous avons conclu que la substance étendue est l'un parmi l'infinité des attributs de Dieu ». Serait-ce un cas de cette « troublante imprécision de la terminologie spinoziste » qu'a fort justement signalée M. Gueroult[26] ? A tout le moins convient-il d'être fort circonspect : on ne doit rien tirer de la phrase à l'instant citée sans la replacer dans son contexte, et l'on observera tout d'abord qu'elle se situe *après* la séquence des onze premières *Propositions* et qu'elle a *derrière soi* la construction de l'essence divine. Mais comme l'examen de ce cas singulier ferait ici dévier le cours de notre discussion, et que d'ailleurs il nécessite l'établissement préalable de plusieurs points importants, nous prions le lecteur de nous permettre de le différer quelque peu.

M. Gueroult ne peut échapper aux difficultés de sa solution qu'en atténuant finalement la portée du concept de « substance à un seul attribut » et celui de la distinction réelle de telles substances. Car, nous dit-il, – et c'est l'objet de la réponse que nous avions passée tout à l'heure – cette diversité des substances qu'affirme la *Proposition 5*, « c'est leur distinction et leur pluralité comme réalités incommensurables, ce n'est pas la nécessité de leur existence séparée »[27]. De même il rappelle qu'en effet aucune des huit premières *Propositions* n'a établi l'*existence séparée* des êtres uniques en leur genre, mais simplement qu'ils « ont tous les caractères de la substance »[28] ; bref, le vrai sens du concept de substance à un seul attribut, c'est essentiellement l'hétérogénéité réciproque des attributs[29]. Mais ici il faut choisir : ou bien ce sont vraiment des substances, et ils ont une existence séparée (même si de fait ils existent « ensemble », car leur réunion n'est alors qu'un agrégat), ou bien ils ont, certes, certains caractères de la substance, voire presque tous, *mais non pas tous*, et non pas, notamment, celui de l'existence séparée – et ce ne sont pas des substances. Deux attributs sont en tout cas conçus séparément, chacun l'étant par soi, mais ils ont ou non une existence séparée selon qu'ils

[26] P. 76.
[27] P. 164.
[28] P. 166.
[29] P. 167.

appartiennent chacun à une substance différente ou ensemble à la même substance. Et il ne sert à rien de réduire la portée des affirmations premières en n'y voyant qu'une simple façon de considérer les choses : « Considérés abstraction faite de Dieu, tous les êtres uniques en leur genre [...] sont normalement tenus pour des substances différentes, existant séparément ; mais considérés en même temps que Dieu, tel qu'il est maintenant connu comme substance [...] infiniment parfaite, il devient nécessaire de les concevoir comme les attributs de cette substance »[30]. Non : il faut dire que c'est *à tort* qu'ils ont été tenus pour des substances différentes. Et enfin l'on revient inévitablement au point de départ : ou bien Spinoza a établi d'abord qu'il y a, et qu'il n'y a que, des substances à un seul attribut, et il ne peut ensuite sans contradiction établir la possibilité et la nécessité d'une substance constituée d'une infinité d'attributs ; ou bien il établit cette possibilité et cette nécessité et il n'a jamais établi qu'il n'y a que des substances à un seul attribut. La réponse n'est, selon nous, pas douteuse. Reste à savoir pourquoi M. Gueroult a interprété comme il l'a fait les huit premières *Propositions*.

*

* *

Deux ordres de considérations interviennent ici : d'une part concernant la signification de la locution *substantia unius attributi* qui figure dans la démonstration de la *Proposition 8* ; d'autre part concernant l'interprétation des *Propositions* précédentes, notamment de la *Proposition 5*. Il nous paraît très vraisemblable que le premier point a, dans l'esprit du commentateur, commandé le second ; car il ne fait pas le moindre doute, pour M. Gueroult, que *substantia unius attributi* ne peut signifier que « substance ayant un seul attribut » ; et si, comme nous l'avons vu plus haut, M. Gueroult, à propos de la *Proposition 5*, referme immédiatement la porte un instant entrouverte, c'est qu'à ses yeux il importe de comprendre cette *Proposition* anticipativement en fonction de la locution figurant dans la *Proposition 8*.

---

[30] P. 162.

Or la locution *substantia unius attributi* – littéralement : substance d'un attribut – signifie-t-elle « substance ayant un seul attribut » ? Rien n'est moins sûr. Observons tout d'abord qu'il y est dit *unius* et non pas *unici*. *Unus*, « un », ne devient équivalent à *unicus*, « unique », que moyennant l'adjonction de *non nisi*, « ne... que... », ou *tantum*, « seulement ». C'est ainsi que dans le *Corollaire I* de la *Proposition 14* Spinoza écrit : *Hinc clarissime sequitur 1° Deum esse unicum, hoc est (per Defin. 6) in rerum natura non nisi unam substantiam dari* [...], « De là suit on ne peut plus clairement 1° que Dieu est unique, c'est-à-dire qu'il n'est donné dans la nature qu'une substance... ». Souvent même le contexte de la phrase conduit Spinoza à renforcer pléonastiquement *unicus* par *tantum* ou *non nisi*, comme dans la phrase même où figure la locution discutée : *Substantia unius attributi non nisi unica existi* , ou dans le *Scolie 2* de la *Proposition 8* : [...] *concludere possumus, non dari nisi unicam ejusdem natura*, « [...] nous pouvons conclure qu'il n'en est donné qu'une seule de la même nature ». Et encore : [...] *sequitur ergo ex ea necessario unicam tantum ejusdem naturae existere*, « [...] il s'ensuit nécessairement qu'il n'en existe qu'une de la même nature ». *A fortiori unus* devrait-il être modifié par *non nisi* ou *tantum* pour équivaloir à *unicus* .

En outre il convient de mesurer l'effet de la forme même de la locution sur le sens de la détermination numérique. Ici entre en jeu une nuance que l'on peut juger très ténue mais qui n'est pas pour autant négligeable. On peut dire « la nature d'une chose, l'essence d'une chose », *natura alicujus rei, essentia alicujus rei.* C'est alors « la chose » qui se met au génitif ; c'est-à-dire que la chose est ce qui a cette nature ou essence, et que *celle-ci lui appartient.* C'est ainsi que Spinoza dit *natura substantiae*, « la nature d'une substance » (*Proposition 7)*, et qu'il peut préciser ailleurs : *duae substantiae, diversa attributa habentes*, « deux substances ayant des attributs différents » (*Proposition 5*). Mais on dit aussi : « une chose d'une certaine nature, des choses de diverses natures », et c'est ainsi que Spinoza dit : *duae aut plures substantiae ejusdem naturae sive attributi*, « deux ou plusieurs substances de même nature ou attribut » (*Proposition 5*). Ici c'est « nature » qui se met au génitif, et l'on peut dire que de ce point de vue c'est la nature qui « a » la chose, étant comme le principe qui de l'intérieur la régit, et qu'en un sens la chose lui « appartient ». Ces deux modes d'appartenance ne s'excluent évidemment pas, ils correspondent à deux points de vue complémentaires : l'attribut ne cesse pas d'appartenir, en un sens, à la substance, lorsque cette substance, en un autre sens, lui « appartient ». Or c'est le second mode d'appartenance qui entre en jeu dans la locution *substantia unius attributi*, et sans forcer aucunement les suggestions du langage on peut dire que cela justifie la façon suivante de poser le problème : un attribut étant considéré, combien y a-t-il de substances ? Réponse : une, et une seule, *non nisi unica*. L'ordre dans lequel les concepts se sont à l'instant présentés traduit à sa manière cette priorité de l'attribut que suggère d'elle-même la locution *substantia unius attributi*, priorité qui explique que la *mention de l'unité ne concerne en rien la question de savoir combien d'attributs appartiennent à la substance*. Si Spinoza avait écrit : *substantia unum attributum habens*, « une substance ayant un attribut », on aurait pu *à la rigueur* entendre qu'elle n'en a qu'un, malgré l'absence d'une précision explicite telle que *tantum*, et encore qu'une telle précision eût été dans ce cas souhaitable. Mais tel n'est pas le cas, et l'on peut raisonnablement penser que la formule qui lui est venue tout naturellement sous la plume est celle qui ne comportait aucune équivoque[31].

Si néanmoins on use, comme on en a le droit, d'une formule mettant en relief le premier mode d'appartenance, « substance ayant un attribut », il faut bien entendre que cela n'exclut pas qu'elle en ait plusieurs. Si elle en a plusieurs, il n'est pas faux de

---

[31] La traduction d'Appuhn : « une substance ayant un certain attribut » n'est donc pas satisfaisante dans la mesure où c'est le premier mode d'appartenance qu'elle met en relief ; mais la formule « un certain attribut » compense cet inconvénient en évitant l'idée d'unicité, ce qui nous fait penser que le traducteur a compris correctement la formule. À vrai dire nous ne voyons pas de traduction entièrement satisfaisante. On pourrait proposer « une substance correspondant à un attribut », comme nous l'a suggéré M. J. Brunschwig, que nous voulons remercier ici.

dire qu'elle en a un : au contraire, autant elle en a, autant de fois il est vrai de dire qu'elle en a un, et *autant de fois il y a lieu de considérer ce qui résulte pour elle du fait d'en avoir un.* Et la conclusion de l'investigation sera la suivante : autant de fois il est vrai de dire qu'elle a un attribut, autant de fois il sera vrai de dire qu'elle est *la seule* à l'avoir : *non nisi unica existit.* Et certes, chaque fois c'est un seul attribut que l'on a considéré : *un*, en tant que tel, n'est pas plus que un, cela va sans dire ; la question se pose à propos de la substance : elle est unique, et cela doit être précisé.

Si l'on s'exprime dans le langage ensembliste on dira : la relation de l'ensemble des attributs vers l'ensemble des substances est :

- une application : car à tout attribut correspond une substance (cf. *Définition 4*) et une seule (cf. *Proposition 5*) ;
- une application surjective : car toute substance correspond à au moins un attribut (cf. *Définition 4*),

mais rien ne permet de dire que l'application soit en outre injective (c'est-à-dire qu'aucune substance ne corresponde à plus d'un attribut), autrement dit, qu'étant à la fois surjective et injective, elle soit bijective, comme l'entend M. Gueroult ; certes cela n'est pas exclu – jusqu'à plus ample informé ; ce sera d'ailleurs exclu par la suite.

Tout ce qui vient d'être dit est entièrement confirmé par Spinoza, qui, dans la *Démonstration* de la *Proposition 8*, donne expressément l'affirmation *Substantia unius attributi non nisi unica existit* pour équivalente à la *Proposition 5 : In rerum natura non possunt dari duae aut plures substantiae ejusdem naturae sive attributi*, « Dans la nature ne peuvent exister deux ou plusieurs substances de même nature ou attribut », *Proposition* qui ne souffle mot d'une impossibilité où serait la substance d'avoir plus d'un attribut. Et c'est bien ici qu'on voit M. Gueroult suivre la marche inverse de celle qui à notre avis s'impose : au lieu d'expliquer la locution *Substantia unius attributi* par la *Proposition 5*, il explique celle-ci de telle sorte qu'elle puisse rendre raison de celle-là telle qu'il la comprend sans aucun examen ; explication qui, évidemment, retentit sur toute l'interprétation des sept premières *Propositions*. Mais il est clair que M. Gueroult ne voit pas les choses ainsi : à ses yeux les sept premières *Propositions* requièrent d'elles-mêmes l'interprétation qu'il en donne. Le commentaire de la *Proposition 5*, déjà cité, ne laisse planer aucun doute : « Par là est définitivement établi ce que la *Proposition 2* se contentait d'impliquer, et la *Proposition 4* d'expliciter, à savoir que l'attribut et la substance sont une même chose sous deux noms différents ; que jusqu'à plus ample informé il y a autant de substances que d'attributs ; et qu'il y a, entre les diverses substances ou attributs une *distinction réelle* »[32]. Nous sommes donc renvoyés à l'examen des *Propositions 2*, *4* et *5* et du commentaire que leur apporte M. Gueroult.

*

* *

Avant, cependant, d'examiner une à une ces trois *Propositions*, et puisque la dernière citation témoigne d'une sorte de vue synoptique sous-tendant la lecture qu'en fait M. Gueroult, nous nous attacherons aux principes qui commandent cette lecture.

Nous relèverons ainsi une proposition qui revient à plusieurs reprises dans ce contexte : *la diversité des attributs fonde la diversité des substances*[33].

Cette formule comporte une équivoque de grande importance : faut-il entendre « fonder » au sens de « rendre possible » ou d'« entraîner nécessairement » ? On voit aisément l'inférence illégitime que peut contenir le glissement du premier sens au

---

[32] P. 119.

[33] « Il est donc exclu qu'elles [à savoir, les substances qui constituent la Nature] puissent chacune en comporter plusieurs [à savoir, attributs], sans quoi la diversité des attributs ne pourrait plus fonder la diversité des substances » (p. 165). « [...] la *Proposition 5*, d'où il découle que, la diversité des attributs *fondant la diversité des substances*, il ne peut y avoir qu'une substance par attribut» (p. 186). « [...] jusqu'à la *Proposition 8* inclus, il s'agit des substances dont la diversité est fondée sur la diversité des attributs » (p. 182, n. 19).

second. Car s'il est vrai que la diversité des substances implique – la requérant comme la condition qui de l'intérieur la rend possible – la diversité des attributs (cf. l'application surjective vue plus haut), on ne peut en inférer que la diversité des attributs implique – l'entraînant comme sa conséquence nécessaire – la diversité des substances (application injective). Telle est pourtant l'inférence qui sous-tend la proposition de M. Gueroult.

Nous pouvons maintenant en venir à la *Proposition 2* : « Deux substances ayant des attributs divers n'ont rien de commun entre elles ».

Nous allons être amenés à considérer un point qui n'a sans doute pas un rapport direct avec la question qui nous occupe, mais qui en a un indirect dans la mesure où il met en cause l'architecture logique de toute la séquence des huit premières *Propositions*. M. Gueroult énonce : « On doit remarquer que les attributs différents, par lesquels se distinguent les substances, s'ils sont mentionnés dans l'énoncé de la *Proposition*, sont laissés de côté dans la démonstration. Celle-ci se développe comme s'il s'agissait d'établir que "deux substances différentes n'ont rien de commun entre elles". »[34] De fait, la démonstration s'appuie sur le seule *Définition 3*, qui est celle de la substance. La raison en est, poursuit M. Gueroult, que « Spinoza suppose comme allant de soi que la différence des substances consiste dans la différence de leurs attributs et qu'il est impossible que deux substances différentes aient le même attribut ». De sorte que finalement le commentateur propose une formulation abrégée de la *Proposition* : « Deux substances différentes n'ont rien de commun entre elles »[35].

Or cela doit être contesté. Si la diversité des attributs n'est pas mentionnée dans la démonstration, *elle est néanmoins essentielle à la position du problème*. A ce point de la chaîne des *Propositions* on peut encore se placer dans l'hypothèse de deux substances distinctes ayant le même attribut. Dans ce cas, évidemment, la question de savoir si les deux substances ont quelque chose de commun ne se pose pas : elles ont en commun cet attribut. Certes

[34] P. 113.
[35] P. 114.

l'hypothèse devra être écartée plus loin, mais pour une autre raison. On ne peut donc dire, comme le fait M. Gueroult dans le passage cité plus haut (cf. le commentaire de la *Proposition 5*), que cette *Proposition* implique qu'il y a autant de substances que d'attributs.

Nous en venons maintenant à la *Proposition 4* : « Deux ou plusieurs choses distinctes se distinguent entre elles ou bien par la diversité des attributs des substances ou bien par la diversité des affections des substances ». Attachons-nous particulièrement à certains points de la *Démonstration.*

Les choses peuvent se distinguer par les substances ou par les affections de celles-ci[36]. Considérons que les choses à distinguer sont des substances. Elles peuvent donc se distinguer soit par elles-mêmes, soit par leurs affections. La seconde branche de l'alternative sera bientôt éliminée. Plaçons-nous dans la première. Deux substances se distinguent par elles-mêmes. Mais comment cela ? Non pas par elles-mêmes *en tant* qu'elles sont toutes deux des substances, mais *en tant* que chacune a un attribut que l'autre n'a pas. La distinction des deux « en tant que » est nécessaire à la juste compréhension du « par elles-mêmes ». C'est pourquoi il faut compléter la formulation : ce par quoi plusieurs choses peuvent se distinguer, ce sont « les substances ou, ce qui est la même chose (*sive quod idem est*), (en vertu de la *Définition 4*) leurs attributs ».

Est-ce assez pour parler d'une identité entre les substances et leurs attributs et considérer qu'ils sont « la même chose sous deux noms différents » (cf. le passage déjà cité du commentaire de la *Proposition 5*) ? Oui – en un sens ; oui – d'une certaine façon. Identité, assurément, en ce que l'attribut constitue vraiment l'essence de la substance dont il est l'attribut ; et qu'en étant

---

[36] Nous avons donné de la *Proposition 4* la traduction d'Appuhn, reprise par M. Gueroult. Cependant elle laisse échapper une légère différence que Spinoza introduit entre « distinguer à partir (*ex*) de la diversité... », qui figure dans l'énoncé de la *Proposition*, ainsi que dans la *Démonstration* de la *Proposition 5*, et « distinguer par (*per*) les substances ou leurs affections », qui figure dans la *Démonstration.*

conçue « sous » un certain attribut[37], la substance est vraiment conçue « par » elle-même ; et que si les substances sont considérées comme fondement d'une discernabilité possible (en l'occurrence, de la leur propre) ce ne peut être qu'en tant qu'elles ont certains attributs que l'entendement conçoit comme constituant leur essence. Mais non pas identité à *tous* égards, et non pas en sorte qu'on puisse partout et toujours échanger les noms « attribut » et « substance ». Et notamment on ne peut rien tirer de là concernant la distinction réelle qui contredise ou rende problématique la doctrine exposée dans le *Scolie* de la *Proposition 10* : « De là il apparaît que, bien que deux attributs soient conçus comme réellement distincts, c'est-à-dire l'un sans l'aide de l'autre, nous ne pouvons cependant en conclure que ces mêmes attributs constituent deux êtres ou deux substances diverses ».

Quand M. Gueroult écrit : « Il y a entre les diverses substances ou attributs une distinction réelle » (cf. encore le passage cité du commentaire de la *Proposition 5*), sa formule paraît se recommander de celle de Spinoza : « les substances ou, ce qui est la même chose, leurs attributs ». Mais ici il faut se garder de détacher les formules de leur contexte. La formule de Spinoza pourrait, par elle-même, suggérer que substance et attribut « vont de pair » au sens d'une correspondance bi-univoque ou bijection. Mais elle ne l'impose nullement, et le pluriel, qui se trouve de part et d'autre, laisse encore les nombres tout à fait indéterminés ; et il ne faut pas oublier que dans tout ce contexte nous sommes dans un domaine de pures hypothèses. On peut fort bien proposer l'exemple suivant : soient les substances S_1 ayant les attributs A et B, et S_2 ayant l'attribut C ; pour les distinguer nous considérerons la substance S_1 ou ce qui est la même chose, ses attributs A et B, et la substance S_2, ou, ce qui est la même chose, son attribut C, et nous dirons alors que les deux substances se distinguent – si elles se distinguent – par leurs attributs. Cet exemple – jusqu'à plus ample informé parfaitement acceptable – fait bien ressortir ce qu'a de trompeur la formule de M. Gueroult : « il y a entre les diverses substances ou attributs une distinction réelle » ; car en l'espèce il y

[37] *Sub aliquo attributo, Proposition 10, Scol.*

a deux distinctions réelles à considérer : 1/ entre les attributs – et cette distinction passe à l'intérieur de la substance S_1 ; 2/ entre les substances.

Ce qui est vrai c'est qu'on serait bien en peine ici de trouver un critère pour distinguer l'une de l'autre ces deux distinctions réelles, et par conséquent un critère de la diversité des substances (car, pour les attributs, si on les conçoit effectivement on voit immédiatement qu'ils sont divers). C'est dire que, dans l'hypothèse de notre exemple, on ne saura pas si l'on a affaire à une, à deux ou à trois substances, ni comment, s'il y en a deux, les attributs sont groupés ; tout ce qu'on pourra dire c'est qu'il y a au moins une et au plus trois substances[38]. *S'il y avait* un critère de la diversité des substances, ce ne pourrait être que la diversité des attributs effectivement conçus ; mais malheureusement (ou heureusement !) cette diversité même *ne suffit pas*. C'est donc en vain (*frustra*)[39] qu'on chercherait un critère. Conclusion dont nous verrons plus loin la raison positive (cf. *Proposition 10*, *Scolie)*, mais que nous pouvons déjà établir par l'absurde pour peu que nous en prenions la peine – ce qui est d'ailleurs présentement inutile, car tout l'intérêt de la *Proposition 4* est de préparer la démonstration de la *Proposition 5* : « Il ne peut y avoir deux ou plusieurs substances de même nature ou attribut », et pour cela il suffira de savoir que *si* deux substances peuvent se distinguer ce ne peut être que par la diversité de leurs attributs.

Ces considérations nous permettront en outre de déceler le noyau de vérité que renferme l'interprétation de M. Gueroult. Dans notre discussion de la proposition « la diversité des attributs fonde la diversité des substances », nous nous sommes placés jusqu'ici sur le plan de la *ratio essendi*. Mais il est clair que celle-ci est étroitement imbriquée avec la *ratio cognoscendi* : c'est, dans

---

[38] À la question : quelles sont, désignées par leurs attributs, les substances que l'on peut envisager ? la réponse est donnée par l'indication des partitions de l'ensemble des attributs. Ici on aura cinq réponses possibles : 1° {A}, {B}, {C} ; 2° {A, B}, {C} ; 3° {A, C}, {B} ; 4° {B, C}, {A} ; 5° {A, B, C}.

[39] *Proposition 10, Scol.*

le spinozisme, un point essentiel que la diversité ne va pas sans la discernabilité. La formule ci-dessus peut donc aussi se traduire : « la connaissance de la diversité des attributs fonde la connaissance de la diversité des substances » ; admettons alors que le fondement soit pris ici comme fondement suffisant et demandons-nous ce qu'il en est.

Plaçons-nous de nouveau dans l'hypothèse de notre exemple. Il y a deux erreurs à éviter : voir une seule substance là où il y en a plusieurs, en voir plusieurs là où il n'y en a qu'une. Si l'on dit qu'il y en a trois, on évite à coup sûr la première erreur, mais non la seconde. C'est l'inverse si l'on dit qu'il n'y en qu'une.

Si, par « connaître la diversité des substances », on entend ceci : « cette diversité étant supposée, ne pas voir une seule substance là où il y en a plusieurs », alors la connaissance de la diversité des attributs y suffit. Si, en revanche, comme il est préférable, nous entendons : « cette diversité étant supposée, être en mesure de la déterminer exactement », alors la connaissance de la diversité des attributs n'y suffit pas.

Quittons maintenant l'exemple et – toujours dans l'hypothèse d'une diversité des substances – supposons qu'il n'y ait pas plus d'un attribut par substance *et que l'on sache qu'il en est ainsi.* Alors la connaissance de la diversité des attributs permettra, dans tous les cas particuliers, de connaître la diversité des substances sans aucun risque d'erreur.

Supposons au contraire (ce qui d'ailleurs se vérifiera) qu'il n'y ait qu'une substance, ayant plusieurs et même une infinité d'attributs, *et que l'on sache qu'il en est ainsi* : on sera également à l'abri de toute erreur. Mais il ne faudra évidemment pas dire que la connaissance de la diversité des attributs permet la connaissance de la diversité des substances, puisque par hypothèse cette dernière diversité n'existe pas.

Nous voyons bien alors le noyau de vérité de l'interprétation de M. Gueroult. Le seul cas où la connaissance de la diversité des attributs permet la connaissance de la diversité des substances, c'est, à l'intérieur de l'hypothèse large de la diversité des substances, l'hypothèse étroite où chaque substance a un seul attribut ; à condition, d'ailleurs, que l'on sache d'une manière générale qu'il en est bien ainsi. Mais en même temps nous discernons ce qu'il faut bien appeler une pétition de principe ; car lorsque M. Gueroult dit : « Il est exclu que les substances puissent comporter chacune plusieurs attributs, sans quoi la diversité des attributs ne pourrait plus fonder la diversité des substances »[40], il pose en principe ce qui, n'étant vérifié que sous la condition d'une hypothèse, est autant en question que cette hypothèse elle-même, et dès lors cette hypothèse n'en est plus une pour lui : c'est une thèse.

En ce qui concerne la *Proposition 5* : « Il ne peut y avoir dans la Nature deux ou plusieurs substances de même nature ou attribut », qui, selon M. Gueroult, on l'a déjà vu, établit « définitivement ce que la *Proposition 2* se contentait d'impliquer et la *Proposition 4* d'expliciter » (cf. le passage cité p. 92), nous nous sommes déjà pour l'essentiel suffisamment expliqué. Mais on pourra encore relever l'influence que les présupposés du commentateur exercent sur sa façon d'aborder le problème. Car M. Gueroult va jusqu'à se demander si la démonstration apportée par Spinoza était vraiment nécessaire, et il conclut que, quoiqu'elle ne le soit pas absolument, elle se justifie en ce qu'elle permet « d'apporter du nouveau »[41]. Car la *Proposition*, selon lui, pourrait « se tirer directement de la *Définition* de l'attribut (*Définition 4)* – car si tout attribut constitue à lui seul toute l'essence de la substance il ne saurait constituer en même temps l'essence d'une autre –, ou encore de la *Proposition 2*, car, si les substances n'ont rien de commun, il ne peut y avoir dans la Nature deux ou plusieurs substances de même attribut »[42]. Attachons-nous seulement à ces deux références.

Quant à la première (*Définition 4*) remarquons d'abord que la locution « constitue à lui seul toute l'essence de la substance » est ambiguë ; nous en avons dit assez jusqu'ici pour qu'on voie en quel sens elle est acceptable et en quel sens elle ne l'est pas. Mais on observera que même si deux substances ont le même attribut il

---

[40] Cf. p. 165.

[41] P. 118. La nouveauté consiste à ruiner la conception scolastique de la substance.

[42] *Ibid.*

sera vrai de dire que celui-ci constitue toute l'essence de l'une et toute l'essence de l'autre. Il reste entièrement à prouver que l'hypothèse n'est pas recevable : c'est bien l'objet de la *Démonstration* de la *Proposition 5*.

Quant à la seconde référence (*Proposition 2*) on voit que le commentateur a substitué à la *Proposition* de Spinoza la formulation abrégée qu'il croit pouvoir en donner : « Deux substances différentes n'ont rien de commun entre elles », substitution que nous avons déjà écartée.

La démonstration apportée par Spinoza ne se contente donc pas d'apporter du nouveau : elle est la seule démonstration possible[43].

*

* *

Il nous faut maintenant revenir à la formule paradoxale dont nous avions tout à l'heure différé l'examen. Nous avons vu qu'elle figure dans le *Scolie* de la *Proposition 15*[44], qui renvoie à une formule approchante figurant dans le *Corollaire 2* de la *Proposition 14*. Celle-ci énonce : « En dehors de Dieu nulle substance ne peut être donnée ni conçue » et Spinoza en tire le corollaire : [...] *rem extensam et rem cogitantem vel Dei attributa esse, vel (per Axiom.1) affectiones attributorum Dei*, « que la chose pensante et la chose étendue sont soit des attributs de Dieu,

---

[43] Pour être complet il conviendrait d'ajouter qu'ailleurs (p. 188 ; cf. p. 182, n. 19) M. Gueroult affirme que la *Lettre 36* à Hudde « établit l'infinité de la substance à un seul attribut ». Comme il ne donne pas d'analyse de cette *Lettre* concernant ce point il nous est difficile de discuter son affirmation : nous pouvons seulement dire que nous ne voyons pas ce qui la justifie. La *Lettre 36* précise un argument exposé dans la *Lettre* précédente, à savoir : si nous supposons qu'un être parfait en son genre (mais ne possédant pas toutes les perfections) existe en vertu de sa nature, nous devons aussi admettre qu'un être en qui toutes les perfections sont comprises existe de même. Il n'est pas dit, ni suggéré, qu'un être de la première sorte soit une substance ayant un seul attribut ; assurément il est une substance envisagée sous un seul attribut, sans qu'on en sache davantage. Du reste seule son existence hypothétique est considérée.

[44] Elle figure également dans le *Court Traité, Appendice, Prop. 3, Dém.* (Geb. I, p. 115, App. I, p. 161). Nous écartons le *Court Traité* de notre champ d'investigation en raison des problèmes particuliers qu'il pose.

soit des affections d'attributs de Dieu ». À s'en tenir à ce premier texte on ne peut rien encore énoncer de décisif. On doit d'abord remarquer l'indétermination voulue du mot *res*, « chose ». Ensuite on se demandera comment il convient d'interpréter la disjonction « Soit... soit... ». Signifie-t-elle seulement que l'un des deux membres doit contenir la réponse exacte, mais que nous ne sommes pas encore en état de choisir ? Ou affirme-t-elle que les deux membres correspondent à deux cas effectivement donnés ? Ou encore signifie-t-elle que nous ne sommes pas encore en mesure de choisir entre ces deux interprétations ? La question est pour nous secondaire. Mais on peut dès maintenant faire une double remarque qui peut n'être pas sans conséquence. Jusqu'ici Spinoza n'avait pas mentionné dans les démonstrations l'étendue ni la pensée ; tous les raisonnements précédents considéraient les attributs en général et non pas les deux attributs effectivement connus de nous *in concreto*[45] ; et comme il se trouve qu'avant Spinoza c'est Descartes qui avait parlé de *res extensa* et de *res cogitans*, il paraît très vraisemblable qu'ici Spinoza interrompt le cours en quelque sorte intemporel de la marche scientifique pure pour, à partir de la position atteinte, remettre à leur vraie place les conceptions que son lecteur, déjà instruit par Descartes, avait pu former. C'est ce qui va ressortir plus précisément du *Scolie 2* de la *Proposition 15*.

Celui-ci s'attache à réfuter les arguments de ceux qui jugent la substance corporelle ou étendue indigne de la nature divine et, pour cette raison, l'en écartent complètement et la considèrent comme créée par Dieu. Spinoza rappelle alors la *Proposition 14* et ajoute cette fois une précision qui manquait au *Corollaire 2* : *atque hinc conclusimus substantiam extensam unum ex infinitis Dei attributis esse*, « et de là nous avons conclu que la substance étendue est l'un parmi l'infinité des attributs de Dieu ». La

[45] Comme M. Gueroult le relève fort justement dans son commentaire de la *Proposition 9* : « Le point de départ de la construction *more geometrico* n'est donc absolument pas dans les deux attributs donnés en fait à notre connaissance (de ceux-ci il n'a encore été question nulle part) [...] » (p. 150).

formule paradoxale est ici présente sans atténuation. Comment faut-il la comprendre ?

Il convient d'abord de lui donner un sens indépendamment de toute question relative au nombre des attributs de la substance. Considérer la substance comme un attribut, c'est tirer parti du fait que la distinction de la substance et de l'attribut ne peut être qu'une distinction de raison : l'attribut n'est pas « une autre chose » que la substance, il est la substance elle-même considérée quant à son essence. Dire que la substance est attribut de la substance c'est dire que la substance, en tant qu'elle est considérée quant à un certain attribut qui est sien, peut lui être identifiée, et par conséquent être dite attribut d'elle-même. Si maintenant il s'agit d'une substance ayant un seul attribut, elle peut être dite attribut d'elle-même c'est-à-dire d'elle seule, et non pas d'une substance ayant un autre attribut, ou plusieurs, voire une infinité d'attributs. S'il s'agit d'une substance ayant plusieurs, voire une infinité d'attributs, elle peut, étant considérée sous un certain attribut[46] et dans cette mesure identifiée à lui, être dite attribut d'elle-même, laquelle par ailleurs en a d'autres et en « est » d'autres. Mais ici trois cas peuvent se présenter :

1. On croit d'abord que la substance considérée sous un certain attribut n'en a qu'un, celui-là précisément.

2. On ignore tout d'abord si elle en a un seul ou plusieurs, voire une infinité d'autres, et l'on ne se prononce pas.

3. On sait déjà qu'elle en a plusieurs, et, pour simplifier, nous réduisons ce cas à : une infinité d'autres, parce qu'on sait qu'il n'existe qu'une substance et qu'elle a une infinité d'attributs.

Dans le premier cas, il y a une erreur à rectifier ; dans le deuxième, il y a une erreur à prévenir ; dans le troisième il n'y a pas d'erreur en vue. Et dans ce dernier cas, si la formule paradoxale est acceptable, rien, à vrai dire, ne la recommande : il est plus simple de dire tout de suite que l'attribut est attribut de la substance. Elle se recommande s'il s'agit soit de rectifier l'erreur commise dans le premier cas, soit de prévenir l'erreur possible dans le deuxième.

---

[46] *Sub aliquo attributo, Prop. 10, Scol.*

Or le disciple de Descartes est, en ce qui concerne la substance étendue et la substance pensante, dans le premier cas. Certes on a déjà reconnu une grande vérité quand on a reconnu qu'il y a, ou qu'il peut y avoir, une substance étendue et une substance pensante. Mais dans l'esprit de Descartes ou de son disciple cette vérité est mêlée d'erreur ; car il entend d'une manière insuffisante ce qu'il faut entendre par « substance » et par « attribut », et par voie de conséquence il croit qu'une substance ne peut avoir qu'un « attribut principal »[47], et il croit d'une manière générale qu'il peut y avoir plusieurs substances et qu'il doit y en avoir au moins autant que d'attributs principaux (on laissera de côté cette part de son erreur consistant à croire qu'il peut y avoir plusieurs substances de même attribut principal). Il s'agit donc de redresser son erreur, et tout d'abord de l'amener du premier au deuxième cas, afin de le faire passer au troisième. Lorsqu'on dit : « La substance étendue est l'un parmi l'infinité des attributs de Dieu », on se situe précisément au cœur de ce dernier passage. Et Spinoza fait s'accomplir ce passage à partir de la position qu'il a déjà conquise et qui le situe, lui ainsi que son lecteur, dans le troisième cas ; la lumière qui règne désormais fait s'évanouir *ipso facto* l'erreur qui s'attachait au premier cas, et en délivre la vérité captive, celle qui correspond au deuxième cas : car il est vrai qu'il y a une substance étendue et, si l'on s'en tenait là, on était dans le vrai même si l'on ne savait pas encore qu'il n'y a qu'une substance et qu'elle a une infinité d'attributs, pourvu qu'on ne le niât pas ; et maintenant on est en mesure de reconnaître que cette substance étendue est en vérité un attribut de la substance divine c'est-à-dire est la substance divine considérée sous l'attribut « étendue ».

Si Spinoza procède ici à un retour sur une position dépassée pour l'éclairer à partir de la vérité complète, ce retour n'est cependant pas seulement commandé par une circonstance historique accidentelle, à savoir l'existence de la philosophie cartésienne. Car si Descartes a reconnu la substance étendue et la

---

[47] L'« attribut principal » selon Descartes correspond *mutatis mutandis* à l'« attribut » selon Spinoza.

substance pensante, ce n'est pas un hasard, c'est qu'effectivement nous avons l'idée de la substance étendue et celle de la substance pensante et que nous pouvons en prendre conscience avant de prendre conscience de l'idée de la substance constituée d'une infinité d'attributs, quoiqu'alors le risque soit grand de ne pas comprendre correctement ce qu'est une substance. Mais il faut ici insister sur ce que nous avons déjà remarqué : la démarche de Spinoza dans les onze premières *Propositions* ne fait pas état de tel ou tel attribut *in concreto* mais du concept d'attribut en général. Or il est plus facile de concevoir la substance étendue ou la substance pensante que de concevoir la substance constituée d'une infinité d'attributs, et l'on comprend aisément qu'une considération à certains égards prématurée de l'étendue et de la pensée, insuffisamment équilibrée par une conception elle-même insuffisante de Dieu, puisse conduire notre esprit, enclin au plus facile, à l'erreur qui fut celle de Descartes. Il n'en va pas de même si l'on suit le meilleur ordre, celui de l'*Éthique*, où la conception d'une substance *in concreto* est différée jusqu'à la considération de la substance absolument infinie. Si l'on s'en tient à cet ordre, rien ne recommande la formule paradoxale. Lorsque Spinoza, dans le *Scolie* de la *Proposition 15*, fait un retour, ce n'est pas un retour sur un moment antérieur de la chaîne des onze premières *Propositions*, qui s'est déroulée régulièrement sur le plan scientifique, c'est un retour sur une position encore partiellement pré-scientifique, celle même de Descartes, qu'il juge à propos d'évoquer. Les raisons qui recommandent la phrase : « Nous avons conclu [s.e. : à la *Proposition 14*] que la substance étendue est l'un parmi l'infinité des attributs de Dieu » ne s'étendent pas à une phrase qui pourrait être : « Nous avons conclu [s.e. : à la *Proposition 10*] que chaque substance ayant un certain attribut est l'un parmi l'infinité des attributs de Dieu ». Et quand bien même la démarche de Spinoza aurait justifié une telle phrase – ce qui n'est pas le cas – la formule n'eût été légitime qu'à la condition de n'avoir pas d'abord affirmé qu'une substance ne peut avoir qu'un seul attribut.

Ainsi non seulement la formule paradoxale ne saurait fournir la clef de la construction de l'essence divine, mais elle est inacceptable dans les conditions où l'emploie M. Gueroult. L'examen de l'emploi isolé qu'en fait Spinoza confirme donc entièrement notre interprétation.

*
* *

Nous pouvons maintenant conclure. Jamais dans l'*Éthique* Spinoza n'a établi ni voulu établir qu'il y a autant de substances que d'attributs. Tout ce qu'on peut dire c'est qu'au terme des huit premières *Propositions* il n'est pas exclu qu'il en soit ainsi ; mais bien d'autres hypothèses sont encore permises. Et lorsque les *Propositions 9* et *10* feront concevoir une substance constituée d'une infinité d'attributs elles n'affirmeront rien qui contienne la moindre apparence de conflit avec les *Propositions* précédentes.

De cette étude critique nous voyons donc la démarche de la première partie de la *Partie I* de l'*Éthique* (autrement dit des quinze premières *Propositions*) ressortir beaucoup plus simple et plus uniforme que ne la voit M. Gueroult : nulle rupture, nul revirement ; et lorsqu'on relit les chap. III et IV et même V et VI, de son ouvrage, l'admiration se nuance de regret à voir ce grand esprit déployer tant de force pour vaincre un obstacle qu'il s'est forgé lui-même. Mais la démarche n'est pas seulement plus simple : elle se révèle radicalement autre. Selon M. Gueroult la fonction des huit premières *Propositions* est de proposer une *théorie* complète *des éléments* de la substance divine ; selon nous elle est de proposer, conjointement avec les *Propositions 9* et *10*, *les éléments de la théorie* de la substance, en établissant progressivement des vérités partielles laissant place à des hypothèses qui seront progressivement éliminées. Il n'y a pas lieu de voir dans le groupe des huit premières *Propositions* une section de la première partie de la *Partie I*, pouvant faire l'objet d'un chapitre particulier du commentaire. On peut, si l'on veut, consacrer un chapitre à l'ensemble des dix premières *Propositions* considérées comme préparation à la onzième.

C'est cette *Proposition 11* dont nous allons traiter dans l'Étude suivante, et ce sera pour nous l'occasion de préciser le statut de cette préparation que constituent les dix premières.

II

La seconde question que nous nous proposons de considérer concerne les preuves de l'existence de Dieu dans leur ensemble et particulièrement la première démonstration de la *Proposition 11.* Rappelons celle-ci :

« *Prop. : Dieu, c'est-à-dire une substance constituée d'une infinité d'attributs dont chacun exprime une essence éternelle et infinie, existe nécessairement.*

Dém. : si tu nies cela, conçois, si c'est possible, que Dieu n'existe pas. Son essence (*Axiome 7*) n'enveloppe donc pas l'existence. Or, cela (*Proposition 7*) est absurde ; donc Dieu existe nécessairement ».

Cette démonstration s'appuie sur la *Proposition 7* : « il appartient à la nature d'une substance d'exister ». Puisque M. Gueroult a cru que les huit premières *Propositions* concernaient les substances à un seul attribut, on conçoit que ce soit pour lui un problème de justifier que la *Proposition 7* puisse servir pour la démonstration de l'existence d'une substance constituée d'une infinité d'attributs[48]. D'après ce que nous avons exposé, en revanche, on voit que le problème ne se pose pas et nous pouvons donc, en principe, nous dispenser d'examiner la solution que M. Gueroult a cru devoir y apporter. Nous pourrons cependant être amenés à en faire état dans la mesure où cela peut interférer avec une autre question que soulève aussi le commentateur.

En effet, selon lui, une telle preuve « peut paraître inutile ou redondante »[49]. Les raisons de cette affirmation ne sont pas immédiatement claires. M. Gueroult renvoie implicitement[50] à un passage situé quelques pages plus haut : « En revanche, il semble

[48] Cf. p. 140 ; p. 182 ; pp. 185-186.
[49] P. 181.
[50] Cf. p. 181 : « […] on l'a dit [...] ».

inutile de démontrer l'existence de Dieu, car, puisqu'il est constitué d'une infinité d'attributs infinis et éternels, c'est-à-dire existant absolument (cf. *Scolie 1 de la Proposition 8)* et nécessairement (cf. *Définition 8*), il va de soi qu'il existe absolument et nécessairement de par ces attributs dont il est formé »[51]. D'après cela on peut penser que ce n'est pas seulement la première démonstration de la *Proposition 11* qui serait inutile ou redondante, mais toute démonstration de l'existence de Dieu quelle qu'elle soit. Cependant on voit ensuite que ce serait aller trop loin, car après avoir suggéré que la première preuve peut paraître inutile ou redondante M. Gueroult ajoute : « Ou, à tout le moins, on se serait attendu à une autre, fondée, non sur la substantialité de Dieu, mais sur l'existence nécessaire de ses attributs constituants »[52]. C'est donc qu'une démonstration de l'existence, en tant que telle, se justifie. Cette apparente incertitude se dissipe toutefois très vite. En effet, observe d'abord M. Gueroult, la *Définition* de Dieu se subdivise en deux propositions distinctes : 1. Dieu est une substance ; 2. Il est constitué d'une infinité d'attributs éternels ; et par là deux voies possibles paraissent s'ouvrir pour prouver son existence : soit par la substantialité, soit par les caractères des attributs constituants. Par ailleurs, M. Gueroult observe, à propos de la voie passant par les attributs constituants – mais cela vaut aussi pour l'autre voie –, que même comprise dans la définition, l'existence « requiert, pour être manifestée au grand jour, un acte spécial de démonstration »[53].

---

[51] P. 178.

[52] P. 181.

[53] P. 184. En fait cette justification se réfère à une raison apparente de proscrire toute démonstration de l'existence que, p. 178, M. Gueroult juxtaposait, bien qu'elle soit d'un autre ordre, à celle fondée sur ce que l'existence des attributs constituants (tenue par le commentateur pour acquise) enveloppe l'existence de la substance constituée. Cette seconde raison est tirée d'un passage du *Traité de la réforme de l'entendement* où Spinoza donne comme réquisit de la définition d'une chose increée : « Une fois donnée la définition de la chose il ne doit plus rester de place pour la question : est-elle ? » (cf. Geb. II, p. 35 ; App.1, p. 214). Mais à s'en tenir à ce dernier texte il ne suffirait pas de dire que la démonstration de l'existence de Dieu est inutile : il faudrait dire qu'elle est nuisible, parce que de mauvaise méthode. Et il est vrai que selon toute apparence Spinoza ne se conforme pas à son précepte. La difficulté est réelle ; sa solution nous paraît être

Finalement, donc, la question se transforme et se ramène à celle-ci : pourquoi Spinoza a-t-il choisi la première voie plutôt que la seconde, « que tout semble conspirer à devoir imposer » ?[54] Nous pourrons laisser tout d'abord de côté ce dernier point, non sans laisser prévoir pourtant que nos propres explications apporteront une réponse.

Mais si l'on a égard à l'ensemble de l'exposé de M. Gueroult, on peut en tirer encore une autre raison, non relevée par lui, de penser que la première démonstration de la *Proposition 11* pourrait bien être « inutile ou redondante »[55]. En effet, recensant les démonstrations de l'existence de Dieu apportées par la *Partie I* de l'*Éthique*, M. Gueroult en dénombre sept, au nombre desquelles il compte la *Proposition 7* et la première partie du *Scolie 2* de la *Proposition 8*, celle-là constituant « une preuve ontologique fondamentale » ; déjà, lors de l'étude consacrée à cette *Proposition 7*, il l'avait qualifiée de « première version de la preuve ontologique »[56] ; il précisait : « C'est une preuve ontologique qui s'établit, non à propos de Dieu, mais à propos de la substance à un seul attribut. Son application à Dieu consistera à étendre à la substance infiniment infinie ce qui a été prouvé de la substance infinie »[57]. Comme on l'a déjà vu, une telle extension ne pourrait aller sans problème ; ce qui la rend légitime aux yeux de M. Gueroult c'est que la *Proposition 7* « enveloppe deux vérités en une » : la première concernant toute substance constituée d'un seul attribut, la seconde plus générale, concernant toute substance, ou la substance en tant que substance[58]. Cette dernière affirmation constitue, notons-le, un sérieux recul par rapport à la thèse selon laquelle les huit premières *Propositions* ne concerneraient que les

---

la suivante : ce que Spinoza veut dire par la formule, simplificatrice à l'excès, du *Traité*, c'est que la question « est-elle ? » doit pouvoir cesser comme question subsistant à part et devant être résolue par des ressources étrangères à celles tirées de la définition.

[54] P. 182.

[55] P. 179.

[56] P. 123.

[57] P. 124.

[58] P. 186.

substances à un seul attribut. Mais ce qui nous retiendra ici est ceci : si la *Proposition 7* est déjà une preuve ontologique « fondamentale », la preuve ontologique figurant comme première démonstration de la *Proposition 11* est de nouveau suspecte d'inutilité et de redondance ; un simple rappel suffisait. Mais, à vrai dire, on se demandera en quel sens une *proposition* peut être une *preuve*. Sans doute faut-il entendre que par « proposition » M. Gueroult désigne non seulement la proposition proprement dite mais, par extension, sa démonstration.

Il est vrai qu'un peu avant M. Gueroult présente la chose d'une façon sensiblement différente. La preuve que Spinoza présente par l'absurde, remarque-t-il, est sous-tendue par une démonstration positive informulée : Dieu est substance ; toute substance existe nécessairement par soi (*Proposition 7*) ; donc Dieu existe nécessairement[59]. D'après cela la *Proposition 7 n'est pas elle-même « preuve ontologique », elle est une prémisse* (et précisément la majeure) *de la preuve ontologique*. Et c'est bien ainsi qu'il faut, selon nous, la considérer.

M. Gueroult ne semble d'ailleurs apercevoir aucune contradiction entre ces deux présentations, bien au contraire. Dans la page même où il énumère les sept preuves contenues, d'après lui, dans la première *Partie*, il pose lui-même « la question de savoir si l'on a le droit de comprendre dans cette liste, comme on vient de le faire, la *Proposition 7* dont le champ d'application semble restreint, de par sa démonstration, aux substances constituées d'un seul attribut », à quoi il répond : « Malgré cela, on y est autorisé, semble-t-il, parce qu'elle sert en fait de point d'appui aux démonstrations de la *Proposition 11*.»[60] De ces lignes il résulte en toute rigueur ceci : ce qui autorise à considérer la *Proposition 7* comme une preuve de l'existence de Dieu c'est qu'elle figure comme prémisse dans une preuve de l'existence de Dieu. Manifestement la pensée du commentateur n'a pas trouvé son expression adéquate. Si l'on veut tenter d'en rétablir la cohérence, sans doute faudra-t-il, moyennant quelques rectifications, la reformuler ainsi : la démonstration de la

---

[59] P. 181.
[60] P. 179.

Proposition 7 est une « preuve ontologique », non pas de l'existence de Dieu, mais de l'existence de la substance en général ou en tant que substance ; la démonstration de la *Proposition 11* est *l'application* de la *Proposition 7* au cas particulier de Dieu ; cette démonstration n'est pas inutile, mais elle n'est pas la « preuve ontologique » au sens où on l'entend d'ordinaire ; en toute rigueur il n'y a pas de preuve ontologique de l'existence de Dieu. M. Gueroult souscrira difficilement à cette conclusion ; nous ne voyons pas comment il pourra l'éviter ; mais là n'est pas à nos yeux le point important ; pas davantage nous ne nous attacherons à rechercher si la pensée que nous venons de reconstituer – d'ailleurs sous toute réserve – peut effectivement échapper à tout soupçon concernant sa cohérence. Le point essentiel auquel nous sommes de toute façon ramenés, et auquel nous nous attacherons, est le suivant : que signifie la *Proposition 7* ?

Lors de l'examen qu'il en faisait au chap. I, M. Gueroult avait rencontré une question qui aurait pu le conduire à préciser le sens et le statut de cette *Proposition* comme il convient, selon nous, de le faire : « Si la substance est une chose qui effectivement existe, cette existence, elle la tient nécessairement d'elle-même ; mais existe-t-elle ? »[61] C'est en effet une question qui se pose encore ; mais cette question, M. Gueroult la présente comme une *objection*, à savoir, évidemment, à la thèse : il existe une, ou des substances, dans la Nature, thèse qui pour lui est impliquée par la *Proposition* 7. Aussi se met-il en devoir de répondre aux « objections », et il trouve trois arguments, dont le premier est *a posteriori* : la pensée et l'étendue existent, puisque leurs modes nous sont immédiatement donnés ; et les deux autres, fort voisins l'un de l'autre, *a priori* : la substance, étant conçue par l'entendement pur, est nécessairement une *essence vraie* ; et : par cela seul que nous en avons l'idée, elle existe – ce dernier argument faisant le fond de la première partie du *Scolie 2* de la *Proposition 8*.

Mais il n'y a pas lieu d'alléguer ici des arguments, il n'y a pas lieu de répondre à une objection, car *la Proposition 7 n'a pas pour objet d'affirmer qu'il existe effectivement une substance, mais seulement qu'il y a un rapport nécessaire entre la nature de la*

---

[61] P. 124.

substance en général et en tant que telle, et l'existence ; et cette sorte de vérité est à rapprocher de celles que Descartes considérait comme « des notions si simples que d'elles-mêmes elles ne nous font avoir la connaissance d'aucune chose qui existe »[62], « [...] tout de même quand on dit qu'il est impossible qu'une même chose soit et ne soit pas en même temps, que ce qui a été fait ne peut n'être pas fait, que celui qui pense ne peut manquer d'être ou d'exister pendant qu'il pense et quantité d'autres semblables »[63]. Il est vrai que les « notions » ou « vérités » dont parle Descartes sont des évidences immédiatement certaines, ce qui n'est pas le cas de la *Proposition 7* de Spinoza, puisque celle-ci requiert une démonstration. Cependant l'évidence immédiate n'est pas le seul caractère des connaissances en question ; tout aussi important est le fait qu'elles sont non des « choses » existantes ou des propriétés de celles-ci mais des « vérités éternelles » ayant leur siège en notre pensée[64] : on peut donc, de ce point de vue, en étendre le champ jusqu'à comprendre des vérités démontrées, d'autant que Descartes lui-même, quoiqu'il considère comme une « première notion » cette vérité que « de rien rien ne se fait », lui apporte une fois une justification démonstrative[65].

Il est vrai aussi que les vérités et notions citées par Descartes se signalent d'abord par leur extrême généralité ; mais il y a des degrés dans la généralité, et une vérité concernant la substance en tant que substance, si elle rapproche du particulier et du concret, ne cesse pas d'être générale, tant qu'on n'a encore rien établi concernant l'unicité, ou le nombre, ou l'infinité des substances qui existent – s'il en existe – et tant que l'essence d'une substance particulière n'a pas été déterminée, ce qui est le cas au niveau de la *Proposition 7* ; et la substance en général ne saurait être une chose qui existe[66].

---

[62] *Principes*, I, 10, A.T., IX, 2e part., p. 29 ; cf. VIII, p. 8.

[63] *Ibid.* I, 49, A.T., IX, p. 46 ; cf. VIII, p. 23. Spinoza se souvient sans doute de ces textes lorsqu'il use de formules très semblables dans la *Lettre 10* à Simon de Vries (Geb. IV, p. 47 ; App. 4, p. 152.).

[64] Cf. *Principes*, I, 49.

[65] *Réponses aux secondes objections*, A.T., IX, p. 106.

[66] Il est encore une autre question que le rapprochement que nous venons de faire avec Descartes autorise à poser. Dans le syllogisme cité plus haut, la majeure

« toute substance existe nécessairement » – proposition qui se présente bien, en effet, sous la forme usuelle des majeures des syllogismes de la première figure – est une transformation de la proposition de Spinoza « il appartient à la nature d'une substance d'exister » ; or cette transformation est-elle légitime ? On peut poser la question, car Descartes range au nombre de ces notions « qui d'elles-mêmes ne nous font avoir la connaissance d'aucune chose qui existe » ce principe que « pour penser il faut être » ; et, tandis qu'il admet que le *cogito ergo sum* y fait référence (cf. *Discours*, A.T., VI, p. 33 ; *Réponses aux secondes objections*, A.T., IX, p. 110), il refuse la réduction du *cogito* à un syllogisme ayant pour majeure : « tout ce qui pense est » (*Réponses aux secondes objections, Ibid.* ; *Lettre à Clerselier en réponse aux instances de Gassendi*, A.T., IX, p. 205). C'est donc bien, semble-t-il, que les deux formulations ne sont pas équivalentes. On rejoint ici les considérations que M. Gueroult développe dans l'*Appendice n° 1* de son *Descartes* : *« Le cogito et la notion " pour penser il faut être" »*, qui reproduit une communication au Congrès International de philosophie de 1937 (*Op. cit.*, t. II pp. 307 sqq.). On observera que ce qui caractérise ces vérités ayant leur siège dans notre pensée, en tant qu'affirmations, c'est que l'affirmation, en elles, porte sur un *rapport nécessaire* de « natures simples », mais sans comporter de position existentielle de ces « natures » . C'est pourquoi on les transcrira adéquatement sous la forme de propositions hypothétiques, par ex. « s'il existe une pensée il y a nécessairement de l'être » (entendons : l'être du pensant). Et pour cette raison même une proposition de ce genre serait tout autre chose que la majeure d'un syllogisme telle que « tout ce qui pense est », proposition qui, au contraire, contiendrait une position d'existence. M. Gueroult conclut : « la proposition "pour penser il faut être" n'a [...] rien de commun avec la majeure "tout ce qui pense est" » (p. 310) ; elle joue le rôle d'un "principe de la pensée" » (*ibid.*). Et donc – toujours en admettant que l'on ait le droit de rapprocher sur ce point Spinoza de Descartes – M. Gueroult est parfaitement cohérent en transcrivant la *Proposition 7* de Spinoza sous la forme d'une majeure : « toute substance existe nécessairement par soi », puisqu'à ses yeux cette *Proposition* comporte assurément une position existentielle (tout en comprenant l'affirmation d'un rapport nécessaire). En revanche, de notre côté, puisque nous pensons qu'elle n'en comporte pas, et qu'elle est à compter au nombre de ces vérités qui ne nous font avoir la connaissance d'aucune chose qui existe, nous ne devrions pas accepter sa transcription en majeure.

Une discussion complète de la question, tant en ce qui concerne d'une manière générale le sens de la majeure du syllogisme – ce qui nécessiterait une confrontation avec l'ensemble de la tradition aristotélicienne – qu'en ce qui concerne le cas particulier du *cogito*, nous mènerait bien au-delà de notre propos. Nous observerons seulement que l'opposition que voit M. Gueroult entre un principe de la pensée et la majeure d'un syllogisme ne serait pas admise telle quelle par Descartes, comme on peut le voir de l'exemple suivant tiré des *Réponses aux secondes objections* : « Mais la majeure de mon argument a été telle : *Ce que clairement et distinctement nous concevons appartenir à la nature de quelque chose, cela peut être dit ou affirmé avec vérité de cette chose.* C'est-à-

Mais la notion de généralité ou d'universalité – les deux mots sont recevables – est loin d'être simple, et est-elle même trop « générale » pour caractériser ce dont il s'agit. La raison profonde qui justifie le rapprochement et lui donne toute sa portée est que les vérités en question, les unes comme les autres, relèvent de ce que Clauberg avait nommé : *Ontologia.* Sans doute n'est-il pas plus essentiel pour Spinoza que pour Descartes de faire à l'ontologie une place à part – à plus forte raison de problématiser son statut ; et si les *Pensées métaphysiques*, données en appendice

---

dire, si être animal appartient à l'essence ou à la nature de l'homme, on peut assurer que l'homme est animal ; si avoir les trois angles égaux à deux droits appartient à la nature du triangle rectiligne, on peut assurer que le triangle rectiligne a ses trois angles égaux à deux droits ; si exister appartient à la nature de Dieu, on peut assurer que Dieu existe, etc. Et la mineure a été telle : *Or est-il qu'il appartient à la nature de Dieu d'exister.* D'où il est évident qu'il faut conclure comme j'ai fait, c'est à savoir : *Donc on peut avec vérité* assurer de Dieu qu'il existe ; [...] » (A.T., IX, p. 117). On voit en effet : 1. Que la majeure est bien une vérité du genre « principe de la pensée » ; 2. Que Descartes la transcrit, dans les exemples, sous forme de proposition hypothétique ; 3. Qu'on peut d'ailleurs aisément dégager de l'un ou l'autre des exemples une forme mettant directement en relief l'affirmation d'un rapport nécessaire, soit : « l'appartenance nécessaire de l'animalité à la nature de l'homme enveloppe la possibilité d'assurer avec vérité que l'homme est animal ».

En ce qui concerne Spinoza, il y a tout lieu de penser que les dix premières *Propositions* sont, quant à la modalité de l'affirmation, sur le même plan les unes que les autres ; or elles se présentent indifféremment soit sous la forme d'un simple jugement attributif (*Prop. 1, 2, 4, 8*), soit sous une forme indiquant plus directement un rapport nécessaire (*Prop. 3, 5, 6, 7, 9*), et la *Proposition 8* se présente expressément sous la forme d'une universelle : *Omnis substantia est necessario infinita* « toute substance est nécessairement infinie ». Nous ne faisons donc aucune objection... majeure à la transcription de la *Proposition 7* sous la forme « toute substance existe nécessairement par soi », *à condition de bien l'entendre*, et encore que nous préférerions de beaucoup lui laisser sa forme originelle. En revanche, cette forme originelle aurait dû avertir M. Gueroult que la *Proposition* ne comportait pas de position existentielle.

Remarquons encore que le mot *existit*, qui figure à deux reprises dans la *Démonstration* de la *Proposition 8*, doit se comprendre, conformément au contexte, dans la perspective d'une hypothèse. *Substantia unius attributi non nisi unica existit* : il n'existe qu'une substance par attribut, *s'il en existe. Existit ergo infinita* : *soit* une substance ; comment existe-t-elle ? Comme infinie. Et cela est vrai de toute substance, *si substance il y a* ; on ne dit pas pour autant qu'il y en ait.

aux *Principes de la philosophie de Descartes*, font apparaître une « partie générale de la Métaphysique », il n'y a là guère plus que l'adoption d'un cadre scolaire permettant de donner quelques brèves explications[67]. Cependant une présence effective de l'ontologie au début de l'*Éthique* ne saurait être méconnue ; ce n'est pas un hasard si les concepts de substance, d'attribut, de mode, renvoient d'eux-mêmes à ces « catégories » dont le nom reste attaché à celui du philosophe qui avait formé le projet d'une science de « l'être en tant qu'être ». En fait la notion de généralité est elle-même une notion ontologique ; c'est-à-dire que c'est autant « être » qui fait comprendre « généralité », que l'inverse (mais « comprendre » ne veut pas dire ici : être en possession d'une théorie qui domine son objet). Ce qu'on peut sans doute dire, c'est que les concepts de l'ontologie sont caractérisés par un certain vide, qui n'est cependant pas celui d'un pur néant ; et qu'ils sont ainsi en attente de ce qui pourra les remplir ; et tel est le cas de tous les concepts engagés dans la séquence des *dix* premières *Propositions* de l'*Éthique* ; c'est pourquoi l'on pouvait, au cours de cette séquence, faire au sujet de la substance et de l'attribut des hypothèses dont certaines se trouvaient progressivement rejetées ou étaient destinées à l'être par la suite ; et c'est aussi pourquoi *aucune de ces Propositions ne comporte encore d'affirmation existentielle.* Et le *Scolie 2* de la *Proposition 8* n'apporte rien de plus sur ce point[68].

---

[67] Cf. le sous-titre de la *Partie I* : « Dans laquelle sont expliqués brièvement les principaux points qui se rencontrent communément dans la partie générale de la Métaphysique au sujet de l'être et de ses affections » (Geb. I, p. 233 ; App. 1, p. 337).

[68] Ce *Scolie* dit en effet : « Si donc l'on disait qu'on a d'une substance une idée claire et distincte, c'est-à-dire vraie, et qu'on doute néanmoins si cette substance existe, en vérité tant voudrait dire qu'on a une idée vraie et qu'on doute si elle est fausse ». Il convient de noter ici : 1. Qu'il s'agit d'une proposition hypothétique ; 2. Qu'il faut bien traduire *ideam substantiae* par « idée d'une substance », ce qu'il faut entendre au sens d'une *certaine substance déterminée*, et non pas de « la substance » ou d' « une substance en général », comme le montre bien la suite : *num talis substantia existat* « si *cette* substance existe ». En ce sens-là on aura, par exemple, une idée d'une substance si l'on a l'idée de la substance *étendue* ou de la substance *pensante*, ou encore de la substance *absolument*

Pour que les vérités ontologiques soient « remplies », et notamment pour que la *Proposition 7* puisse donner lieu à une affirmation existentielle, il faudra – si on laisse de côté les considérations *a posteriori* – qu'il soit vérifié que la *nature d'une certaine substance est effectivement donnée.* Peut-être suffirait-il pour cela d'appliquer notre entendement à l'attribut Pensée ou à l'attribut Étendue ; mais de ceux-ci il n'a pas encore été question (si ce n'est à titre d'exemple dans l'explication de la *Définition 2* et encore a-t-il seulement été question des corps, non de l'étendue). Et en fait c'est une autre voie que Spinoza a choisie. Ce qui vient « remplir » les concepts de substance et d'attribut, ce qui nous donne réellement *in concreto* une nature de substance, c'est l'idée de l'infini absolument infini, l'idée de la substance constituée d'une infinité d'attributs (*Proposition 10*, *Scolie*). Point n'est besoin dès lors pour nous de posséder une à une les idées de tous les attributs de cette substance, nous les possédons d'un seul coup dans leur principe en possédant l'idée très positive du maximum de réalité. La théologie, en achevant l'ontologie, lui apporte le « plein » que son « vide » attendait et qui autorise enfin la première proposition existentielle de l'*Éthique*.

Et par là nous voyons aussi pourquoi Spinoza a choisi la voie où l'existence nécessaire de Dieu est prouvée par la substantialité et non par les caractères des attributs considérés *in abstracto* : c'est que le concept d'attribut est d'abord aussi vide que celui de substance et ne se trouve rempli que par l'intermédiaire de l'idée de substance absolument infinie, constituée d'une infinité d'attributs. Aussi bien M. Gueroult n'a-t-il pu envisager cette seconde voie qu'en raison de sa conception des « substances à un seul attribut » ; en réalité, la question ne se pose pas.

Et nous comprenons mieux maintenant, les ayant référées à l'ontologie comme à leur lieu propre, le caractère commun aux dix

---

infinie. De telles idées il est encore trop tôt, en ce point de la chaîne des raisons, pour faire état.

premières *Propositions* : elles ont toutes – et non pas seulement les quatre premières – un caractère « général et axiomatique »[69].

III

La troisième et dernière question que nous nous proposons d'examiner concerne la troisième démonstration de la *Proposition 11*, qui fait l'objet du second « *aliter* », que nous désignerons désormais comme l'*aliter 2*. Il est nécessaire de citer le texte :

« Pouvoir ne pas exister c'est impuissance, et, au contraire, pouvoir exister c'est puissance (comme il est connu de soi). Si donc tout ce qui présentement existe nécessairement (*quod jam necessario existit*), ce sont seulement des êtres finis, des êtres finis seront plus puissants qu'un être absolument infini ; or cela (comme il est connu de soi) est absurde ; donc ou bien rien n'existe, ou bien un être absolument infini existe aussi nécessairement (*necessario etiam existit*). Or (*atqui*) nous existons ou bien en nous-mêmes ou bien en une autre chose qui existe nécessairement (voir *Axiome 1* et *Proposition 7*) ; donc un être absolument infini, c'est-à-dire (par la *Définition 6*) Dieu, existe nécessairement ».

Les principaux points de l'interprétation de M. Gueroult sont les suivants :

Cette démonstration « comporte deux parties, qui constituent en réalité deux preuves amalgamées en une seule » : 1/ (jusqu'à *necessario etiam existit*) : nous devons nécessairement affirmer que Dieu existe. 2/ (A partir de *atqui*) : Dieu existe nécessairement par soi[70].

Quant à la première partie on notera la précision de M. Gueroult sur le sens de *necessario existit* : « [...] puis donc qu'à l'instant actuel des êtres finis existent nécessairement (nécessairement en ce sens que, ne pouvant nier que j'existe, *je dois nécessairement affirmer mon existence*), l'Être absolument

---

[69] Cf. p. 117. La place nous manque ici pour discuter la différence que M. Gueroult croit voir en outre entre les *Définitions*, qui « concernent les choses », et les *Axiomes*, caractérisés par « leur universalité vide, leur irréalité » (p. 87).

[70] P. 193.

infini nécessairement doit exister lui aussi »[71] ; et finalement : « Aussi aboutit-on simplement à conclure qu'il est nécessaire, non que l'Être absolument infini *existe nécessairement par soi-même*, mais seulement qu'il *existe aussi* »[72].

Quant à la seconde partie ou preuve, « elle enveloppe de façon elliptique une série d'arguments informulés [...] : *partant de l'alternative entre la substance et le mode (Définitions 3 et 5, Axiome 1)*, elle constate ma finitude ; d'où il résulte que n'étant pas une substance (*Scolie 1* de la *Proposition 8*), je suis un mode (*Démonstration* de la *Proposition 4*) ; *le mode enveloppe la substance (Définition 5)* ; en conséquence, *puisque j'existe, nécessairement la substance existe aussi.* Or cette substance, comme toute substance, *existe nécessairement par soi (Proposition 7)* ; de plus, *Dieu, être infiniment infini, est une substance* ; donc Dieu existe nécessairement. »[73]

Enfin, si la première partie est indépendante de la seconde quant à ce qu'elle prouve effectivement, à savoir l'existence nue de Dieu, elle ne prouve pas ce qu'il faut prouver, à savoir son existence nécessaire, et a donc besoin de la seconde partie pour s'achever ; au contraire non seulement la seconde achève la première, mais elle se suffit à elle-même et n'a pas besoin de présupposer la première[74].

Cette interprétation se heurte à des difficultés considérables.

En premier lieu, la formule *necessario existere* serait employée, au cours de quelques lignes, en deux sens nettement différents : au sens de l'existence nécessaire *elle-même*, dans l'énoncé de la *Proposition* et dans la seconde partie de la démonstration, au sens de la nécessité de l'*affirmation* de l'existence, dans la première partie de la démonstration. C'est déjà fortement improbable. En outre, cette seconde signification de la

---

[71] *Ibid.*

[72] P. 194.

[73] P. 195.

[74] P. 194.

formule serait exceptionnelle chez Spinoza, ce qui réduit encore la probabilité[75].

[75] Nous n'avons pour notre part pas relevé de cas où il ne ressorte du contexte que *necessario existere* signifie la nécessité de l'existence elle-même. Lorsque par ailleurs *necessario* désigne la modalité de l'affirmation, le contexte le montre en imposant l'idée d'un enchaînement qui, pour être fondé dans la chose, n'en a pas moins lieu dans la dimension du discours. Ex. : *Sequitur ergo ex ea* [*definitione*] *necessario, unicam tantum ejusdem naturae existere* « il suit donc nécessairement de cette définition qu'il n'en existe qu'une seule de même nature » (*Prop. 8*, *Scol. 2*) ; *Necessario concludi*, « être conclu nécessairement », se trouve en *Prop. 25*, *Scol.* ; *Prop. 23.* Assez souvent, il est vrai, on peut considérer que la nécessité du discours est par métonymie transférée à la chose ; dans ce cas Spinoza emploie presque toujours le verbe *debere* « devoir », parfois renforcé par *necessario* ; Ex. [...] *id debet necessario esse infinitum* « cela doit nécessairement être infini » (*Prop. 21*, *Dém.*) ; *uniuscujusque debet necessario dari causa, cur existat* « de chaque chose il doit nécessairement être donné une cause, pourquoi elle existe » (*Prop. 8*, *Scol. 2* ; cf. suite de ce scolie et *Lettre 34* à Hudde, Geb. IV, p. 179 ; App. 4, p. 243). Dans l'exemple suivant, en revanche, il en va autrement : [...] *deberet terminari ab alia ejusdem naturae quae etiam necessario deberet existere* « elle devrait être limitée par une autre de même nature, qui devrait également exister nécessairement » (*Prop. 8*) ; ici *necessario* modifie bien *existere*, comme le prouve la référence à la *Prop. 7*, et non pas *debere* : nouvel exemple de la locution *necessario existere* avec son sens usuel.
Nous avons trouvé un exemple qui pourrait jusqu'à un certain point constituer une exception : *concludendum est, ea omnia* [...] *necessario ab externis causis, non vero propriae suae naturae vi produci* « il faut conclure que toutes ces choses sont nécessairement produites par des causes externes, non en vertu de leur propre nature » (*Lettre 34* à Hudde, Geb. IV, p. 180 ; App. 4, p. 243). Il est clair que *necessario* ne modifie pas *produci*, comme si l'on voulait qualifier de nécessaire le mode de production des choses en question. Il faut entendre : c'est nécessairement par des causes externes que les choses en question sont produites et non en vertu de leur propre *nature*. D'autre part, pourtant, *necessario* n'est pas rattaché à *concludendum*, comme s'il fallait entendre « il faut nécessairement conclure... », et cela *bien qu'en fait* on ne puisse guère expliquer le mot *necessario* qu'en faisant état de la nécessité où nous sommes de dire que les choses sont produites, etc. Ainsi, pourrait-on penser, de même qu'en ce dernier exemple *necessario* est rattaché directement à *produci*, tout en qualifiant la modalité de notre affirmation de ce *produci*, de même dans le cas de l'*aliter 2*, *necessario*, tout en se rattachant directement à *existit*, qualifierait en fait la modalité de notre affirmation de cet *existit*. Cependant l'exemple n'est pas vraiment probant car, en dépit de la construction grammaticale, le mot *concludendum* et le mouvement même de la phrase imposent la perspective d'un enchaînement des jugements ; or, si l'on en revient à l'*aliter 2*, un tel enchaînement se présente assurément au stade de la conclusion : *ergo... existit*,

En second lieu la formulation de l'argument serait singulièrement défectueuse. D'une part la conclusion de la première démonstration (« Or nous existons... ») serait seulement sous-entendue ; d'autre part le mot *atqui*, « or », ne se justifierait nullement. Dans une note, M. Gueroult reconnaît ces deux anomalies et notamment remarque que l'on attendrait *immo*, « de plus », plutôt que *atqui*[76]. Mais il ne semble pas remarquer que ces deux anomalies ne se présentent que si l'on commence par supposer que l'on a affaire à deux démonstrations, et qu'elles s'évanouissent dès que l'on admet qu'il n'y en a qu'une, comportant deux étapes, la première ayant pour conclusion la disjonctive : « ou bien rien n'existe, etc. », qui est une prémisse de la seconde, laquelle se conclut elle-même par la proposition qu'il fallait démontrer. Enfin cette conclusion de la première démonstration, qu'il faudrait sous-entendre : « je dois nécessairement affirmer mon existence », ne serait possible que par une anticipation d'une partie de ce qu'affirme la seconde : *nos* [...] *existimus*, « nous existons [...] » ; on aurait ainsi un véritable enchevêtrement des deux parties et l'on comprend que si les deux démonstrations sont ainsi « amalgamées », cela ne soit pas « sans entretenir chez le lecteur une certaine confusion »[77].

En troisième lieu il n'est guère vraisemblable que la première partie soit en fin de compte inutile, ce qui serait le cas si la seconde devait se suffire à elle-même ; c'est d'autant plus invraisemblable que c'est la seule première partie qui devrait reposer sur le principe axiomatique posé au début : « pouvoir

---

mais non pas au stade de l'hypothèse : *si* [...] *id, quod jam necessario existit* [...] ; on ne peut y trouver le moindre enchaînement, à moins de faire intervenir le principe d'identité (« si une chose est, elle est »), intervention ici parfaitement intempestive.

[76] P. 195, n. 41. Quant au premier point M. Gueroult précise : « La conclusion de la première partie n'est pas entièrement formulée, car après la disjonctive : "ou rien n'existe, ou l'Être absolument infini existe", on attend la conclusion : "Or, nous existons, donc il est nécessaire qu'un Être absolument infini existe" ». Il faudrait dire que la conclusion *n'est pas du tout* formulée, car la disjonctive n'en serait pas une *partie* mais une *prémisse*.

[77] P. 194.

existe, etc. », et qu'ensuite, dans le *Scolie*, Spinoza confirme qu'il vient de tirer de ce principe une preuve *a posteriori* tout en saisissant l'occasion d'en tirer une nouvelle preuve, cette fois *a priori*.

En quatrième lieu lorsque, dans l'explication de la seconde partie, M. Gueroult aborde la proposition « nous existons, etc. », il l'interprète comme une « constatation de ma finitude » : « je suis un mode »[78]. Mais Spinoza ne dit rien de tel, il se borne à indiquer, à propos de notre existence, une double possibilité : nous existons ou bien en nous-mêmes (auquel cas nous sommes évidemment des substances) ou bien en un autre (auquel cas nous sommes des modes). La première possibilité n'est pas exclue : elle ne le sera qu'au début de la Partie II. M. Gueroult considère que, ce que Spinoza ne dit pas ici, il le sous-entend[79] ; mais on ne voit pas pourquoi il faudrait le sous-entendre, sinon pour qu'on puisse retrouver dans la seconde partie ce qui a été construit à partir de la première (qui mentionne le fini) moyennant une anticipation de la seconde (qui mentionne notre existence) – à savoir : nous existons finis –, et ce, de surcroît, quand les deux parties sont réputées indépendantes !

En cinquième lieu la « seconde démonstration » ne serait pas satisfaisante. Car si l'on admet – en rejetant seulement cette part de l'interprétation de M. Gueroult selon laquelle la seconde partie se suffit – que l'on sait déjà que Dieu existe, il suffit, pour prouver qu'il existe nécessairement, de recourir à la définition qui le pose comme substance : si une substance existe, c'est nécessairement qu'elle existe. En ce cas, par conséquent, l'argumentation proposée : « nous existons, etc. », est parfaitement inutile ; c'est d'ailleurs un point sur lequel nous reviendrons plus loin. Mais si l'on admet, avec M. Gueroult, que la seconde partie se suffit, l'argument n'est pas probant : car tout ce qu'il prouve c'est qu'une certaine substance existe nécessairement mais non que cette substance est absolument infinie. Et il est trop tôt pour répondre que s'il existe une substance, elle ne peut être que Dieu : car il

78 P. 195.

79 P. 195, n. 41.

faudrait, pour l'affirmer, savoir déjà que Dieu existe (ce qu'on cherche à prouver) et qu'en dehors de lui nulle substance ne peut être donnée ni conçue (ce qu'on prouvera par la suite). Et si la substance à laquelle on a abouti n'est pas Dieu, qu'avons-nous gagné ? Dieu, dira-t-on, *lui aussi* est une substance et donc existe nécessairement par soi. Mais alors on revient purement et simplement à la première démonstration de la *Proposition*, c'est-à-dire à la « preuve ontologique ». Dès lors à quoi bon ce détour, et pourquoi Spinoza aurait-il pris le soin de donner une autre démonstration (*aliter*) ? Il faudrait admettre qu'il s'est complètement abusé, ce qui est fort peu vraisemblable ; c'est encore un point sur lequel nous serons amenés à revenir plus loin.

On peut enfin, concernant la première partie telle que la comprend M. Gueroult, soulever une difficulté que nous avons réservée pour la fin parce qu'il se peut qu'elle soit surmontable. Cette première partie se présente en effet , si l'on suit M. Gueroult, de la façon suivante : j'existe, moi qui suis fini, donc l'Être absolument infini existe lui aussi, sinon des êtres finis seraient plus puissants que lui, ce qui est absurde. Mais, pris ainsi, l'argument ne semble pas probant. Car, d'après Spinoza, il a pour principe non pas : « ne pas exister c'est impuissance, et au contraire exister c'est puissance », mais : « pouvoir ne pas exister c'est impuissance, et au contraire pouvoir exister c'est puissance ». Or si un être existe, cela implique, certes, qu'il peut exister, mais non qu'il ne peut pas ne pas exister, et si un être n'existe pas, cela implique, certes, qu'il peut ne pas exister, mais non qu'il ne peut pas exister. On peut donc fort bien avoir la situation suivante : un être fini existe, donc peut exister, tout en pouvant ne pas exister. Dieu n'existe pas, donc peut ne pas exister, tout en pouvant exister. Les deux ont la même puissance : pouvoir exister, et la même impuissance : pouvoir ne pas exister ; le fini n'est donc pas plus puissant que l'absolument infini, et il n'y a pas de contradiction.

A cela on pourra répondre que Spinoza n'est pas Leibniz. Il ne distingue pas entre nécessité et impossibilité métaphysiques d'une part, et hypothétiques d'autre part. Par conséquent *pouvoir exister* (sous-entendu : à quelque moment) implique *ne pas pouvoir ne pas exister* (à ce même moment), et *pouvoir ne pas exister* (sous-entendu : à un certain moment) implique *ne pas pouvoir exister* (à ce même moment). Pour que cette façon de voir prenne corps il suffit de prendre en compte les propositions qui commandent la démonstration précédente dans le premier *aliter* : même les choses finies, si elles existent, existent nécessairement, non certes en vertu de leur propre nature mais en vertu de l'ordre de la nature universelle. Et l'analogie des formules employées dans les deux démonstrations encourage une telle interprétation : dans les deux cas figure le mot *jam* « présentement », avant *existere*[80].

Il n'est pas certain cependant que cette réponse soit absolument contraignante ; car d'une part on ne doit pas, en ce point de la chaîne des *Propositions*, présupposer plus qu'il ne convient, d'autre part l'usage spinoziste du verbe *posse*, « pouvoir », n'est sans doute pas aussi simple qu'il peut paraître[81]. Mais de toute

---

[80] *Ex eo enim sequi debet, vel jam triangulum necessario existere, vel impossibile esse ut jam existat* « car il doit suivre de cet ordre ou bien que ce triangle existe présentement, ou bien qu'il est impossible qu'il existe présentement ».

[81] Une étude systématique de l'usage de *posse* montrerait peut-être que le sens n'en est pas épuisé par les explications données dans le *Scolie 1* de la *Proposition 33*, où l'appellation de « possible » est référée indifféremment à notre ignorance, soit que nous ignorions si l'essence de la chose enveloppe une contradiction, soit que, sachant qu'elle n'en enveloppe pas, nous ignorions l'ordre des causes. Il n'est peut-être pas exclu que la non-contradiction de l'essence constitue à elle seule une certaine forme de *pouvoir exister*, bien qu'une chose dont l'essence n'enveloppe pas de contradiction, mais pour laquelle manque une cause déterminée à la produire, doive être dite impossible ; un tel *pouvoir exister* serait l'objet d'une considération *faisant abstraction* de l'ordre des causes, ce qui est autre chose qu'*ignorer* cet ordre. Ce qui est exclu c'est que le *pouvoir exister*, au sens qu'on vient de voir, puisse s'actualiser (ou ne pas s'actualiser) autrement qu'en vertu de l'ordre des causes qui l'y déterminent, compte tenu du fait que cet ordre des causes ne peut être autre que ce qu'il est. On ne verserait dans une conception leibnizienne qu'en admettant la possibilité d'autres ordres, c'est-à-dire d'autres « mondes ».

Quoi qu'il en soit nous avons déjà observé qu'il fallait se garder, dans l'explication d'un passage de l'*Éthique*, de présupposer les développements subséquents. Ce qui peut cependant justifier nos considérations précédentes, c'est que même dans une philosophie qui s'astreint à un ordre démonstratif de type mathématique on ne peut dire que tout tienne aux enchaînements des propositions : la façon dont les mots sont compris, débordant même les définitions, lorsqu'elles existent – et d'autant que les définitions contiennent

manière M. Gueroult écarte par principe une telle interprétation : puisque l'existence envisagée dans l'argument n'est pas, selon lui, l'existence nécessaire mais l'existence nue, rien n'oblige encore à poser que *pouvoir exister* implique *ne pas pouvoir ne pas exister*.

Il semble pourtant qu'on puisse encore répondre. Si un être fini existe, le fait est qu'il témoigne présentement de sa puissance d'exister, et si un être absolument infini n'existe pas, le fait est qu'il témoigne présentement de son impuissance d'exister. Quoi qu'il en soit d'un problématique *pouvoir ne pas exister* du fini et d'un problématique *pouvoir exister* de l'absolument infini, le fait est que ce dernier s'est laissé distancer : il est donc présentement le moins puissant, ce qui est absurde.

Si cette réponse est admissible, l'argument est probant, mais il reste, concernant l'ensemble de l'interprétation, les cinq difficultés que nous avons relevées et qui suffisent amplement à la faire rejeter. On pourrait encore se demander si certaines de ces difficultés sont dissociables des autres, afin de sauver quelque chose de l'interprétation en la corrigeant sur certains points ; mais les deux premières, qui ont trait à sa structure générale, sont déjà rédhibitoires. Il faut donc proposer une autre interprétation.

*

* *

Deux points à tout le moins nous paraissent acquis : 1/ la démonstration comporte bien deux étapes, mais non deux démonstrations différentes ; 2/ « exister nécessairement » signifie dans tous les cas l'existence nécessaire elle-même. En simplifiant provisoirement on peut résumer la démonstration comme suit :

Première partie :

---

elles-mêmes des mots non définis – est au moins aussi décisive, et enveloppe des « présupposés » d'une toute autre sorte que les prémisses d'un raisonnement. Aussi n'est-il pas illégitime d'expliquer le sens d'un mot ou d'une locution en tenant compte de développements qui n'apparaîtront qu'après l'occurrence de ce mot ou de cette locution.

- Si quelque chose existe nécessairement, *a fortiori* Dieu existe nécessairement.

Seconde partie :

- Or quelque chose existe nécessairement.

- Donc Dieu existe nécessairement.

Mais à l'intérieur de ce cadre nous allons retrouver des difficultés et des incertitudes ; il n'est d'ailleurs pas exclu que ce soit pour avoir perçu certaines d'entre elles que M. Gueroult ait été conduit à sa propre interprétation, ce qui fait regretter d'autant plus qu'il l'ait proposée dogmatiquement, sans aucune discussion.

Tout d'abord la façon dont il faut comprendre la nécessité de l'existence d'un être fini supposé existant reste problématique. Peut-on faire fond sur les affirmations figurant dans la démonstration précédente *(aliter 1)*, qui permettent de généraliser le concept d'existence nécessaire, anticipant ainsi l'affirmation du *Scolie 1* de la *Proposition 33* : « Une chose est dite nécessaire soit en raison de son essence, soit en raison de sa cause », par quoi il faut entendre une cause efficiente donnée ? On pourrait objecter à cela que les deux démonstrations doivent être indépendantes ; à quoi, il est vrai, on peut répondre que l'*aliter 2* peut tirer parti de certaines affirmations figurant dans l'*aliter 1* pourvu qu'il n'en présuppose pas la conclusion. Mais ce qui est plus étrange est que dans la seconde partie de la démonstration l'existence nécessaire sur laquelle on s'appuie est celle d'une substance, c'est-à-dire d'un être infini et dont l'existence est intrinsèquement nécessaire. Dès lors l'intervention du fini dans la première partie semble amener une complication inutile. La marche normale de l'argumentation devrait être :

Première partie :

- Si un être infini, mais non absolument infini, existe nécessairement, *a fortiori* Dieu existe nécessairement.

Seconde partie :

- Or un être à tout le moins infini existe nécessairement.

- Donc Dieu existe nécessairement.

Que telle ne soit pas la marche de l'argumentation est d'autant plus étrange que les *Lettres 35* et *36* à Hudde contiennent un argument – sur lequel d'ailleurs M. Gueroult revient par la suite[82] – qui correspond exactement à la première partie modifiée de la façon que nous venons d'exposer et que voici dans la version de la *Lettre 35* :

« Puisque de la perfection seule peut provenir qu'un être existe par sa suffisance et sa force propre, il s'ensuit que, si nous supposons qu'un être qui n'exprime pas toutes les perfections existe par sa propre nature, nous devons supposer aussi (*etiam*) qu'existe également (*quoque*) cet être qui comprend en soi toutes les perfections. Car si un être doué d'une moindre puissance existe par sa propre suffisance, combien plus en sera-t-il ainsi d'un autre doué d'une plus grande puissance »[83].

---

[82] M. Gueroult y renvoie d'ailleurs déjà dans son explication de la première partie p. 194, n 39 ; cf. notre note suivante.

[83] Geb. IV, p. 182 ; App. 4 p. 245 ; cf. Geb. p. 185 ; App. p. 248. Si M. Gueroult renvoie à ces textes c'est à l'appui de sa thèse concenant la première partie de l'*aliter 2* : « Aussi aboutit-on simplement à conclure qu'il est nécessaire, non que l'Être absolument infini *existe nécessairement par lui-même*, mais seulement qu'il existe aussi (*etiam, quoque*) » (p. 194). Il cite alors (*ibid.* n. 39) le *etiam* figurant dans la *Lettre 36* et le *quoque* figurant dans la *Lettre 35* (notons que seul *etiam* figure dans l'*aliter 2*, mais peu importe) ; or il est clair d'après le contexte des *Lettres* qu'il s'agit bien d'une existence qui est intrinsèquement nécessaire ; certes, ce qu'il faut démontrer c'est que Dieu existe, mais on le démontre en démontrant qu'il existe nécessairement. Et comment ne pas s'étonner en outre qu'en citant ces *Lettres*, M. Gueroult ne relève pas la différence que leur argument présente avec l'argument analogue, mais non identique, de l'*aliter 2* ? Par ailleurs, M. Gueroult cite à nouveau ce texte de la *Lettre 35* dans le commentaire qu'il donne un peu plus loin de la preuve, à la fois *a fortiori* et *a priori*, figurant dans le *Scolie*. Nous le reproduisons tel que le transcrit le commentateur p. 199 : « Puisque de la perfection seule peut provenir qu'un être en qui toutes les perfections ne sont pas comprises existe par sa propre nature, nous devons admettre aussi (*quoque*) l'existence de l'Être qui comprend en lui-même toutes les perfections. *Car si un être doué d'une puissance moindre se suffit à lui-même, combien plus il en sera ainsi d'un autre doué d'une puissance plus grande* ». La traduction est empruntée à Appuhn, 4, p. 245 ; mais, comme on le voit, M. Gueroult a omis, entre « un être » et « en qui », les mots suivants : « existe par sa propre force et se suffise à lui-même, si nous supposons qu'un être » (d'après Appuhn, *ibid.*) ; omission qui, sans doute, n'est rien qu'un *lapsus calami* mais qui présente le grave inconvénient de laisser de côté la proposition hypothétique : « *si nous supposons* qu'un être en qui toutes les perfections ne sont pas comprises, existe par sa propre nature », et trahit une tendance à sous-estimer le moment *a posteriori* qui pourrait transformer l'hypothèse en thèse

Et la difficulté s'accroît encore si l'on remarque que non seulement il y a, entre la première et la seconde partie, la disparité que nous venons de voir, mais qu'il y en a une, et même deux, à l'intérieur de la première partie. Car celle-ci se déroule ainsi : « il est absurde qu'un être fini existe nécessairement et qu'il n'en soit pas de même de Dieu ; donc, ou bien rien n'existe, ou bien Dieu existe nécessairement lui aussi ». Or, tout d'abord, « rien n'existe » semble être donné pour équivalent à « ni aucun être fini ni Dieu n'existe », ce qui n'est pas admissible car c'est éliminer sans preuve l'infini non absolument infini. D'autre part, au lieu de « rien n'existe » on attendrait « rien n'existe nécessairement ».

Cette dernière difficulté est sans doute la plus aisément surmontable. On peut admettre que Spinoza considère comme acquis que tout ce qui existe existe nécessairement – soit en raison de son essence soit en raison de sa cause efficiente – de sorte qu'en disant pour faire bref « rien n'existe » on dise la même chose que « rien n'existe nécessairement », comme le veut l'argumentation. On peut admettre aussi que, la proposition disjonctive se lisant tout d'une traite, le mot *necessario*, bien que figurant seulement dans le second membre, doive être sous-entendu dans le premier, d'autant que, d'une manière générale seuls des êtres existant nécessairement répondent à la question (« en existe-t-il ou non ? »), et qu'ensuite dans « *necessario etiam existit* » *etiam* porte très vraisemblablement à la fois sur *necessario* et sur *existit* : « l'être (ou un être) absolument infini lui aussi existe nécessairement » (et non pas : « l'être (ou un être) absolument infini existe lui aussi, et en outre existe nécessai-

(problème sur lequel nous reviendrons un peu plus loin). Spinoza, lui, reste bien ici dans les limites d'un raisonnement hypothétique, ce que confirme la *Lettre 36*, où il explique que son propos dans la *Lettre* précédente était bien de démontrer l'existence de Dieu *ex data hypothesi*, à partir de l'hypothèse donnée dans la question (Geb. P. 183 ; App., p. 246). Il est vrai que dans la n. 49 de la p. 199, M. Gueroult apporte une citation de la *Lettre 36* contenant un équivalent de la part manquante de la première citation : « Si nous posons qu'une chose infinie et parfaite seulement en son genre existe par elle-même, il faudra aussi accorder l'existence à un être infini et parfait absolument », mais il ne relève pas la forme hypothétique de cette proposition.

rement »). Quant aux autres difficultés elles pourraient se résoudre de la façon suivante. Comme le montre le *Scolie* il s'agit, dans tout ce contexte, de lutter contre le préjugé qui veut que l'existence du fini et de l'imparfait soit intrinsèquement plus facile que celle de l'infini et du parfait. Une fois ce préjugé détruit à sa racine, il est clair que l'existence de l'être absolument infini est la plus facile de toutes. Si un être fini existe nécessairement, *a fortiori* un être infini existe nécessairement ; et si un être infini existe nécessairement, *a fortiori* encore un être absolument infini existe nécessairement : le second *a fortiori* est, peut-on dire, le premier élevé à la seconde puissance. Donc, en fin de compte, ou bien rien n'existe nécessairement, ou bien Dieu, lui aussi, existe nécessairement. On peut d'ailleurs raisonner sur ces hypothèses en laissant indécidée la question encombrante de savoir en quoi peut bien consister la nécessité de l'existence d'un être fini qui existe ; or, par la suite, il se trouve que l'existence nécessaire que nous pourrons affirmer est celle d'une substance, donc d'un être infini : ce qui, fort heureusement, nous délivre de la question encombrante concernant la nécessité de l'existence du fini.

Cette interprétation a en commun avec celle de M. Gueroult l'inconvénient de supposer un sous-entendu ; mais elle n'en suppose qu'un au lieu de quatre, et l'inconvénient est moins grave si le sous-entendu concerne une généralisation de la démarche *a fortiori* qui fait le fond de l'argument, que s'il concernait la conclusion même d'une démonstration. Et si l'on fait le compte, l'interprétation que nous proposons apparaît, des deux, la plus économique et celle qui donne à la démonstration l'allure la plus simple et la plus harmonieuse. Faute d'en avoir trouvé une plus satisfaisante nous choisirons de nous y tenir.

*

* *

Mais il est encore un autre point de l'interprétation de M. Gueroult que nous avons jusqu'ici laissé de côté, bien que nous l'ayons rencontré de biais à plusieurs reprises, et qui doit maintenant nous retenir. Dans le *Scolie* suivant Spinoza caractérise expressément la démonstration de l'*aliter 2* comme étant *a posteriori* : « Dans cette dernière démonstration j'ai voulu faire voir l'existence de Dieu *a posteriori*, afin que la démonstration fût plus aisée à percevoir ». Or M. Gueroult conteste que cette démonstration soit vraiment *a posteriori* ; s'il ne lui dénie pas entièrement ce caractère[84], il s'attache à en minorer la portée : le procès *a posteriori* est « une apparence »[85], l'« appareil *a posteriori* » de la démonstration est « superflu et illusoire »[86], la preuve *a posteriori* n'est qu'un « artifice »[87], tout véritable procédé *a posteriori* est absent chez Spinoza[88]. Devons-nous accepter ce jugement ?

Une première raison – *a posteriori* ! – de s'y refuser se trouve dans la phrase, à l'instant citée, de Spinoza : « J'ai voulu (*volui*) faire voir l'existence de Dieu *a posteriori* [...] ». On peut imputer à Spinoza quelque imperfection, voire quelque confusion, dans la rédaction, il est, en revanche, peu vraisemblable qu'il ait fait autre chose que ce qu'il a voulu faire. Cette phrase du *Scolie*, qui introduit à ce qui est en fait, comme le note fort justement M. Gueroult[89], une quatrième démonstration – et celle-ci, elle, est bien donnée comme *a priori* – M. Gueroult la cite, mais à l'appui de sa propre proposition : « la preuve *a posteriori* n'est donc qu'un artifice destiné à rendre plus accessible la preuve *a priori* »[90]. Nullement : la preuve *a posteriori* est destinée à rendre plus accessible la preuve de l'existence de Dieu généralement parlant, à donner de l'existence de Dieu une preuve plus accessible que la preuve *a priori* (ce qui n'exclut d'ailleurs pas que la preuve *a priori* soit meilleure).

Mais il nous faut maintenant aborder directement la question, et l'on comprend que notre tâche sera compliquée par le fait que M. Gueroult dissocie la démonstration en deux parties

---

[84] P. 194 (avec des restrictions) ; p. 199.
[85] P. 195, n. 41.
[86] P. 197.
[87] P. 198.
[88] *Ibid.*
[89] *Ibid.*
[90] *Ibid.*

indépendantes ; nous devons donc traiter la question à la fois en fonction de l'interprétation de M. Gueroult et en fonction de la nôtre, et les considérations ne peuvent manquer d'interférer.

Si M. Gueroult reconnaît à l'ensemble des deux démonstrations un certain caractère *a posteriori*, avec d'importantes restrictions, il semble bien qu'il le localise dans la première partie : « [...] cette preuve est *a posteriori* pour ce qu'elle part d'un fait constaté : l'existence des êtres finis [...] »[91]. Certes il fait aussitôt une restriction, sur laquelle nous reviendrons plus loin : « Ce n'est pas une preuve *ab effectu* [par l'effet], c'est une preuve *a fortiori* ». Retenons seulement pour l'instant que, de toute manière, *a posteriori* et *a fortiori* vont ici de pair : le fini existe, *a fortiori* l'absolument infini existe aussi.

La seconde partie a, toujours selon M. Gueroult, pour objet l'existence nécessaire par soi de Dieu. C'est à son propos qu'il relève « le caractère superflu et illusoire de son appareil *a posteriori* ». Cette apparence est localisée dans la constatation : *nos* [...] *existimus* « nous existons », que M. Gueroult comprend « nous existons comme modes ». Dans une note déjà citée on peut lire : « L'apparence du procès *a posteriori* subsiste uniquement dans le passage de la première à la seconde partie : constatant *a posteriori* mon existence comme mode, j'en conclus à l'existence de la substance ; ensuite je confère *a priori* à cette existence les caractères que lui impose la nature de toute substance »[92]. Comment comprendre cette localisation de l'apparence dans le *passage* de la première à la seconde partie ? Il nous semble qu'il faut interpréter ainsi : la première partie a déjà sous-entendu « nous existons », ou, comme préfère dire M. Gueroult, « j'existe » ; la seconde affirme « j'existe », sous-entendu : « comme mode ». Or la seconde n'a pas besoin de présupposer la première, mais l'affirmation « j'existe » leur est commune quoique n'ayant pas ici et là la même fonction : elle est ce qui permet l'« amalgame », assez artificiel et embrouillant, des deux parties et signale une rémanence de la première dans la seconde. Mais est-ce assez pour déclarer le moment *a posteriori* de la

---

[91] P. 194.

[92] P. 195, n. 41.

seconde superflu et illusoire ? Oui, si l'on suit M.Gueroult, car, si nous savons déjà, d'après la première partie, que Dieu existe, le détour par « nous existons » est, comme nous l'avons remarqué plus haut, parfaitement inutile : il suffit, pour prouver qu'il existe nécessairement, de rappeler qu'il se définit comme substance. Mais par ailleurs M. Gueroult affirme que la seconde partie doit se suffire à elle-même ; on ne doit donc pas y présupposer l'existence de Dieu, et il faut de nouveau *soit* deux démarches à savoir : 1/ une qui en prouve (*a posteriori)* l'existence nue 2/ une qui prouve (*a priori)* la nécessité de cette existence, *soit* une seule, à savoir celle qui prouve l'existence nécessaire, et elle contient ainsi éminemment celle qui prouve simplement l'existence. Il semble que selon M. Gueroult Spinoza ait opté pour un compromis qui prend la forme suivante : *en fait* la démonstration comporte un moment *a posteriori* complété par un moment *a priori*, mais *en droit* le moment *a priori* se suffit à lui-même : « Car si l'on sait que toute substance existe nécessairement par soi et que Dieu est une substance, on voit aussitôt qu'il existe nécessairement par soi, sans avoir besoin de le conclure de ma propre existence comme être fini »[93].

C'est là – toujours dans l'interprétation de M. Gueroult – une différence par rapport à la première partie, où le moment *a posteriori* est attesté en fait et – quoique dans une mesure limitée – justifié en droit. Mais comme la première partie ne peut, d'après M. Gueroult, s'achever sans la seconde, qui de son côté se suffit à

[93] P. 197. Cf. la présentation de l'argument dans la note 41, p. 195, déjà citée : « Constatant *a posteriori* mon existence comme mode, j'en conclus à l'existence de la substance ; ensuite je confère *a priori* à cette existence tous les caractères que lui impose la nature de toute substance », et l'exposé, déjà cité également, de la p. 195, qui veut expliciter tous les sous-entendus de la démonstration : « en conséquence, puisque j'existe, *nécessairement la substance existe aussi*. Or cette substance, comme toute substance, existe nécessairement par soi ; de plus, *Dieu, être infiniment infini, est une substance* ; donc Dieu existe nécessairement ». La formule « nécessairement la substance existe aussi » est révélatrice, car elle énonce la nécessité de l'*affirmation* de l'existence, à la différence de la formule « existe nécessairement par soi » qui énonce la nécessité intrinsèque de l'existence elle-même. Le moment *a posteriori* correspond bien à l'affirmation de l'existence nue, qui se résorbe dans l'affirmation de l'existence nécessaire.

elle-même, on comprend qu'on doive parler de « l'absence, chez Spinoza, de tout véritable procédé *a posteriori* »[94].

Pour compléter cette analyse il convient de préciser quelle est selon M. Gueroult la place de l'élément *a fortiori* dans la démonstration : cet élément, en effet, interfère de façon décisive avec l'élément *a posteriori*. La réponse est qu'il se situe exclusivement dans la première partie : « La première partie de la démonstration conclut *a fortiori* du fait de l'existence d'un être fini à la nécessité qu'il existe *aussi* un Être infini »[95]. Par ailleurs, dans la séquence des arguments par laquelle M. Gueroult explicite la seconde partie telle qu'il la comprend, aucune démarche *a fortiori* n'est signalée[96].

Il nous faut maintenant examiner les points décisifs de cette interprétation ; mais auparavant nous pouvons déjà, à partir de notre propre interprétation, faire une remarque qui éclairera l'orientation de notre critique. Selon nous il y a dans l'*aliter 2* une seule démonstration dont les deux parties ne sont que deux étapes. La première partie reprend alors toute son importance : elle commande la seconde. Il est donc exclu que le moment *a posteriori* soit, en droit sinon en fait, confiné dans la première partie et que le moment *a fortiori* le soit en droit et en fait. Comme nous l'avons déjà dit l'argument peut se résumer de la façon suivante :

Première partie :

- Si quelque chose existe nécessairement, *a fortiori* Dieu existe aussi nécessairement.

Seconde partie :

- Or quelque chose existe nécessairement.

- Donc *a fortiori* Dieu existe nécessairement.

On comprend donc que, selon nous, la nature de la démonstration tout entière se détermine dès la première partie : c'est donc à elle que nous consacrerons l'essentiel de notre examen.

---

[94] P. 198.

[95] P. 195, n. 41. Cf. p. 194.

[96] Cf. p. 195.

A cette première partie M. Gueroult reconnaît un caractère *a posteriori* et précise : « pour ce qu'elle part d'un fait constaté, l'existence des êtres finis »[97]. Mais, ajoute-t-il, « ce n'est pas une preuve *ab effectu* [par l'effet], c'est une preuve *a fortiori* : si le *minimum* (le fini) a la puissance d'exister, *a fortiori le maximum* (l'absolument infini) l'aura-t-il aussi »[98]. La formule « ce n'est pas une preuve *ab effectu*, c'est une preuve *a fortiori* » est ambiguë, car elle laisse entendre – sans l'imposer absolument – que *ab effectu* et *a fortiori* s'excluent. En tout état de cause il faut dire qu'ils ne s'excluent nullement par principe. Par exemple on peut fort bien, dans un autre contexte métaphysique, envisager le raisonnement suivant : « il existe une créature (effet) intelligente ; *a fortiori* le créateur (cause) est-il intelligent »[99]. S'excluent-ils cependant ici ? Quand M. Gueroult conteste que la preuve soit *ab effectu* il veut dire qu'elle diffère de la preuve *a contingentia mundi*, par la contingence du monde, ou des preuves de Descartes dans la troisième *Méditation*[100]. Rien de plus juste : le plus puissant n'est pas donné par Spinoza pour la cause du moins puissant. Mais est-ce à dire qu'il n'y ait aucun rapport de cause à effet en jeu ? C'est une autre affaire, et il y a une raison sérieuse d'en douter, c'est que dans toute la tradition terminologique à laquelle se rattache Spinoza *a posteriori* veut toujours dire *ab effectu*, ce qu'il convient d'ailleurs d'entendre en laissant aux notions de cause et d'effet une assez grande latitude ; et même si le sens du mot « cause » est sujet à quelques variations, et si l'on peut avec Descartes ne pas consentir à associer dans tous les cas l'idée d'un effet à l'idée d'une cause, « d'autant qu'on a de coutume de rapporter principalement l'effet à la cause efficiente »[101], à tout le moins faut-il se référer à un ordre tel qu'un élément soit dépendant d'un autre. Ainsi dans le cadre du spinozisme on peut dire que l'antériorité de la substance à l'égard

[97] P. 194.

[98] *Ibid.*

[99] Selon que le principe permettra ou non de le préciser on conclura seulement « le créateur est intelligent » ou, en outre, « il est plus intelligent ».

[100] P. 194.

[101] *Quatrièmes réponses*, A.T., IX, p. 187.

du mode (cf. *Proposition 1*) justifie qu'on qualifie d'*a posteriori* une preuve concluant du mode à la substance, même si la substance n'est pas encore reconnue comme « cause » au sens plein du terme. Pour préciser encore disons que lorsqu'il y a possibilité d'une preuve *a priori* et d'une preuve *a posteriori* l'élément sur quoi porte la preuve se trouve normalement situé entre celui qui lui est antérieur et celui qui lui est postérieur, et qu'il est lui-même relativement postérieur au premier et relativement antérieur au dernier. Aussi ne suffit-il pas que la preuve « parte d'un fait constaté » pour qu'on soit fondé à parler de preuve *a posteriori* : encore faut-il préciser quel est l'élément relativement antérieur à ce fait constaté, et cela non dans la perspective d'une quelconque relation d'ordre purement extrinsèque mais dans celle d'une dépendance réelle dont il faut préciser la nature et les termes. M. Gueroult dit encore, à propos cette fois de la seconde partie, que j'y « constate *a posteriori* mon existence »[102]. Mais peut-on dire que je la constate *a posteriori* ? Je la constate, tout simplement. Tout ce que je peux dire c'est que je ne la connais pas *a priori* ; mais pour dire que je la connais *a posteriori* il faudrait qu'elle fût elle-même relativement antérieure à un autre élément par quoi je la connaîtrais ; ce qui n'est pas le cas car elle est justement l'élément dernier par nature et directement connu. Bref, connaître *a posteriori* est toujours *prouver* : la locution « constater *a posteriori* » n'a, en toute rigueur, aucun sens.

La compréhension banale du couple « *a priori - a posteriori* » est aujourd'hui tributaire de l'inflexion que Kant lui a imprimée en fonction de sa propre problématique. On s'en tient aux équivalences « connaissance *a priori* = connaissance indépendante de l'expérience » et « connaissance *a posteriori* = connaissance fondée sur l'expérience », sans rejoindre par là l'ancien sens et sans, pour autant, replacer ces notions dans leur horizon kantien. Dans le climat du positivisme logique, par exemple, l'ancien sens est complètement éclipsé. Mais il demeurait, et devait demeurer encore vivant chez Kant lui-même,

---

[102] P. 195, n. 41.

qui écrivait en 1786 : « Connaître une chose *a priori* signifie la connaître à partir de sa simple possibilité »[103]. « Possibilité », sans doute, et non « cause » : mais le changement terminologique n'empêche pas une certaine continuité des concepts *mutatis mutandis* ; et d'autre part, « connaissance », et non preuve raisonnante – mais non sans la présence d'une certaine médiation. Et l'on peut dire que c'est seulement par le maintien de l'« ancien sens » dans une dimension renouvelée que Kant a pu promouvoir un « nouveau sens » des locutions.

Quels sont ici les éléments que l'on peut considérer comme antérieur et postérieur, « cause » et « effet » ? Il se trouve que la notion de possibilité, que vient de nous rappeler la citation de Kant, nous met comme d'elle-même sur la voie. La « cause », c'est ici le *posse existere*, « pouvoir exister », et l'« effet », c'est l'exister. Le pouvoir est ici expressément caractérisé comme *potentia*, puissance, et le *Scolie* dira équivalemment *potentia existendi*, « puissance d'exister », et *posse existere*. Que le « pouvoir exister » compris de cette façon soit considéré comme cause de l'exister, cela n'a rien d'étrange si l'on se souvient de ce que disait Descartes donnant, dans ses *Réponses aux Premières Objections*, des explications sur sa conception de Dieu comme « cause de soi » : « [...] si nous avons auparavant recherché la cause pour quoi il est, ou pourquoi il ne cesse point d'être, et que, considérant l'immense et incompréhensible puissance qui est contenue dans son idée, nous l'ayons reconnue si pleine et si abondante, qu'en effet elle soit la cause pourquoi il est et ne cesse point d'être, et qu'il n'y en puisse avoir d'autre que celle-là, etc. »[104], et un peu plus loin : « [...] nous devons toujours interpréter ce mot *être par soi* positivement, et comme si c'était être par une cause, à savoir par une surabondance de sa propre puissance, etc. »[105].

---

[103] *Premiers principes métaphysiques de la science de la nature*, *Œuvres philosophiques*, éd. de la Pléiade, 2, p. 367.
[104] A.T., IX, p. 87.
[105] *Ibid.*, p. 89.

Or dans la démonstration de Spinoza il est exact qu'il s'agit de conclure du *pouvoir exister* de Dieu à son *exister* : ce moment de la preuve est donc bien *a priori*, comme le veut M. Gueroult. Mais ce moment de la preuve ne se suffit pas à lui-même. Ici deux interprétations sont encore possibles.

Selon la première on suppose que *pouvoir exister* implique *ne pas pouvoir ne pas exister*, autrement dit que le *pouvoir exister* s'actualise nécessairement s'il est donné. La question qui subsiste alors est : le *pouvoir exister* d'une manière générale est-il donné ? Ce point est essentiel, car si nul pouvoir exister n'est donné il n'y a pas lieu de dire : « si Dieu ne peut pas exister, alors le pouvoir exister du moins puissant est supérieur à celui du plus puissant ». Il faut donc s'assurer que quelque *pouvoir exister* est donné, ce que l'on conclut *a posteriori* à partir de l'*exister* du moins puissant.

Selon la seconde interprétation on ne met pas en question que le *pouvoir exister* soit donné, mais on suppose concevable qu'il soit affaibli en étant associé à un *pouvoir ne pas exister* ; autrement dit ce qui est en question ce n'est pas le *pouvoir exister* mais son actualisation. Or nous sommes en mesure de conclure *a posteriori* d'un certain *exister* (le nôtre) à un certain *pouvoir exister* non affaibli (à savoir, celui d'une substance). Dès lors le plus puissant ne peut avoir un pouvoir exister affaibli.

Dans les deux interprétations le moment *a posteriori* de la preuve conditionne son moment *a priori*, de sorte qu'au total la preuve est authentiquement *a posteriori*, comme Spinoza a voulu qu'elle fût.

*

* *

Le lecteur aura remarqué que, comme nous l'annoncions, la question qui fait l'objet de notre troisième Étude se laisse aisément détacher, de même que dans le déroulement de l'*Éthique* l'*aliter 2* est d'importance mineure et pourrait être supprimé sans inconvénient. En revanche les deux premiers points ont trait à la construction même de l'édifice spinoziste et le résultat de notre étude pourrait laisser penser que le reste de l'ouvrage de M. Gueroult se trouve désormais irrémédiablement compromis. Ce soupçon est légitime, et pourtant la conclusion ne s'impose pas. Le fait est que M. Gueroult a reconstruit l'édifice avec d'autres matériaux et selon d'autres procédés que ceux utilisés par Spinoza ; mais finalement l'édifice peut fort bien être conforme à son modèle et tel que Spinoza, s'il venait à le visiter, s'y retrouverait sans peine ; et nous croyons qu'il en est bien ainsi.

Le plus important, cependant, n'est pas de déterminer la part d'exactitude et la part d'inexactitude du commentaire de M. Gueroult : il est de mettre en relief le point capital que notre étude critique nous a fait rencontrer et qui concerne le statut de l'ontologie. Qu'il s'agisse en effet du rapport de la substance à l'attribut ou du rapport de la nature d'une substance à son existence, la théorie de la substance qu'exposent les dix premières *Propositions* relève de cette « ontologie » dont, nous appuyant sur Descartes, nous avons souligné le « vide ». Comment comprendre ce vide ? En quel sens la connaissance ontologique précède-t-elle la connaissance de quelque chose qui existe ? Ne doit-elle pas au contraire accompagner la connaissance de ce qui existe ? Et ne l'accompagne-t-elle pas en effet ? Ne se manifeste-t-il pas là une sorte de cercle, qu'il ne faut assurément pas comprendre comme cercle vicieux, mais dont il convient de scruter le sens ? Et quel rapport cette circularité entretient-elle avec le fait que la connaissance de quelque chose qui existe est d'abord connaissance de *Ce qui existe nécessairement*, c'est-à-dire de « Dieu », de sorte que le vide de l'ontologie est comblé précisément par la théologie ? Quel rapport y a-t-il entre la nécessité qui règne dans l'objet de l'ontologie et celle qui règne dans la Nature entière et n'est autre que la nécessité de la Nature divine ? Entre la priorité de l'être et la priorité de Dieu ?

Ces quelques questions, tout allusives qu'elles soient, ouvrent des perspectives qui débordent le spinozisme. Nous n'entendons pas seulement par là qu'elles concernent aussi d'autres philosophies, et notamment celle de Descartes, encore que ce soit bien le cas et que ce soit de grande importance. Nous entendons surtout qu'elles dépassent le champ de ce dont Spinoza traite thématiquement. Aussi ne faut-il pas s'attendre à pouvoir traiter ces questions uniquement à l'aide d'analyses « immanentes » visant à mettre en évidence la cohérence du système ; il ne s'agira pas seulement, par exemple, de soulever des « difficultés » auxquelles les textes permettent d'apporter des « solutions ». Car il se peut que précisément la philosophie de Spinoza soit telle qu'elle *ne puisse aborder* ces questions qui la débordent et qu'elle se constitue par son refus même de les aborder – et cela même fait partie de la question, et même en un sens est toute la question. De ce qui est ici suggéré on se bornera ici à relever un seul indice dans cette déclaration de Spinoza : « Quoi de plus clair que de comprendre ce que sont essence et existence ? »[106].

Être attentif à de telles questions, ce n'est pas, comme on dit, « sortir du sujet », ce n'est pas non plus quitter le terrain sûr de l'investigation « objective » au profit de recherches aventureuses et en tout cas étrangères à la vérité historique ; bien au contraire, c'est faire un pas de plus en direction du sujet et c'est se donner à la fois l'obligation et les moyens d'une rigueur accrue dans l'étude du texte. Et sans doute aura-t-on d'autant plus de chances de bien entendre les premières *Propositions* de l'*Éthique* que l'on sera d'abord plus attentif à la question du statut de l'ontologique. Si tel est bien le cas, cela veut dire sans doute que les deux ordres que nous distinguions dans notre introduction – explication des enchaînements, détermination du sens – ne sont pas séparés par une cloison étanche. Nouvelle preuve, s'il en était besoin, qu'une œuvre philosophique ne saurait être un objet comme les autres.

---

[106] *Pensées métaphysiques*, Partie I, chap. 2 (Geb. I, p. 239 ; App. 1, p. 344).

EXTRAITS DE RÉPONSES A QUELQUES OBJECTIONS[1]

Venons tout de suite à la question des « substances à un seul attribut ». Mon objecteur classe une partie de mes principales objections sous le chef : « les êtres déduits par les huit premières *Propositions* ne sont pas des substances à un seul attribut »[2]. Il précise en me citant et en ajoutant, pour suppléer le contexte, quelques mots entre crochets : « ou bien [... les êtres déduits dans les huit premières *Propositions*] sont vraiment des substances, [...] », branche de l'alternative qu'évidemment je vais rejeter[3]. À quoi Ginette Dreyfus répond : « Les huit premières *Propositions* déduisent nommément le concept de substances [...][4] » (on notera bien le pluriel utilisé) ; « [...] les huit premières *Propositions* font état, en termes exprès, d'une pluralité de substances [...][5] ».

---

[1] Les réponses que j'ai été amené à faire aux objections de Ginette Dreyfus présentées dans l'article « Sur le *Spinoza* de Martial Gueroult : réponses aux objections de M. Doz » paru dans les *Cahiers Spinoza* en 1978 ont perdu en grande partie un intérêt qui n'était dû qu'à la conjoncture. Toutefois l'occasion m'avait été donnée par là d'apporter quelques précisions importantes à mes yeux. J'en présente d'assez larges extraits, très légèrement retouchés. Le *Spinoza* de Gueroult, mes *Remarques* et les *Réponses* de Ginette Dreyfus seront désignés respectivement par M.G., A.D. et G.D. ; M.G. renverra au tome I du *Spinoza*. Les références à A.D. seront faites d'après la pagination du présent volume.

[2] G.D., p. 17.

[3] G.D., p. 19.

[4] G.D., p. 19.

[5] G.D., p. 18.

Je fais quelques réserves sur la locution « déduire les êtres » ou « déduire le concept », et plus généralement sur l'usage du mot « déduire » dans l'ouvrage de Gueroult ; mais ce n'est pas le point sur lequel je m'attarderai. Voici ce qui est à mes yeux décisif, même en admettant cet usage. Je n'accorde pas qu'il y ait des « êtres déduits » par les huit premières *Propositions* ; et par conséquent je ne puis reprendre à mon compte la première proposition citée (cf. p. 17), mais je dirais : « il n'est pas question dans les huit premières *Propositions* d'êtres qui seraient des substances à un seul attribut ». Et dans la phrase de moi qui est citée p. 19, il ne faudrait pas laisser entendre que je prends à mon compte les mots entre crochets ajoutés par G. Dreyfus ; il faudrait mettre « ce que Gueroult considère comme les êtres déduits dans les huit premières *Propositions* ».

Ici il convient de relire quelques-unes de ces *Propositions,* dont certaines citées par G. Dreyfus p. 18. Je vais dire comment je pense qu'il faut les comprendre si on les lit en s'en tenant à ce qui est dit. Et pour indiquer la façon dont il convient de les aborder afin de les bien entendre, qu'on me permette de rappeler ce qui peut passer pour un truisme : qu'elles ne sont pas des propositions obtenues par généralisation inductive.

Proposition 2 : « Deux substances ayant des attributs différents n'ont rien de commun entre elles. » Cela ne signifie pas : « il existe effectivement deux substances ayant des attributs différents, et ces deux substances n'ont rien de commun entre elles », mais : « s'il existe deux substances ayant des attributs différents, elles n'ont rien de commun entre elles ». *Proposition 5* : « Il ne peut y avoir dans la Nature deux ou plusieurs substances de même nature ou attribut. » Cela ne signifie pas : « il y a dans la Nature deux et même plusieurs substances, et aucune ne peut avoir le même attribut qu'une autre », mais : « s'il y a dans la nature deux ou plusieurs substances, aucune ne peut avoir le même attribut qu'une autre ». *Proposition 8* : « Toute substance est nécessairement infinie ». Cela ne signifie pas : « il existe plusieurs substances et chacune d'elles est nécessairement infinie », mais « s'il existe une ou des substances, chacune, quelle qu'elle soit, est nécessairement infinie ». Etc. Et lorsque Spinoza écrit dans la *Démonstration* de la *Proposition 4* : « rien n'est donné hors de l'entendement sinon les substances et leurs affections » cela ne veut pas dire : « il existe plusieurs substances et plusieurs affections », mais : « toutes les choses, s'il en est, se répartissent en deux classes, l'une dont tout élément répond à la définition de "substance" et l'autre dont tout élément répond à la définition d'"affection" » . Quant à savoir si l'une ou l'autre de ces classes comprend un ou plusieurs éléments – si même elle en comprend aucun –, c'est ce sur quoi on ne s'est pas encore prononcé : en attendant, il est normal de s'exprimer au pluriel, car cela n'engage à rien et « qui peut le plus peut le moins ».

Donc je n'accorde pas à mon objecteur que « les huit premières *Propositions* font état, en termes exprès, d'une pluralité de substances » : je ne l'admets ni quant à l'être ni quant à la pluralité (à moins de préciser qu'elles en font état *hypothétiquement*, ce qui change tout) ; ni, par conséquent, je n'admets ce qu'on en conclut, à savoir que « [...] le problème de la conciliation de ces *Propositions* avec les suivantes, qui déduisent la substance unique, n'est pas un "obstacle forgé" » et qu'il « se lève naturellement du texte »[6].

G. Dreyfus ne me reconnaît pas le droit de résumer ainsi une partie de l'interprétation de Gueroult : « Spinoza a d'abord établi qu'il n'y a que des substances à un seul attribut » ; en effet, « déduire le concept des substances à un attribut, ce n'est pas affirmer "qu'il n'y a que des substances à un seul attribut" puisque, comme le souligne Gueroult, on réserve à ce moment la question de leur existence séparée comme celle de la possibilité d'une substance qui comporterait une multiplicité d'attributs[7] ».

Voici ma réponse. Selon Gueroult il y a en réalité chez Spinoza deux concepts de substance : le concept de substance-à-un-attribut et le concept de substance-absolument-infinie. Or, j'affirme : 1/ Qu'il n'y a chez Spinoza qu'un concept de substance. 2/ Que

---

[6] G.D., p. 18.
[7] G.D., p. 19.

Spinoza ne parle jamais que de substance tout simplement, et que son langage est sur ce point exempt d'équivoque.

Et nous rejoignons ainsi, avec ce qui suit immédiatement dans le texte de G. Dreyfus[8], un point important, concernant cet implicite jugé par Gueroult si évident qu'il va jusqu'à le déclarer explicite[9] : à savoir l'interprétation de la *Définition 4*, celle de l'attribut : « Par attribut, j'entends ce que l'entendement perçoit d'une substance comme constituant l'essence de celle-ci ». Je n'en ai pas traité directement dans mes *Remarques*. Ce qu'en dit Gueroult ne m'avait pas échappé ; mais, y voyant une conséquence plutôt qu'une source de sa conception, j'ai cru pouvoir alléger mon article en ne m'y attardant pas ; en cela j'ai eu tort ; aussi suis-je reconnaissant à G. Dreyfus de m'y avoir ramené. Suivant de très près Gueroult[10], G. Dreyfus déclare à propos de la *Définition 4* : « Il va de soi que la substance ici considérée, ce ne peut être la substance constituée d'une infinité d'attributs [...] » ; et la substance que définit la *Definition 3*, présupposée elle-même par la *Définition 4,* « s'identifie avec l'attribut qui en exprime l'essence[11] » : c'est la substance-à-un-attribut. Or, cela ne va nullement de soi. Ce que je montre d'abord par deux raisons.

1 - Spinoza dit « substance », tout simplement. Et la définition qu'il en donne. si elle n'est pas, c'est clair, celle de la substance absolument infinie, doit pouvoir s'y appliquer.

2 - La *Proposition 9* : « D'autant plus de réalité ou d'être possède chaque chose, d'autant plus d'attributs lui appartiennent » est bien celle qui permet à Spinoza de dire en *Proposition 10, Scolie* : « Il s'en faut donc de beaucoup qu'il y ait absurdité à rapporter plusieurs attributs à une même substance », ce qui introduit directement à la pleine justification du concept de la substance absolument infinie. Or la démonstration de Spinoza tient en ces simples mots : *Patet ex Defin. 4*, « cela ressort avec

---

[8] G.D., p. 21.

[9] « ce que [...] la *Proposition 4* [se contentait] d'expliciter, à savoir [...qu'] il y a autant de substances que d'attributs », M.G., p. 119.

[10] M.G., p. 51.

[11] G.D., pp. 19-20.

évidence de la *Définition 4.* » Il est évident par là même que la *Définition 4* ne se réfère pas à la substance-à-un-attribut.

Comme on peut s'y attendre Gueroult affirme à propos de la *Proposition 9* : « [...] il s'agit ici de constituer l'être de Dieu avec ses éléments, *qui sont les substances à un attribut* [12]». Mais de cela il n'y a pas chez Spinoza la moindre trace.

Il faut accorder qu'avec cette sorte de rapport de la substance et de l'attribut nous touchons en effet une grande difficulté, peut-être la difficulté centrale du Spinozisme. (J'accorde, notons-le bien, non pas à mon objecteur, mais au lecteur de bonne volonté que le texte de Spinoza pourrait conduire au bord du désespoir). J'ai moi-même noté dans mes *Remarques* que les concepts de substance et d'attribut ont quelque chose d'étrange et de paradoxal, dès lors que l'attribut est plus qu'une simple propriété, qu'il constitue l'essence de la substance dont il est l'attribut, et que pourtant une substance peut avoir plusieurs attributs[13]. Mais le fait est là. Un attribut est ce qui se présente au regard de l'entendement lorsque celui-ci est tourné vers quelque chose de tel qu'une substance sous l'angle de visée de la question *quid est.* Et Dieu est tel que rien ne peut lui être refusé de ce qui peut se présenter et se présente effectivement au regard de l'entendement qui est tourné de la sorte. Dieu est *res extensa.* Et il est aussi *res cogitans.* L'étendue constitue l'essence de Dieu ; elle la constitue en tant que Dieu est *res extensa.* La pensée aussi constitue l'essence de Dieu ; elle la constitue en tant que Dieu est *res cogitans.* Conçu sous l'attribut étendue, Dieu est conçu par soi. Conçu sous l'attribut pensée il est encore, mais tout autrement, conçu par soi. Une infinité de fois, et chaque fois tout autrement, il est conçu par soi. Il est chaque fois et tout à fait le même et tout à fait un autre. Tous les attributs « expliquent l'essence éternelle de Dieu[14] » et chacun « exprime une certaine essence éternelle et infinie[15] ». Si la difficulté (mais je veux dire par là surtout que c'est difficile à comprendre) doit être localisée plus particulièrement quelque part, c'est, sans doute, dans le

[12] M.G., p. 152 (mots soulignés par moi).

[13] A.D., p. 83.

[14] *Prop.* 20, *dém.*

[15] *Prop.* 10, *scol.*

concept d'*essence*. Et l'on notera que Spinoza ne donne pas de définition de l'essence, sans doute parce qu'il n'a pas à en donner. Ce qui pourrait passer pour une définition de l'essence – et qui passe d'ailleurs pour tel aux yeux de Gueroult[16] – c'est la *Définition 2* de la *Partie II* de l'*Éthique* ; or ce qui y est défini est non pas *essentia* mais *pertinere ad essentiam*, « avoir trait à l'essence », ce qui n'est pas tout à fait la même chose.

Venons maintenant à « l'identité complète » de la substance et de l'attribut. Je nie, comme le rappelle G. Dreyfus[17], que ce soit « une identité à *tous* égards » et notamment telle « qu'on puisse partout et toujours échanger les noms "attribut" et "substance" » (négation dont je tire une conséquence en ce qui concerne l'existence séparée, comme on verra). En effet, si les noms étaient toujours interchangeables, il n'y aurait pas deux définitions, et l'on pourrait dire que « la substance est ce que l'entendement perçoit d'une substance comme constituant son essence » ou que « l'attribut est ce que l'entendement perçoit d'un attribut comme constituant son essence ». Mais il n'y a rien en ce que je dis qui m'obligerait à nier que l'attribut et la substance soient « une seule et même chose désignée par deux noms[18] » et il est faux de dire que je le nie[19]. Aussi n'a-t-on point besoin de me rappeler que « si [...] Spinoza a donné de la substance et de l'attribut des définitions séparées, ce n'est pas qu'elles portent sur deux entités différentes, c'est qu'elles précisent deux aspects du même être[20] ». Mais j'ajoute qu'il faut tenir compte des aspects distingués et de ce qui tient à leurs particularités respectives. C'est bien pourquoi, si l'entendement conçoit deux attributs différents, il conçoit deux fois une substance, mais on ne doit pas en conclure qu'il conçoit

---

[16] M.G., t. II, p. 20.
[17] G.D., p. 21.
[18] G.D., p. 20, al.2, 1. 13-14.
[19] G.D., p. 21, al. 2, 1. 2-3 ; al. 2, 1. 13-14. Je dis bien : « Oui – en un sens ; oui – d'une certaine façon », A.D., p. 94.
[20] G.D., p. 20.

deux substances. Et je viens ainsi à la question de l'existence séparée[21].

Selon Gueroult, rien n'empêche de déduire le concept des substances-à-un-attribut sans risque de contradiction avec la suite, si l'on se garde de prêter à ces substances l'existence séparée. Et finalement les attributs, réellement distincts, de Dieu resteront bien des « substances » réellement distinctes, puisque la distinction des substances n'entraîne pas leur existence séparée. Or c'est ici que les noms ne peuvent se substituer l'un à l'autre, parce que les conséquences des « aspects » ne sont pas les mêmes. S'il y a deux substances distinctes, elles ont une existence séparée, car chacune, ne devant qu'à soi son existence, pourrait fort bien exister même si l'autre n'existait pas. En revanche, deux attributs, réellement distincts, n'ont pas forcément une existence séparée : car s'ils sont attributs de la même substance, c'est deux fois la même substance qui existe. On me dit que l'erreur cartésienne, à quoi s'oppose la *Proposition 10*, *Scolie* est de « prendre la distinction réelle pour le signe de l'existence séparée[22] ». C'est insuffisamment précis. Selon Descartes, la distinction réelle des attributs principaux *entraîne* la distinction réelle des substances, qui *entraîne* à son tour l'existence séparée. Qu'on relise encore une fois le *Scolie* de la *Proposition 10* : « Encore que deux attributs soient conçus comme réellement distincts, c'est-à-dire l'un sans le secours de l'autre, nous ne pouvons en conclure cependant qu'ils constituent deux étants ou deux substances différentes. » Spinoza ne dit pas : « deux étants ou deux substances différentes existant séparément » *comme si l'on pouvait aussi concevoir* deux substances différentes qui, quoique différentes, n'auraient pas une existence séparée ; il dit simplement « deux étants ou deux substances différentes ». Rien ne suggère de dissocier la distinction des substances de leur propriété d'exister séparément ; et c'est d'ailleurs exclu. On m'objecte[23] que « le critique [que je suis] accorde [...] l'essentiel lorsqu'il reconnaît que l'unicité de l'attribut est condition de la

---

[21] G.D., pp. 18, 19, 22.
[22] G.D., p. 22.
[23] G.D., p. 24.

démonstration de la distinction des substances par la distinction réelle des attributs ». Je n'ai pas à « reconnaître » cela, qui ne me gêne en rien : une telle démonstration n'a justement pas lieu. Je nie en effet « que tel soit l'objet de la *Démonstration* de la *Proposition 5* ». Car cette *Démonstration* dit bien que la distinction des attributs est condition *nécessaire* de celle des substances ; mais non qu'elle en soit condition *suffisante*.

« [...] Si un attribut ne constitue point à lui tout seul toute l'essence de la substance, comment prouver qu'est unique la substance qui le comporte ? »[24] Est-ce à dire qu'on envisage, à titre de contre-hypothèse, le cas où deux substances auraient d'une part un attribut commun, d'autre part l'une ou l'autre un ou plusieurs attributs propres, par quoi elles pourraient se distinguer, de sorte que la démonstration ne vaudrait plus ? Mais cette hypothèse n'est pas viable. Tout attribut d'une substance suffit à livrer cette substance tout entière : elle ne saurait, si j'ose dire, s'échapper par derrière, même si elle a d'autres attributs ; elle s'est définitivement présentée comme « cette substance-ci ». Par exemple si une substance a les attributs A et B et qu'une substance ait les attributs A et C, il s'agit de la même substance[25].

---

[24] G.D., p. 25.

[25] Veut-on une confirmation ? À supposer que la *Proposition 5* ne puisse se démontrer qu'à la condition que l'attribut de la substance considérée soit unique, elle ne pourrait être alléguée qu'à la même condition. Or relisons la *Proposition 14* : « En dehors de Dieu nulle substance ne peut être donnée ni conçue » et sa *Démonstration* : « Dieu est un être absolument infini, duquel nul attribut qui exprime l'essence d'une substance ne peut être nié *(Déf. 6)* et il existe nécessairement *(Prop. 11)* ; si donc quelque substance existait en dehors de Dieu, elle devrait être expliquée par quelque attribut de Dieu, et ainsi il existerait deux substances de même attribut, ce qui (en vertu de la *Prop. 5)* est absurde ». Ainsi en conséquence de l'hypothèse, il y aurait deux substances de même attribut, dont l'une au moins aurait plus d'un attribut, à savoir celle qui en a une infinité. D'après Gueroult et Ginette Dreyfus, l'hypothèse ne pourrait donc être écartée au nom de la *Proposition 5*. Quelle sera alors l'explication de Gueroult ? On peut s'y attendre : l'attribut en question ne sera pas pris directement comme attribut de Dieu, mais comme attribut d'une substance-à-un-attribut qui sera à son tour dite attribut de Dieu : « En effet, toutes les essences possibles de substance s'expriment dans les attributs qui constituent Dieu. Dieu existant nécessairement, toutes ces substances, en tant qu'elles sont ses attributs, existent par là-même

G. Dreyfus en arrive à ce qu'elle considère comme ma critique la plus directe, à savoir ce qui concerne la phrase qui ouvre la *Démonstration* de la *Proposition* 8 : *Substantia unius attributi, non nisi unica existit.* Tout le mal vient sans doute de ce que Gueroult, au lieu de prendre la phrase comme un tout, a pris la suite de mots *substantia unius attributi* isolément comme une locution complète par elle-même, de sorte que *unius* paraît répondre à la question : combien la substance considérée a-t-elle d'attributs ? Cela lui a toujours paru aller de soi, au point qu'il n'a sans doute jamais envisagé que la phrase puisse se lire autrement. Prise en elle-même, la suite de mots est ambiguë. Elle *peut* s'entendre comme on vient de le dire. Mais elle peut aussi s'entendre tout autrement et c'est le contexte qui permettra de lever l'ambiguïté. [...]

Qu'en sera-t-il ici ? Nous bénéficions d'abord d'un critère externe. Aussitôt après cet énoncé, Spinoza met : *(per Prop 5)*, « en vertu de la *Proposition 5* ». La *Proposition* 5 dit : *In rerum natura non possunt dari duae aut plures substantiae ejusdem naturae sive attributi,* « Il ne peut y avoir dans la nature deux ou plusieurs substances de même nature ou attribut ». Autrement dit : il n'y a pas plus d'une substance par attribut. Les deux énoncés doivent avoir exactement le même sens. *Unius* dans la deuxième formulation correspond à *ejusdem* dans la première[26].

---

nécessairement en lui. Si donc une substance existait hors de Dieu, elle devrait exister aussi en lui, puisque l'essence de cette substance serait nécessairement exprimée par l'un des attributs de Dieu. Deux substances du même genre existeraient alors (l'une en Dieu, l'autre hors de lui), ce qui est exclu par la *Proposition 5.* » (M.G., pp. 220-221). Gueroult suppose sous-entendu un chaînon du raisonnement dont il n'y a pas trace chez Spinoza. De mon côté, je n'en suppose aucun ; et l'*onus probandi* incombe à qui en suppose. Mais quelle preuve Gueroult peut-il fournir, sinon qu'il a besoin de ce chaînon pour assurer la cohérence de son interprétation ?

[26] Précisons encore cela à l'aide du langage ensembliste. Soit la relation binaire R de l'ensemble des substances vers l'ensemble des attributs telle que pour certains couples {substance, attribut} il est vrai de dire que la substance « est de » l'attribut ; appelons R^{-1} la relation réciproque, de l'ensemble des attributs vers l'ensemble des substances. À tout élément de l'ensemble des attributs R^{-1} fait correspondre un élément et un seul de l'ensemble des substances. Autrement dit R^{-1} est une application de l'ensemble des attributs dans l'ensemble des

Ce critère externe se double d'un critère interne. La suite de mots *substantia unius attributi,* ai-je dit, est, d'elle-même, ambiguë. Si l'ambiguïté est levée par le contexte, c'est une ambiguïté supportable. Mais supposons un instant que *substantia unius attributi* signifie bien « substance ayant un seul attribut ». Néanmoins, d'après le critère externe, la phrase veut bien dire que la substance considérée est la seule à avoir cet attribut. Et ainsi le mot *unius* aura une *double fonction* : d'une part, il répondra à la question « combien la substance considérée a-t-elle d'attributs ? », d'autre part, il permettra de poser la question « combien y a-t-il de substances à avoir un même attribut ? » Et c'est alors une ambiguïté insupportable ; cela revient, pouvons-nous dire, à jouer maladroitement sur deux tableaux. Pour éviter cette ambiguïté-là, pour rendre la phrase acceptable, il faudrait alors lui donner un sens qui n'aurait rien à voir avec la *Proposition 5*, et qui d'ailleurs ne s'accorderait pas avec la conception de Gueroult, à savoir ceci, que j'exprimerai en recourant au langage ensembliste parce qu'il est le plus clair : « L'ensemble des substances ayant chacune un unique attribut comprend un unique élément ». Cette lecture étant exclue, ainsi que celle qui comporterait l'ambiguïté insupportable, seule reste celle que je soutiens.

On arrive à la question de ce que j'ai appelé la « formule paradoxale » de Spinoza[27], formule qui peut paraître infirmer ma thèse. Si j'ai alors reporté à la fin l'examen de la formule, c'est d'abord parce qu'elle figure *après* les onze premières *Propositions,* et que, si elle avait dû fournir la clef de la construction de l'essence divine, Spinoza n'aurait pas manqué de la présenter en temps voulu, si choquante qu'elle pût être.

Je soutiens donc ceci : dire « la substance étendue est l'un parmi l'infinité des attributs de Dieu » constitue une façon de

---

substances. Ou encore : si un ensemble d'attributs comprend un (seul) élément, l'ensemble des extrémités des couples {attribut, substance} y ayant leur origine comprend un élément et un seul. On remarquera que la donnée d'une *relation* (« être de ») justifie amplement la notion de correspondance, contrairement à ce qu'affirme sans preuve Ginette Dreyfus, cf. G.D., p. 28, l. 4-6.

[27] G.D., pp. 30-33.

parler abusive et veut dire ce qu'on peut énoncer plus correctement : « la substance étendue est Dieu considéré sous un parmi l'infinité de ses attributs » ou « Dieu en tant qu'il s'explique par un parmi l'infinité de ses attributs ». Et ce qui autorise une telle licence, c'est qu'on se souvient de Descartes, et de ce point de vue on peut proposer une formule mi-traduction mi-commentaire : « la "substance étendue" dont parle Descartes, c'est, en réalité, Dieu lui-même considéré sous l'attribut étendue, qui est l'un parmi l'infinité de ses attributs ». Cette façon de lire est possible, elle est raisonnable. Puisque, de la sorte, la « formule paradoxale » n'infirme pas ce qui a été dit jusqu'alors, elle le confirme.

Admettons qu'il y ait chez Spinoza quelque chose comme une construction et une genèse de l'idée de Dieu ; s'ensuit-il qu'elle soit précisément celle que dit Gueroult et que les « éléments » et « constituants » de Dieu soient les substances-à-un-attribut ? Les constituants, ce sont les attributs. Et où est la théorie des éléments ? Il est toujours instructif de considérer la fonction d'une proposition en notant quelles autres propositions elle sert à démontrer, médiatement ou immédiatement. Or, que constatons-nous ? Le groupe de *Propositions 1*, *2*, *3*, *4*, *5*, *6*, *6 Coroll.*, *7* (où *7* résulte de ses précédentes) aboutit d'une part à *8* , d'autre part à *11* et *12* ; *8* , de son côté, aboutit à *12* et à *14 Scol.* Notons bien : *9* et *10* ainsi que *10 Scol.,* sont indépendantes. Or, ce sont précisément *9* et *10* qui doivent (selon Gueroult) passer des éléments au constitué. Et qu'en est-il de *11* ? Ici, nous anticipons sur la seconde question du débat, concernant la première preuve de l'existence de Dieu. Gueroult, justement, estimant que la *Proposition* 7 établit l'existence des substances-à-un-attribut, s'étonne un moment que Spinoza ne voie pas l'existence de Dieu résulter de l'existence de ses éléments, c'est-à-dire de ces substances ; mais il note aussi que, dans la preuve telle que la présente Spinoza, il faut faire état d'une vérité *plus générale* enveloppée par la *Proposition 7* : c'est dire que *la substance ne fonctionne pas alors comme élément*. En fin de compte, le groupe de *Propositions 1* à *8* ne constitue pas la théorie des éléments. S'il y a une telle théorie, elle est intégrée aux *Propositions 9* et *10*, qui parlent des attributs, et non des substances-à-un-attribut.

A moins qu'on n'entende « élément » en un tout autre sens et qu'on ne considère la raison formelle de substance comme un « élément » de la substance absolument infinie. Ce à quoi je ne m'opposerai pas. Auquel cas « la théorie des éléments » rejoint « les éléments de la théorie ».

*

* *

Les points suivants concernent les preuves de l'existence de Dieu.

« [...] dans la Nature, me dit-on à propos de la *Proposition* 7, la substance, chose physiquement réelle, existe nécessairement par soi[28] ». Que veut dire ici « *la* substance » ? Laquelle est-ce ? Jusqu'ici, ce ne peut être que ce qui vient après « en tant que » lorsque nous disons envisager « une substance en tant que substance ». Rien dans ce qui a été dit jusqu'à la *Proposition 7* ne nous permet de faire état d'une certaine substance déterminée[29].

Inversement, on me dit que si la *Proposition 7* avait le sens que je lui donne, il devrait être démontré que, lorsqu'on passe à l'idée de substance absolument infinie, cette idée donne réellement une nature de substance[30]. Il n'y a pas à le démontrer. Du point de vue de Spinoza, cela se voit : c'est la plénitude même de *realitas aut esse* (cf. *Proposition 9*) qui se donne à voir.

Concernant l'*aliter 2* ma solution ne serait entièrement satisfaisante que si, au lieu de *entia finita*, « des êtres finis »,

---

[28] G.D., p. 42.

[29] Dans ce que dit *Prop.* 6, *Coroll.* (ainsi que *Prop.* 4, *Dém.*) : « rien n'est donné dans la Nature sinon les substances et leurs affections », il *n'est pas dit* que quelque chose est effectivement donné – cela n'étant pas pour autant, *douteux* : le doute est une tout autre affaire – ; pour passer à l'affirmation que quelque chose est donné dans la Nature, il faut ajouter soit que nous concevons *un certain* attribut, soit que nous concevons la substance absolument infinie comme telle, soit que nous constatons notre existence (cf. *Prop.* 11, *aliter* 2, avant-dernière phrase).

[30] G.D., p. 43.

Spinoza avait écrit quelque chose comme *entia non absolute infinita*, « des êtres non absolument infinis », et s'il avait répété *necessario*, « nécessairement », après *nihil*, «ne... rien » ; auquel cas d'ailleurs la solution que j'expose pp. 122-126 serait transformée et simplifiée.

*

* *

Au sujet de la n. 68 de ma p. 113 G. Dreyfus écrit[31] : « [...] ce qui seul est ici hypothétique, c'est le propos de l'insensé ». Je l'accorde. Des deux points de la remarque faite par moi, le premier doit donc tomber. Le second subsiste et, avec lui, la suite de ma note et la conclusion[32].

Complément

Si je réécrivais aujourd'hui mes *Remarques sur les onze premières propositions*, j'allégerais et simplifierais la discussion de l'interprétation de la phrase *substantia unius attributi non nisi unica existit* en tenant compte de ce que j'ai apporté à ce sujet dans *Réponses à quelques objections*. D'autre part je signalerais dès le début que l'erreur de Gueroult concernant les « substances à un attribut » se trouve déjà chez Delbos, ce que je n'ai signalé qu'à la fin des *Réponses* dans un passage non repris ici[33] ; mais chez Delbos l'affirmation est faite en passant et n'est assortie d'aucune argumentation.

Dans ces mêmes *Réponses* j'ai laissé entendre que je reconnais avoir, dans mes *Remarques,* sous-estimé l'importance du commentaire de la définition de l'attribut (*Définition* 4) pour la formation de la thèse de Gueroult sur les prétendues substances-à-

---

[31] *Ibid.*.

[32] De l'hypothèse faite par Spinoza dans la phrase concernée, on peut tirer : « Si l'on dit qu'on a une idée claire et distincte d'une certaine substance et qu'on l'a effectivement, on sait aussi que cette substance existe. » Cette hypothèse demeure une hypothèse. C'est à elle que je pensais en fait en formulant mon point 1. Ma formulation n'en était pas moins incontestablement fautive.

[33] *Le Spinozisme*, Paris, 1916, p. 38.

un-attribut. Dans ce commentaire Gueroult croit déjà établir que la substance mentionnée dans cette définition est une substance-à-un-attribut. L'eussé-je expressément pris en considération, du reste, que cela n'eût à peu près rien changé à l'économie de mes critiques, car, chez Gueroult, que le contenu de ce commentaire intervienne ou non par la suite ne change rien à l'économie de sa lecture des onze premières propositions. Inversement, mes arguments déjà exposés à l'encontre de cette lecture valent également à l'encontre de ceux exposés par Gueroult dans son commentaire de la *Définition 4*. En revanche, il vaut la peine de faire ressortir un aspect de celle-ci non considéré jusqu'ici.

Rappelons la définition : *Per attributum intelligo id, quod intellectus de substantia percipit tamquam ejusdem essentiam constituens*, « Par attribut, j'entends ce que l'entendement perçoit d'une substance comme constituant l'essence de celle-ci ». Cette définition présente une différence de structure avec celles de la substance et du mode. Dans ces dernières vient en premier la détermination ontologique : être en soi, pour la substance, être en un autre, pour le mode ; en second vient la conséquence de cette détermination pour l'entendement : ce qui est en soi est conçu par (l'intermédiaire du concept de) soi, ce qui est en un autre est conçu par (l'intermédiaire du concept de) cet autre. Dans la définition de l'attribut, non seulement l'acte de l'entendement vient en premier, mais la détermination ontologique, à savoir « constituer l'essence de la substance concernée », n'est présentée que comme étant en relation à cet acte. Pourquoi cette particularité de la définition de l'attribut ?

Certes, on peut éliminer tout de suite une lecture selon laquelle l'attribut dépendrait de l'entendement ou encore selon laquelle celui-ci serait dans l'erreur en le considérant comme constituant l'essence de la substance concernée. Mais la question demeure : pourquoi faut-il passer par l'entendement pour définir l'attribut ?

Spinoza donne, certes, une réponse partielle dans la *Lettre 9* à Simon de Vries : *Per substantiam intelligo id, quod in se est et per se concipitur ; hoc est, cujus conceptus non involvit conceptum alterius rei. Idem per attributum intelligo, nisi quod attributum dicatur respectu intellectus, substantiae certam talem naturam tribuentis*.[34] « Par substance, j'entends ce qui est en soi et est conçu par soi, c'est-à-dire ce dont le concept n'enveloppe pas le concept d'autre chose. C'est la même chose que j'entends par attribut, si ce n'est que l'attribut se dit eu égard à l'entendement qui attribue à une substance telle nature déterminée. » La réponse est partielle, car reste la question : pourquoi convient-il ici d'avoir égard d'abord à l'entendement attribuant à la substance concernée cette nature déterminée qu'est l'attribut ? À cette question, on peut apporter une réponse plausible.

Dans la même lettre, Spinoza écrit : *nihil nobis evidentius, quam quod ununmquodque ens sub aliquo attributo a nobis concipiatur, et quo plus realitatis aut esse aliquod ens habet, eo plura attributa ei sunt tribuenda.* « [...] rien ne nous est plus évident que ceci : tout étant quel qu'il soit est conçu par nous sous quelque attribut, et plus un [littéralement : quelque] étant a de réalité ou d'être, plus d'attributs doivent lui être attribués. » Nous pouvons percevoir une sorte d'harmonie préétablie entre le fait que l'attribut est toujours « quelque attribut » – le Moyen Âge avait remarqué que *aliquid* est *aliud quid* – et le fait qu'en tant que l'entendement conçoit ou perçoit un attribut, il n'en conçoit ou perçoit pas un autre – même si, d'ailleurs, il les conçoit ou perçoit simultanément (plutôt, sans doute, selon une simultanéité hors du temps, ce qui pose beaucoup de questions sur les rapports de l'être et du temps). En raison de cette harmonie, il est possible de penser ce qu'il en est de l'attribut à partir de ce qu'il en est de l'entendement. Or, en face d'une substance, l'entendement est dans une situation d'accueil de ce qui se présente – comme le suggère le mot *percipere* utilisé dans la définition –, ce qui n'est en rien incompatible avec sa (relative) spontanéité ; et en considération de cette situation on est naturellement orienté vers l'éventuelle pluralité des attributs d'une même substance. Si la définition avait commencé par énoncer que l'attribut est ce qui constitue l'essence d'une substance, cela n'eût certes pas fermé la porte à cette éventuelle pluralité ; la définition de Dieu énonce bien que la substance qu'est Dieu, s'il est, est *constans infinitis*

---

[34] Geb. IV, p. 46.

attributis, ce qu'on traduit par « constituée d'une infinité d'attributs » ; et ce *constare*, qui a pour sujet la substance, répond au *constituere* qui a pour sujet l'attribut (sujet qui peut se mettre au pluriel : tous les attributs constituent la substance divine quant à son essence). Néanmoins, la formule n'eût pas positivement ouvert la porte ; la situation de l'entendement est le meilleur révélateur du statut de l'attribut.

Cela – faut-il le souligner ? – n'enlève rien au fait que, conformément à ce qu'exige la technicité du système spinoziste, la priorité revient à la structure de l'être. Pour cette raison, il convient de compléter la formulation de l'« harmonie préétablie » existant entre l'attribut et l'entendement : cette harmonie doit être comprise comme étendue à l'être, à l'*esse* eu égard auquel Dieu est initialement défini comme *ens*, et dont le nom est la racine de celui de l'*essentia* mise en rapport avec l'attribut tant dans la définition de celui-ci que dans celle de Dieu. C'est en fonction de cet *esse* de l'étant absolument illimité, *ens absolute indeterminatum*, que Spinoza peut dire, dans la *Lettre 36* à Hudde, que la nature de celui-ci *exigit id omne, quod* τὸ *esse perfecte exprimit*, « exige tout ce qui exprime parfaitement l'être », ce pourquoi il faut tenir que l'étendue, par exemple, appartient à Dieu (au titre d'un de ses attributs)[35]. (Notons en passant que c'est par référence implicite à cet *esse* présent dans l'*essentia* que Spinoza définit d'abord Dieu comme *ens*, avant même – mais juste avant – de le définir comme *substantia* ; de même en d'autres endroits, notamment dans les lettres à Hudde).

Mais la technicité du système spinoziste ne suffit pas à épuiser les notions mises en œuvre dans toute cette problématique, ni, par conséquent, la question du statut de l'attribut et de son rapport à ce qui est présenté comme « entendement ». Du recul est nécessaire, et il n'est pas exclu que l'idéalisme allemand soit bienvenu pour mettre à jour la dimension selon laquelle un tel recul est d'abord possible.

On aura remarqué en passant que ma lecture de la *Définition 4* est diamétralement opposée à celle de Gueroult.

---

[35] *Ibid.*, pp. 185-186.

*
* *

Plusieurs lecteurs sont conduits à ne pas reconnaître pleinement la progressivité de la science exposée dans l'*Éthique,* parce qu'ils ne parviennent pas à l'articuler avec le fait que selon Spinoza (et bien d'autres) notre savoir préexiste en réalité à la découverte que nous en faisons et peut être ressaisi selon une modalité d'évidence immédiate : ils reconnaissent cette progressivité dans son principe, mais non dans toutes ses conséquences. Ainsi confondent-ils ce qui peut être dit à une certaine étape du parcours et ce qui peut l'être à une étape plus avancée. Sur la base de cette confusion on ne peut, notamment, comprendre l'existence du raisonnement par l'absurde, dont pourtant Spinoza ne se fait pas faute d'user. Une bonne part des erreurs de Gueroult provient de cette confusion.

Dans cette ligne, certains pensent que l'existence de Dieu est en réalité, selon Spinoza, évidente même sans démonstration. Il faut alors poser la question : évidente *quand* et *pour qui* ? (encore que la question *qui ?* ne trouve peut-être pas chez Spinoza tous les présupposés qu'elle requiert).

Sans doute est-ce bien ce que, sur ce dernier point, pense Hegel, lui pour qui l'unité de substance découle immédiatement de la définition de la substance et le procédé démonstratif n'est que tracasserie inutile *(unnütze Quälerei)* ne faisant que rendre Spinoza plus difficile à comprendre[36]. Mais si Hegel peut voir les choses ainsi, c'est en raison de l'herméneutique dont il dispose. Le principe de celle-ci est celui qui commande la genèse, exposée par lui, des concepts principaux, genèse contenant la justification de ces mêmes concepts. Grâce à la connaissance de cette genèse, on peut apercevoir dans les concepts plus que ce qui est immédiatement contenu dans la définition telle qu'elle est posée chez Spinoza « comme par un coup de pistolet » (*wie aus der Pistole*), comme Hegel dit ailleurs[37], et juxtaposée aux autres définitions dans une apparente indépendance réciproque (ainsi

[36] *Leçons sur l'Histoire de la philosophie*, trad. P. Garniron, Paris, Vrin, 1985, t. 6, p. 1469.

[37] *Phénoménologie de l'esprit*, trad. J. Hyppolite, Paris, Aubier-Montaigne, 1941, I, p. 25 ; *Wissenschaft der Logik*, *Werke* (Suhrkamp) 5, p. 65.

qu'il convient à la méthode « géométrique » dite « synthétique »). Malgré tout, le procédé de Hegel concernant Spinoza ne laisse pas d'être assez cavalier ; et si l'on ne fait pas sien le principe hégélien, *a fortiori* ne doit-on pas négliger ce qui est dit des démonstrations dans la cinquième *Partie* de l'*Éthique,* à savoir qu'elles sont « les yeux de l'âme », citation que Gueroult a opportunément mise en exergue à son ouvrage.

*

* *

C'est pour une raison voisine que certains lecteurs estiment qu'il ne convient pas de faire usage du nombre pour parler des attributs. Spinoza, lui, ne se fait pas faute d'en user, soit pour parler des attributs en général – ainsi en *Éthique I*, *Prop. 10* : *quamvis duo attributa realiter distincta concipiantur* « bien que deux attributs soient conçus comme réellement distincts » – soit pour parler de ces attributs déterminés que sont la pensée et l'étendue – ainsi dans la *Lettre 64* à Schuller, où *duo attributa* désigne expressément ceux-ci[38]. De fait, force est de constater qu'il n'est pas évident que cet usage soit compatible avec ce que Spinoza déclare par ailleurs sur le nombre, à savoir qu'il « n'est rien d'autre qu'un mode de penser ou plutôt d'imaginer » (*nihil esse praeter cogitandi seu potius imaginandi modum*) et seulement un auxiliaire de l'imagination (*auxilium imaginationis*)[39]. C'est une difficulté que Gueroult a exposée et tenté de résoudre en des pages excellentes[40]. Cependant, Gueroult concentre son interprétation de la carence du nombre sur le lien de celui-ci au discret et son inaptitude à saisir le continu, qui est seul réel ; équivalemment, il s'intéresse exclusivement à la problématique des modes. Or la multitude infinie des attributs, lesquels sont distincts de distinction réelle et chacun conçu « par soi », n'est-elle pas discrète ? A moins qu'il ne faille considérer que Spinoza, ignorant le nombre transfini, n'est pas en mesure de distinguer la puissance du continu de celle du dénombrable et que, lorsqu'il

---

[38] Geb. 4, p. 277.

[39] *Lettre 12* à L. Meyer, Geb. IV, p.57 (le texte concerne à la fois la mesure, le temps et le nombre, et de ce fait a le mot *modos*, au pluriel).

[40] *Spinoza* I, Appendice 9 ; II, chap. XI, § XXIX.

aborde l'infini que j'appellerai, par comparaison, « transnumérique », il y transfère aussitôt les caractéristiques du continu ? Mais on peut admettre, au contraire, et plus raisonnablement, que dans le cas des attributs l'infinité transnumérique préserve la discrétion réelle. Or si l'imagination peut être un auxiliaire de l'entendement, un auxiliaire de l'imagination peut aussi le devenir indirectement, pourvu qu'il s'efface une fois le service rendu. Eu égard au discret, la carence du nombre consiste en ce qu'il suppose une abstraction qui évacue d'une manière vague les contenus respectifs des éléments nombrés et ne donne aucun principe permettant de reconstituer par la pensée ces mêmes contenus, ce qui exclut également que l'ensemble des éléments correspondant à un certain nombre soit une totalité fondée dans la nature des choses (ou s'il en est une, cela n'a rien avoir avec le nombre). Néanmoins, par la sorte d'abstraction qu'il suppose le nombre va à la rencontre de ce qui, dans le cas des attributs, s'accorde pleinement avec l'infinité transnumérique : car des attributs différents n'ont rien de commun à titre d'élément de leurs essences respectives, *nihil habent inter se commune*[41] – si ce n'est d'être des attributs, ce qui n'est pas « quelque chose » –, et cette fois l'abstraction qui écarte les contenus est parfaitement précise en même temps que fondée dans la nature des choses ; corrélativement l'infinité transnumérique est à la mesure d'une vraie totalité fondée dans la nature des choses, puisque elle rend présent tout ce qui exprime parfaitement l'être, *id omne quod* τὸ *esse perfecte exprimit,* comme nous avons vu que Spinoza l'explique à Hudde précisément pour justifier qu'il y ait une infinité d'attributs : le plein du *id omne* répond exactement au vide du *nihil commune*.

*

* *

Dans une perspective un peu différente de celle qui vient d'être considérée, certains lecteurs ont contesté que l'on puisse recourir

---

[41] *Lettre 4* à Oldenburg, Geb. 4, p. 14.

au langage ensembliste pour expliquer certains rapports des concepts spinozistes (ce que j'ai fait pour la substance et l'attribut), pour la raison que la théorie des ensembles était tout à fait étrangère à Spinoza. C'est là une grave méprise. Les concepts de cette théorie peuvent fort bien être déjà actifs même s'ils ne sont pas encore explicités ni immédiatement explicitables. Explicités, ils permettent de décrire adéquatement ce qui a été pensé.

SPINOZA LECTEUR DE HEGEL ?

A propos d'un ouvrage de Pierre Macherey[1]

Je veux d'abord dire mon estime pour le livre de Pierre Macherey, *Hegel ou Spinoza*[2], à propos duquel je vais présenter quelques réflexions critiques. Il pose des questions authentiquement philosophiques, il prend parti avec une netteté qui invite à la discussion, il argumente la plupart du temps avec un sérieux qui rend celle-ci possible. Aussi n'aurai-je aucune réticence à dire non moins nettement mon désaccord. Ce désaccord, je pourrais le justifier par une critique exhaustive, mais ce serait alors entreprendre un livre au moins aussi long que celui de P. Macherey. Je n'y répugnerais pas en principe, mais on comprendra que je doive ici me limiter à quelques points qui, sans doute, aux yeux de P. Macherey comme aux miens, sont décisifs. Mais les limites que je m'assigne, et que je demande au lecteur de m'accorder, tiennent à des raisons plus profondes : les problèmes les plus essentiels mis en jeu par la confrontation des deux philosophies, et qui sont des problèmes d'ontologie, demanderaient, pour être abordés comme il convient, une assez longue préparation ; aussi devrai-je le plus souvent me contenter d'indiquer la direction d'un approfondissement souhaitable. On

[1] L'article paraît ici allégé de quelques notes qui m'apparaissent trop liées à la conjoncture de la rédaction initiale. Par ailleurs, si je le réécrivais aujourd'hui j'intégrerais au corps du texte certaines notes auxquelles j'attache une particulière importance, notamment les notes 6, 16, 41, 52, 56.

[2] Paris, Maspero, 1979. Dans la suite de cet article, les références au livre de P. Macherey porteront uniquement la désignation de la page.

m'accordera du reste que ni Spinoza ni Hegel ne sont très faciles à comprendre ; et lorsqu'un auteur fait état des « erreurs de lecture de Hegel », et de sa « méprise systématique », « formidable », « complète »[3], je ne saurais cacher que mon premier mouvement est d'appeler à la prudence. Qui peut se flatter d'avoir compris de fond en comble la *Logique* de Hegel ? Qui peut être certain de n'avoir commis aucun contresens sur le texte même de Spinoza ? Qui peut jeter la première pierre ?

Le propos de P. Macherey, en tout cas, est fort clairement exposé. Hegel, tout en reconnaissant partiellement la vérité du spinozisme, l'a finalement refusée. Ce refus prend la forme d'une méconnaissance. Hegel n'a pas su ou pas voulu reconnaître chez Spinoza certaines des thèses qu'il tenait lui-même pour essentielles : que la philosophie n'a pas de commencement, qu'elle ne suit pas une méthode étrangère à son contenu, que la vérité est une détermination intrinsèque de la pensée, qu'il n'y a pas d'opposition rigide du vrai et du faux. Or ces thèses sont tellement celles même de Spinoza qu'elles déterminent son opposition à Descartes : cela même que Hegel reproche à Spinoza, c'est cela même que Spinoza avait reproché à Descartes. De sorte que, loin de tomber sous le coup des critiques de Hegel, Spinoza leur a répondu d'avance ; c'est donc lui qui a d'avance réfuté et dépassé Hegel[4], et comme il est dit avec brio sur la couverture du livre : non pas tant « Hegel lecteur de Spinoza » que « Spinoza lecteur de Hegel ». D'après P. Macherey cette méconnaissance détermine entièrement le premier des trois grands contresens de Hegel, qui concerne le *mos geometricus* dont l'étude fait l'objet du *Chap. II.* Les deux autres contresens, sur le statut de l'attribut *(Chap. III)* et sur la nature et le rôle de la négation *(Chap. IV)* ont la même racine : Hegel devait à tout prix exorciser le spinozisme dont il apercevait en lui-même la présence intolérable[5].

---

[3] 4e de couverture ; p. 11 ; p. 68.

[4] P. 91 ; p. 239 ; 4e de couverture.

[5] Cf. pp. 22-23.

Pour les raisons que j'ai dites, je m'en tiendrai à quelques brèves remarques concernant les *Chapitres III* et *IV* ; c'est à la thèse de la « méconnaissance » que je m'attacherai surtout. Pour suivre au plus près l'exposé de l'auteur je distinguerai dans l'argumentation qui soutient la thèse quatre arguments principaux :

1. Pour Hegel la philosophie n'a pas de commencement et l'erreur de Spinoza est d'en admettre un ; or en réalité Spinoza n'en admet pas.

2. Pour Hegel la philosophie n'admet pas la juridiction d'un formalisme extérieur au contenu et l'erreur de Spinoza est d'en admettre un sous la forme du *mos geometricus* ; or en réalité Spinoza, en rejetant le préalable cartésien de la méthode, rejette toute juridiction extérieure.

3. Le *mos geometricus* synthétique, choisi par Spinoza contre Descartes, met en oeuvre la connaissance par les causes et donc, contrairement à ce que pense Hegel, est à l'opposé d'un formalisme extérieur au contenu.

4. Par sa conception de l'idée adéquate Spinoza dépasse de façon décisive la conception traditionnelle, et notamment cartésienne, de la vérité et satisfait à la requête de Hegel, ce qui a totalement échappé à ce dernier.

J'examinerai successivement ces quatre arguments. Le premier est concerné à la fois par les *Chap. I* et *II* ; aussi me faut-il d'abord dire quelques mots sur la façon dont P. Macherey aborde le face à face de Hegel et de Spinoza *(Chap. I).*

*

* *

Si l'on se propose de tirer au clair ce que Hegel a vu chez Spinoza, quelques considérations méthodologiques ne seront pas inutiles. Il est parfaitement clair que Hegel voit Spinoza sur le trajet d'un parcours où lui-même est au point d'arrivée ; il l'aborde du point de vue où il se trouve lui-même. De ce fait on peut être tenté de récuser *a priori* une lecture ouvertement non-scientifique. Cela semble d'autant plus justifié que Hegel, dans l'exposé le plus systématique, et donc le plus essentiel, celui de la *Science de la Logique,* procède méthodiquement à une reconstitution, elle-même *a priori,* des concepts principaux du spinozisme, n'abordant l'exposé historique que comme confirmation. Visiblement, dira-t-on, Hegel projette sur Spinoza des concepts qui sont complètement étrangers à celui-ci, et cela disqualifie son interprétation. Cependant, s'en tenir là serait voir trop court. Car si le point de vue de Hegel procède lui-même, comme Hegel le pense, de la même exigence d'où procède celui de Spinoza, et d'où procède aussi la nécessité de dépasser Spinoza, alors sa méthode de reconstitution est justifiée dans le principe. La reconstitution est-elle réussie en fait ? On peut assurément s'efforcer de prouver qu'elle ne l'est pas ; mais prenons garde alors de ne pas introduire dans notre exposé délibérément historique le principe implicite d'un refus des questions posées par Hegel.

Cela étant dit, j'estime exacte et judicieuse la présentation qui est faite des textes des *Leçons sur l'histoire de la philosophie* et de la *Logique* dans le *Chap. I*[6] ; et lorsqu'il s'agit surtout de la

---

[6] Cependant je ne puis que contester le bien-fondé de la critique selon laquelle Hegel manifesterait déjà son écart par rapport à la doctrine par lui « travaillée » (p. 21) en mettant au premier plan – comme il ressort d'un texte de l'*Encyclopédie* – le concept de *causa sui* qui ne peut, pour Spinoza, qu'être second par rapport au concept de substance. Il ne manque pas de textes où il apparaît très clairement qu'aux yeux de Hegel le spinozisme est bien, comme P. Macherey lui-même intitule son paragraphe, le point de vue de la substance : on me dispensera de les citer. Il faut donc admettre à tout le moins que les textes peuvent s'accorder, et rechercher de quelle manière ils le peuvent. Deux points sont ici à considérer :

1) Précisément, dans une nouvelle reprise des catégories de substantialité et de causalité, peu après le chapitre consacré au spinozisme dans la *Logique* de 1812-1816, Hegel montrera que la substantialité « passe » dans la causalité, et que celle-ci trouve son accomplissement dans la forme de la *causa sui* ; or celle-ci, comme relation à soi-même, rejoint, par delà la dualité de la cause et de l'effet, l'identité à soi-même de la substance.

2) Cette ressaisie spéculative – qui n'a de sens, certes, que du point de vue où Hegel est placé – est ce qui permet de voir dans les diverses catégories – présentées dans des définitions séparées et munies ensuite d'un ensemble d'axiomes, pour donner lieu, par diverses combinaisons, à des propositions – des traces dispersées d'un unique concept, ou plutôt de l'unique Concept. Si

reconstruction proposée dans la *Logique*, on ne doit pas sous-estimer la difficulté de l'entreprise. Cependant, comment comprendre les présupposés, thématiques et opératoires, d'une telle reconstruction, si l'on ne sait de quel mouvement ce moment de la *Logique* est le résultat ? Je crains que tout ce qui viendra en suite ne manque alors de base.

Cela même mis à part, il faut reconnaître que le texte hégélien est ici, en certains de ses passages, particulièrement obscur. C'est le cas pour ce passage crucial qui « déduit » l'attribut, l'absolu dans une déterminéité (ainsi traduirai-je *Bestimmtheit*), et il ne me semble pas retrouver dans l'exposé de P. Macherey ce qui fait, autant que je voie, le ressort de la déduction, à savoir ce renversement en vertu duquel c'est en tant que pure identité à soi que l'absolu se révèle « absolu déterminé », au sens où « déterminéité » implique que quelque chose *n'est pas* autre chose : renversement venant de ce que l'identité qui n'a pas la différence en elle la retrouve sous la forme d'un autre.

C'est pour ce qui a trait au concept même de commencement que les vues de P. Macherey me paraissent les plus intéressantes. Il est tout à fait juste que, pour Hegel, « il y a commencement et commencement » et qu'« il y a des commencements qui commencent davantage que d'autres »[7]. Cependant je vois là une incohérence, peut-être plus apparente que réelle, mais à tout le moins signe de quelque imprécision. Ici, P. Macherey affirme que, selon Hegel, le savoir absolu n'a pas de (vrai) commencement, et que, par conséquent, le spinozisme est défectueux en ce qu'il en admet un, à savoir le concept de cause de soi (ou de substance, ce

---

d'ailleurs on voulait souligner les écarts de Hegel par rapport à la lettre du texte, il vaudrait mieux s'attacher à ce qui concerne l'infinité de la substance et son unicité, propriétés que Hegel voit impliquées dans le concept de substance (ce sur quoi K. Cramer a fait des remarques pertinentes, cf. *Cahiers Spinoza*, n° 3, p. 286). La réponse doit être la même : le concept de substance, compris spéculativement, contient plus que ce que l'entendement géométrisant reçoit de la définition de la substance. Il reste que Hegel traite les démonstrations spinozistes avec assez de désinvolture.

[7] P. 28.

qui revient au même, cf. ma note 6)[8]. Ailleurs il affirme que, toujours selon Hegel, le défaut du spinozisme est de commencer, avec la substance, par un faux commencement[9]. C'est la seconde affirmation qui est vraie : le spinozisme est, selon Hegel, défectueux non en ce qu'il a un commencement, mais en ce que son commencement n'est pas le bon. Malheureusement c'est sur la première affirmation que P. Macherey fera fond par la suite. Échappera-t-il à la contradiction en minorant la portée de ces commencements que Hegel doit lui-même accepter parce que « l'esprit y est condamné dans son histoire effective » et qui « se justifient seulement par leur fragilité interne, par leur nature intrinsèquement contradictoire »[10] ? N'est acceptable qu'un commencement qui n'en est pas un ! Soit ; mais Hegel pense-t-il cela ? La question par quoi Hegel ouvre le premier *Livre* de la *Logique* : « Par où faut-il que commence la science ? » n'est pas seulement aporétique ; l'aporie[11], Hegel la résout, et non pas en niant qu'il y ait un vrai commencement. La science a un commencement : l'être. Le commencement est intrinsèquement contradictoire : certes, mais il ne s'agit pas de la contradiction vulgaire, qui ferait conclure qu'il ne peut y avoir de commencement. Le commencement absolu est la contradiction absolument commençante.

Voici ce qui, à mon sens, est hégélien. La philosophie n'a pas de commencement *comme* en ont les autres sciences, à savoir, comme présupposition d'un objet particulier. La philosophie est « absolue » ; son absoluité se traduit par sa circularité. Il y a une manière convenable de parcourir le cercle, il y a un authentique commencement du parcours. Parce qu'il y a cercle, il n'y a pas de commencement qui ne soit aussi résultat. Le commencement vrai et absolu est celui qui permet qu'on le pense comme résultat sans cesser de le penser comme commencement – c'est-à-dire, qui permet de penser la circularité. Au contraire un commencement relatif ou médian, s'il est posé comme absolu, ne peut plus être

---

[8] P. 22.

[9] P. 30.

[10] P. 63.

[11] P. 22.

pensé comme résultat, il exclut la circularité. Tel est le cas du concept spinoziste[12].

Nous avons déjà, comme on vient de le voir, rencontré, en suivant P. Macherey, la notion de commencement. Nous allons la retrouver à propos du *mos geometricus*. Et comme il y a en réalité plusieurs sortes de commencement – et donc, s'il y a lieu, d'absence de commencement – à considérer, qu'il est utile de distinguer – ce qu'à mon sens P. Macherey ne fait pas toujours – je vais tout d'abord dresser une liste de quelques thèmes liés à cette notion et que nous retrouverons dans ce qui suit :

1. Ce qui se rattache à cette sorte de priorité que Descartes, par exemple, a en vue lorsqu'il dit : « J'ai en quelque façon premièrement en moi la notion de l'infini, que du fini, c'est-à-dire de Dieu, que de moi-même »[13].

2. Ce qui se rattache au commencement de la voie suivant laquelle nous parvenons à nous mettre à la hauteur de la science (ce qui *peut* vouloir dire : nous mettre à la hauteur où nous sommes en vérité déjà quoique peut-être nous ne le sachions pas clairement).

3. Ce qui se rattache à la voie suivie par la science elle-même, envisagée comme un enchaînement de vérités et, s'il y a lieu, au commencement de cette voie.

4. Ce qui se rattache à l'ordre des objets qu'il convient, dans la science, de considérer aussitôt que possible, ce que vise par exemple le mot recueilli par Leibniz de sa conversation avec Tchirnhaus : « La plupart des philosophes commencent par les créatures, Descartes commence par l'âme, Spinoza par Dieu ».

---

[12] Il n'est pas suffisant de dire que la connaissance « ne » sort « pas [de son commencement] pour développer un contenu qui serait déjà donné positivement en lui, mais pour échapper à son indétermination et à sa nécessaire abstraction » (p. 64). La progression dialectico-spéculative n'est ni « analytique » ni « synthétique » (au sens kantien de ces mots), tout en tenant des deux ; le contenu n'est ni « donné positivement » ni « non donné positivement », mais d'une certaine manière les deux à la fois ; « indétermination » et « abstraction » ont, chez Hegel, un sens bien déterminé (mais non point facile à formuler).

[13] A.T., IX, p. 36 ; cf. VII, p. 45.

5. Ce qui se rattache, dans la perspective de Hegel, au rapport existant entre le commencement rationnel de la philosophie et la philosophie historiquement commençante (cf. Parménide).

Ces cinq points de vue sont susceptibles de divers recoupements : raison de plus pour se garder de l'équivoque possible.

Jusqu'ici nous pouvons déjà écarter une partie du premier argument : on ne peut dire sans plus que pour Hegel la philosophie n'a pas de commencement.

*

* *

Voici donc la question du *mos geometricus,* à propos de quoi, P. Macherey va montrer que Hegel s'est complètement mépris[14] en croyant s'éloigner de Spinoza là où il était le plus proche de lui.

Et précisément je n'accorderai pas à P. Macherey le commencement qu'il se donne, à savoir que, selon Hegel, « la faute *première* du spinozisme est d'avoir essayé d'importer dans la philosophie le raisonnement mathématique »[15]. Le point de vue de la substance n'est pas, aux yeux de Hegel, une suite de l'adoption du modèle géométrique en philosophie ; s'il faut voir là une priorité, elle est plutôt du côté de la position ontologique[16].

---

[14] P. 68.

[15] P. 54 ; le mot souligné l'est par moi.

[16] La première phrase citée à l'appui de la thèse et tirée de la *Logique* : « Le spinozisme est une philosophie déficiente en ce que la réflexion et son déterminer varié est un penser extérieur » ne vise pas par « réflexion » la seule méthode démonstrative mais le mouvement qui en sous-œuvre a produit les catégories. Pour la seconde citation, tirée de l'addition au § 151 de l'*Encyclopédie*, le contexte montre bien que le défaut de la « forme » consiste *d'abord* en ce que la substance est présupposée – ce qui est la même chose que ce qu'on vient de voir, à savoir que la réflexion est effacée dans son résultat –, présupposition que vient ensuite *traduire* la position initiale de la définition en vue du « traitement ultérieur du contenu ». Bref, si l'on remarque que la réflexion productrice des catégories est une *méthode* implicite, on peut dire que la méthode implicite et la méthode explicite sont les deux expressions conjointes et complémentaires de la même déficience logico-ontologique.

Cependant, si la considération du *mos geometricus* n'est pas ce par quoi il conviendrait de commencer pour dégager ce qui, pour Hegel, est déterminant, j'admets fort bien que ce soit déterminant pour l'argumentation de P. Macherey et, par conséquent, que la discussion soit ici décisive.

Qu'en est-il de la méthode cartésienne et de la méthode, ou plutôt, selon P. Macherey, de la non-méthode spinoziste ? Je ne crois pas possible de considérer la méthode cartésienne comme un « formalisme » rigide imposant à la connaissance le préalable d'une juridiction extérieure. Les règles sont, à l'évidence, des règles de conduite intellectuelle qui, d'une part, dispensent de s'en remettre à l'appareil formel du logicien et, d'autre part, appellent, loin d'en dispenser, un acte responsable de compréhension en chaque cas particulier. Et comment dire que c'est seulement Spinoza qui serait revenu au sens originel du mot « méthode », qui est voie et cheminement[17], quand Descartes revient à maintes reprises à l'image du chemin ?[18]

Inversement, dire que le *Traité de la Réforme de l'entendement* est un « Discours contre la méthode » n'est, je le crains, qu'un paradoxe brillant. Qu'on relise sans prévention les passages où figure le mot *methodus* : je peux me dispenser de les citer. Et quant à ce texte du passage noté par Appuhn §26 auquel P. Macherey attache une grande importance[19], voici ce que dit Spinoza, reformulé de manière à permettre la comparaison avec ce qu'en tire P. Macherey : « s'il fallait une méthode *pour trouver la meilleure méthode d'investigation du vrai,* il faudrait aussi une méthode pour établir la méthode elle-même, et ainsi de suite dans une régression à l'infini ». Conclusion de Spinoza : donc il ne faut pas de méthode pour trouver la méthode. Et voici ce qu'en tire P. Macherey : « S'il fallait une méthode *pour connaître,* il faudrait aussi, etc. » (les mots soulignés le sont par moi). Conclusion de P.

---

[17] P. 58.

[18] *Discours,* A.T., VI, p. 10, l. 30 ; *Regulae*, A.T., X, *Reg.* IV, p. 370, l. 16 ; *Réponses aux 2èmes objections,* A.T., VII, pp. 155-156.

[19] P. 59. Cf. Spinoza, *Œuvres* 1, Paris, Garnier-Flammarion, 1964, p.189.

Macherey : donc il ne faut pas de méthode pour connaître ; absolument, il ne faut pas de méthode. Le glissement est patent. Il doit pouvoir s'expliquer.

Ce qui l'a provoqué, c'est que Spinoza définit la méthode comme « connaissance réflexive » : réflexion qui présuppose une « idée vraie ». La détermination de la méthode ne peut donc précéder absolument toute connaissance ; mais elle est fort utile pour progresser dans la connaissance. En cela Descartes n'est pas très loin de Spinoza. Il n'est pas douteux que pour lui la mise à jour de la méthode se produise à partir d'un échantillon de connaissance effective où l'entendement a pu exercer sa puissance native [20] ; et qu'à partir de là, il soit possible de généraliser afin de progresser. Possible et extrêmement utile, mais non absolument indispensable. Il est possible de suivre la voie des *Méditations* sans être passé par le *Discours de la méthode*. Pour Descartes comme pour Spinoza, ce qui est indispensable c'est de procéder méthodiquement ; ce pour quoi il n'est pas absolument nécessaire de se donner des règles à l'avance, quoiqu'en fait cela soit presque nécessaire.

Il y a bien, cependant, un désaccord entre Descartes et Spinoza : Spinoza rejette le doute en métaphysique. Mais une distinction importante est à faire. On peut se demander si en elle-même une méthode précède le savoir, de quelle manière et jusqu'à quel point. On peut se demander aussi si une méthode peut faire une place au moment du doute – qui est une forme particulière du non-savoir – dans la séquence des démarches qu'elle prescrit. Ce sont là deux choses fort différentes. Le doute méthodique n'est pas antérieur au savoir de la même façon qu'une méthode peut l'être.

Cette distinction étant faite, d'authentiques questions peuvent se poser sur ce désaccord qui est entre Spinoza et Descartes, sur le rapport que l'un et l'autre conçoivent entre le savoir et la marche

[20] La question de la détermination des limites de notre pouvoir de connaître (p. 56) est encore une autre affaire. Il n'est d'ailleurs pas vrai que, pour Spinoza, nous puissions tout connaître (par exemple, nous ne pouvons connaître d'autres attributs de Dieu que l'étendue et la pensée).

vers le savoir. Et je suggère que cela tient de façon très étroite à l'implicite de leurs ontologies respectives. Mais je sortirais du cadre de cet article en m'engageant sur la voie de telles questions : l'important étant ici de signaler la distinction qu'à mon sens il ne faut pas omettre.

De même, en ce qui concerne l'exemple commun au Descartes de la huitième *Règle pour la direction de l'esprit* et au Spinoza du *Traité de la Réforme de l'entendement* § 26 – à savoir, que c'est en partant des ressources naturellement disponibles qu'on peut confectionner les instruments permettant les opérations les plus difficiles – je ne vois pas comment accorder à P. Macherey que les deux philosophes vont exactement en sens inverse, le premier préconisant, le second écartant le préalable de la méthode[21]. Descartes dit : dans la pratique d'un art mécanique on n'entreprendra pas d'abord, par exemple, de fabriquer des épées ou des casques ; il faut d'abord fabriquer comme on peut les instruments nécessaires tels qu'enclumes, marteaux, tenailles, et pour cela on se servira d'une grosse pierre en guise d'enclume, d'un caillou en guise de marteau etc.[22] Selon P. Macherey Descartes veut dire par là que la méthode est semblable à cette *pratique préalable* par quoi celui qui veut forger se dote des instruments nécessaires, tandis que pour Spinoza cette pratique n'a rien d'une méthode. Or Descartes ne dit pas cela, mais bien : la méthode est semblable à cet *art* mécanique qui, avant d'*indiquer* ce qu'il faut faire pour forger, *indique* ce qu'il faut faire pour fabriquer les instruments nécessaires à partir de ce dont on dispose. De la sorte, la méthode nous renvoie aux préceptes innés qui, sans doute, font partie de cette même méthode – ce qui nous ramène, si l'on veut, à notre question immédiatement précédente : en quel sens et jusqu'à quel point la méthode est-elle antérieure au savoir ? Mais enfin le propos de Descartes n'est pas ici : « commençons donc par nous donner une bonne méthode », mais « commençons méthodiquement par ce qui est le plus facile et nous sera le plus utile par la suite ». Et lorsque P. Macherey écrit que pour Spinoza « les "instruments" n'interviennent pas comme

---

[21] Pp. 59- 61.

[22] A.T., X, p. 397 ; cf. *Op.cit.* pp. 189-190.

des conditions préalables, parce qu'ils doivent eux-mêmes être produits [...] [23] », je ne vois pas le moyen d'accorder cela avec ce que dit Spinoza parlant d'*instruments innés* ; ce que d'ailleurs P. Macherey concède lui-même à la page suivante, mais pour ajouter aussitôt : « mais il est clair que pour lui il ne s'agit pas d'un germe de vérité, d'une connaissance originaire dans laquelle tout le savoir qui doit en résulter préexiste à son actualisation », restriction qui en tout cas n'est pas de nature à invalider l'idée de méthode.

Mais il y a, je crois, plus grave. Et ce « plus grave » est double. Spinoza fait comprendre comment il est possible de parvenir graduellement, par un perfectionnement des « instruments intellectuels », au sommet de la sagesse. Or voici l'interprétation de P. Macherey : « l'entendement a dû d'abord travailler avec les idées qu'il avait, s'en servir *comme si elles étaient des connaissances authentiques*, et *rectifier* graduellement sa propre activité »[24]. Ce glissement est considérable : rien, chez Spinoza, ne permet de penser que les connaissances rudimentaires ne soient pas des connaissances authentiques, rien n'autorise une pratique du « comme si », la *progression* ne saurait être une *rectification.* On voit le pseudo-rapprochement que, dès lors, P. Macherey pourra tenter entre Spinoza et Hegel, pour dénoncer ensuite le symptomatique aveuglement de Hegel face à cette proximité : n'est-il pas vrai que, chez Hegel, le savoir progresse par rectification, de sorte que l'erreur est d'une certaine manière intégrée à son progrès ? Certes ; mais une telle perspective est complètement hors de vue chez Spinoza.

Le deuxième élément dont j'aperçois la gravité, c'est une nouvelle confusion. Lorsque Spinoza explique, par analogie, comment l'entendement humain peut, en partant de ses premières ressources, s'élever graduellement au sommet de la sagesse, il décrit un processus qui conduit jusqu'à l'acquisition de la science, peut-être aussi, pour une part, intérieur à une science en train de se constituer, mais nullement un processus par lequel s'expose la

---

[23] P.61. Certes nous sommes nés, donc nous sommes produits, donc l'inné est produit ; mais c'est une autre affaire.

[24] P. 62. Les mots soulignés le sont par moi.

science achevée ; plus précisément : Spinoza ne décrit nullement ici le *mos geometricus* ! On ne peut s'arrêter sérieusement à l'idée que les premières notions de l'exposé de l'*Éthique* soient comme ces cailloux mal dégrossis dont se sont servis les premiers forgerons[25]. Et l'on voit comment les deux éléments se conjuguent : les principes de la science étant assimilés au rudimentaire, et le rudimentaire au rectifiable (je n'ose pas dire faux !), P. Macherey suggère que l'*Éthique* pourrait bien n'être pas un exposé « uniformément vrai de bout en bout »[26]. Je soutiens que l'*Éthique* ne peut être lue de la sorte et, jusqu'à maintenant, je crois pouvoir considérer que la charge de la preuve ne m'incombe pas.

Jusqu'ici, je peux préciser ma pensée en tirant de ce qui précède une double conclusion :

1. Le rapprochement qui a été tenté entre Spinoza et Hegel au sujet de la méthode n'est pas justifié. (Je ne veux pas dire pour autant qu'il *n'*y ait *aucun* rapprochement à faire).

2. Ce qui a été considéré quant à la méthode n'est pas pertinent quant au *mos geometricus.* La question de savoir si le jugement porté par Hegel sur l'usage de la méthode géométrique en philosophie est fondé on non demeure entière.

Il me faut donc rejeter le deuxième argument principal soutenant la thèse de la méconnaissance. Et qu'en est-il du premier, dont j'ai déjà écarté une partie ? Le spinozisme serait-il une philosophie sans commencement ? Nous avons vu que ce que P. Macherey tire de l'exemple de l'activité artisanale n'est pas acceptable ; d'ailleurs il est assez visible que l'argumentation souffre de l'équivoque que je me suis efforcé plus haut de prévenir en distinguant diverses sortes de commencements. C'est assez, me semble-t-il, pour invalider le premier argument.

Qu'en sera-t-il du troisième ?

---

[25] P. 65.

[26] *Ibid.*

*

* *

Très justement, P. Macherey se demande en quoi consiste pour Spinoza l'intérêt du *mos geometricus,* puisqu'à ses yeux Spinoza rejette le préalable de la méthode et de sa rigidité. De nouveau, c'est par contraste avec Descartes qu'il voit l'originalité de Spinoza. Descartes, en effet, distingue, notamment dans les *Réponses aux Secondes Objections,* un « ordre analytique » et un « ordre synthétique »[27] et privilégie le premier, par où, dit P. Macherey, on « remonte des effets vers les causes » tandis que le second « part des causes pour construire à partir d'elles leurs effets »[28] ; or Spinoza lui, privilégie le second : par conséquent l'intérêt de son *mos geometricus* est qu'il réalise la connaissance par les causes ; nous voilà loin, par conséquent, de ce formalisme extérieur au contenu, tant dénoncé par Hegel.

Je ne vois pas qu'on puisse accepter cette lecture du texte des *Secondes Réponses* après la parution des articles de J. Brunschwig[29] et de J.-M. Beyssade[30] portant sur cette question. Je commence donc par renvoyer à ces deux articles que je tiens pour décisifs quant au point qui nous occupe. Je ne puis évidemment entrer dans tous les détails. Rappelons que le texte français des *Secondes Réponses*[31] est assez ambigu, et prête au contresens, sans pourtant y conduire inéluctablement, mais que l'original latin[32] est suffisamment clair, ce qui ne veut pas dire facile à comprendre

---

[27] Pp. 68, 69. À ma connaissance Descartes n'a jamais dit « ordre analytique » ni « ordre synthétique » et il y a quelques raisons de s'en tenir à ce qu'il dit. Mais j'admets que ce point est sans gravité. Ces locutions figurent d'ailleurs dans la *Préface* de Louis Meyer aux *Principes de la philosophie cartésienne.*

[28] *Ibid.*

[29] « La preuve ontologique interprétée par M. Gueroult » , *Revue philosophique,* 1960.

[30] « L'ordre dans les Principia », *Les Études Philosophiques,* 1976. Depuis lors, J.-M. Beyssade a apporté des compléments dans son ouvrage *La Philosophie première de Descartes,* Paris, Flammarion, 1979.

[31] A.T., IX. pp. 121-122.

[32] A.T., VII, pp. 155-156. Cf. sup. ma quatrième *Étude brève*, pp. 58-60.

jusqu'au bout. Voici ce que, pour la question qui nous occupe, nous pouvons retenir. Il est exact que la synthèse fait plus que l'analyse usage de preuves *a priori,* c'est-à-dire allant de la cause à l'effet ; mais elle ne fait pas usage exclusivement de cette sorte de preuve, et cet usage n'est pas du tout le trait qui la définit ou la caractérise : celui-ci consiste en ce qu'elle a été en quelque sorte cherchée *a posteriori (tamquam a posteriori quaesita).* Corrélativement, la voie analytique est caractérisée non par le fait que les preuves dont elle fait usage sont *a posteriori,* ce qui advient assez souvent mais non toujours, mais par le fait qu'elle est celle « par laquelle la chose [en l'occurrence : la voie à suivre] a été découverte comme *a priori* ».

La voie de la synthèse a donc été cherchée et trouvée *a posteriori* : c'est là sa caractéristique extrinsèque. Et le caractère intrinsèque, d'où se tirera plutôt sa définition, consiste à se servir d'une longue série de définitions, de demandes, d'axiomes, de théorèmes : cela même que vise Hegel au premier chef quand il juge la méthode de l'*Éthique* inadéquate au contenu spéculatif. Ce caractère n'a de soi rien à voir avec le fait d'aller, dans la preuve, des causes des choses à leurs effets. Que, par ailleurs, l'*Éthique* aille autant qu'elle peut des causes aux effets : cela n'apporte rien qui puisse soustraire son *mos geometricus* aux critiques de Hegel. Une fois encore, la question demeure intacte.

Mais, continuant sur la même voie, P. Macherey rencontre le texte situé dans le § 85 du *Traité de la Réforme de l'entendement* où Spinoza loue les Anciens d'avoir vu que « la science vraie procède de la cause aux effets » ; et puisque Descartes préfère la voie analytique censée remonter des effets à la cause, il ne fait pas de doute aux yeux de P. Macherey que Spinoza approuve ici les Anciens afin de mieux marquer sa désapprobation de Descartes. Aussi P. Macherey met-il en garde le lecteur contre l'erreur de penser que Spinoza ferait ici un simple retour à Aristote « par dessus le dos du moderne Descartes » : « Ni Aristote, donc, ni non plus Descartes : Spinoza »[33].

---

[33] Pp. 72-74.

Or voici ce que dit Descartes à l'*Article 24* de la *Première partie* des *Principes* : « Après avoir connu que Dieu existe et qu'il est l'auteur de tout ce qui est ou peut être nous suivrons sans doute la meilleure méthode dont on puisse se servir pour découvrir la vérité, si, de la connaissance que nous avons de sa nature, nous passons à l'explication des choses qu'il a créées, et si nous essayons de la déduire en telle sorte des notions qui sont naturellement en nos âmes, que nous ayons une science parfaite, c'est-à-dire que nous connaissions les effets par leurs causes. »[34] Peut-on être plus clair ? Descartes est d'accord avec les Anciens, et Spinoza, avec les Anciens et avec Descartes[35].

En voilà assez, me semble-t-il, pour invalider le troisième argument principal.

Cependant, il reste vrai que Spinoza s'efforce de connaître autant que possible par les causes : ce point est, en lui-même, à considérer. On comprend fort bien que P. Macherey voie ici même un lieu d'intervention de la célèbre *Proposition VII* de la *Partie II* de l'*Éthique* : *ordo et connexio idearum eadem est, ac ordo et connexio rerum.* Nous aurons bientôt à y revenir. Mais puisqu'il est encore question du mode d'exposition de l'*Éthique*, je remarque que si l'ordre de la pensée exprime l'ordre des choses et des causes, il doit être parfaitement *rigide*, ce qui est en contradiction avec ce que P. Macherey avait dit à maintes reprises, et notamment lorsqu'il soulignait que « Spinoza n'a cessé de reprendre et de modifier la disposition des démonstrations de l'*Éthique* », et que « rien ne permet d'affirmer que l'état dans lequel il les a laissées soit définitif »[36].

---

[34] A.T., IX, 2, p. 35.

[35] Il n'y a rien non plus à tirer de ce que, dans son exposé synthétique des *Secondes Réponses,* Descartes emploie le mot *dispositae,* tandis que dans son exposé des *Principes de la Philosophie cartésienne* Spinoza emploie le mot *demonstratae.* La comparaison cloche : *dispositae* qualifie, chez Descartes, les *rationes,* et *demonstratae* qualifie, chez Spinoza, les *partes* de l'œuvre (et non les principes – mot qui est neutre en latin – comme il pourrait sembler à lire P. Macherey). Du reste, le mot *disposita* figure dans la *Préface* de Louis Meyer, mais je n'en veux, à mon tour, rien tirer, car ce n'est, malgré tout, pas un texte de Spinoza.

[36] P. 58.

Mais alors, comment comprendre la méthode de l'*Éthique* qui, incontestablement, respecte l'ordre, et même, si l'on veut, l'« ordre synthétique » ? La question vaut la peine de s'y arrêter, et cela veut dire qu'il faudrait d'abord l'élaborer. Je me bornerai à suggérer quelques questions préparatoires :

1. Quel est au juste le statut des vérités éternelles qui ne font connaître aucune chose ni aucune affection, et quel est leur rapport avec la connaissance des choses et des affections (cf. *Lettre 10* à Simon de Vries) ?

2. La suite des énoncés dans les démonstrations géométriques ou métaphysiques constitue-t-elle un *ordo et connexio idearum ?*

3. Ne pourrait-elle pas correspondre pour une part à un ordre de disparition des obstacles que les affections d'un corps humain opposent à la coïncidence de l'âme de ce corps et de certaines idées qui sont en Dieu ? Et quel rapport y aurait-il entre cet ordre de disparition et l'ordre des idées qui sont en Dieu ?

*
* *

Il nous faut examiner maintenant le quatrième argument principal.

Nous étions déjà avertis : la conception traditionnelle de la vérité comporte une contradiction interne. Elle est vouée aux difficultés soulevées par les sceptiques, elle conduit à la vaine recherche de conditions de possibilité auxquelles la vérité est soumise[37] – de quoi nous avons vu un exemple à propos de la méthode ; elle aboutit, chez Descartes – qui constitue à ce titre un exemple – à la nécessité de recourir à la garantie de la véracité divine[38] (solution bien évidemment illusoire !). De cette conception contradictoire, Spinoza seul est sorti, proposant une conception radicalement nouvelle, qui satisfait anticipativement à l'exigence que percevra Hegel. Cette conception traditionnelle, c'est celle qui voit dans la vérité une convenance ou conformité de

[37] P. 60.
[38] P. 77.

la représentation et de la chose représentée[39]. Cette conception est d'ailleurs impliquée par le seul fait de concevoir l'idée comme représentation. Et dès lors surgit inévitablement le problème insoluble : comment garantir une telle conformité ? Le premier, Spinoza sort de cette problématique en concevant la vérité d'une tout autre manière, que caractérise la « catégorie d'*adaequatio* » : s'agissant, au dire de Spinoza, d'une propriété intrinsèque de l'idée, nul besoin désormais « de sortir de l'idée [...] pour affirmer l'existence nécessaire de son contenu »[40].

Tout ce qui vient d'être exposé part du présupposé suivant : la définition traditionnelle de la vérité a pour fonction de donner un critère de la vérité. Ce présupposé n'est pas nouveau : il a servi de base à d'innombrables « réfutations » de cette définition. Mais ce présupposé est erroné. La définition traditionnelle – que ni Descartes, ni Spinoza, ni Kant, ni Hegel ne rejettent – veut dire et dit tout autre chose. Et il s'agit de comprendre ce qu'elle dit effectivement, quelle conception elle exprime, comment, dans le cadre de cette conception, Descartes et Spinoza se situent et par rapport à leurs devanciers et l'un par rapport à l'autre et les deux par rapport à leurs successeurs. Ces questions, après même qu'on a lu P. Macherey, attendent encore d'être posées[41].

---

[39] P.76.

[40] *Ibid.* Tout commentateur se heurte ici à une difficulté terminologique. La définition traditionnelle est, sous sa forme la plus usuelle, que la vérité est l'adéquation de la chose et de l'entendement. Comme, par ailleurs, Spinoza prend l'adjectif *adaequatus* en un autre sens, et qu'il emploie *convenire* et *convenientia* dans le cadre de la perspective traditionnelle, il sera tout indiqué de suivre l'exemple de P. Macherey et d'ajuster la terminologie à l'usage de Spinoza. Par ailleurs, si l'adjectif *adaequatus* et l'adverbe *adaequate* sont fréquents chez Spinoza, je ne me souviens pas d'avoir rencontré le substantif *adaequatio* ; il ne se trouve en tout cas pas dans l'*Éthique*.

[41] Concernant Hegel P. Macherey apporte opportunément (p. 88) un texte tiré d'une addition à un paragraphe de l'*Encyclopédie* où sont mis en regard le sens « habituel » et le sens « philosophique » du mot « vérité ». L'une et l'autre partie appellent des commentaires approfondis. La première se modèle sur la définition traditionnelle mais appelle des précisions sur le concept, *très particulier chez Hegel,* de « représentation » (*Vorstellung*), faute de quoi la confrontation ne peul être qu'à demi pertinente. La deuxième partie reprend le sens *également traditionnel* de « vérité de la chose », qui se distingue de la « vérité de la pensée » ; de ce fait la confrontation avec la définition traditionnelle n'est pas

Redisons-le : la question de la connaissance ou de la vérité ne se réduit pas à la question du critère de la vérité. Cela ne veut pas dire que cette dernière question ne soit pas importante. Il peut même se faire qu'elle passe au premier plan, ce qui pose une nouvelle question.

Et tout d'abord, qu'en est-il de l'« adéquation » telle que Spinoza la comprend ? Selon P. Macherey : « Contre la signification immédiate, littérale, du mot, qui place dans l'idée d'adéquation celle d'accord, donc d'un ajustement extérieur, Spinoza exprime par la catégorie d'adéquation cette nécessité ou causalité interne de l'idée qui la lie à elle-même [...][42] ». C'est dire, si je comprends bien, que Spinoza a donné au mot *adaequatio* un sens qu'il n'avait pas jusqu'ici. Or « adéquat », qualifiant une connaissance, signifie « complet », et Spinoza n'a pas ici absolument innové : il suffit, pour s'en convaincre, de considérer quelques textes de Descartes ou de ses objecteurs[43] : Spinoza ne donne pas au mot un sens nouveau, il fait un nouvel usage du même sens.

---

immédiatement pertinente : elle ne le devient qu'en approfondissant le rapport de la vérité de la chose et de la vérité de la pensée. Cependant, pour la question présente, une autre citation, tirée de la *Science de la Logique*, eût opportunément complété celle-ci. Contre Kant qui, dit-il, donne pour triviale la définition de la vérité comme concordance de la connaissance avec son objet, Hegel dit de cette définition : « ... une définition qui est de grande valeur, oui vraiment de la plus haute valeur » (*Science de la Logique*, trad. P.-J. Labarrière et G. Jarczyk, t. 2, Paris, Aubier, 1981, p. 57).

[42] P. 80.

[43] Etant entendu qu'on peut rencontrer aussi bien l'antonyme. Caterus écrit dans les *Premières Objections* : [...] *quod* [*intellectus noster*] *totum parturire non potest, sensim concipit, aut, ut etiam ajunt, inadaequate* » (A.T., VII, p. 93) « [...] ce que notre entendement ne peut enfanter tout entier, il le conçoit petit à petit, ou, comme on dit aussi, inadéquatement ». Et, dans les *Réponses aux Quatrièmes Objections*, *cognitio adaequata* (A.T., VII, p. 220) est justement traduit par « connaissance *entière* et *parfaite* (A.T., VIII, p. 171). Cf. Spinoza, *Eth. II*, *Prop. 11 coroll.* : *rem ex parte, sive inadaequate percipere*, « percevoir une chose partiellement, autrement dit, inadéquatement ». Mais, dira-t-on, ce caractère de complétude n'est pas ce qui fait l'objet de la *Défin. 4* d'*Éth. II* (cf. ci-dessous). Sans doute, mais cela montre seulement que le propos de la définition n'est pas d'expliquer la signification du mot « adéquat ». La définition montre comment une idée mérite effectivement la qualification d'adéquate ou complète.

Pas davantage il ne crée un nouveau concept de la vérité. Relisons la *Définition 4* de la *Partie II* de l'*Éthique* : « Par idée adéquate, j'entends une idée qui, en tant qu'on la considère en elle-même sans relation à l'objet, a toutes les propriétés ou dénominations intrinsèques de l'idée vraie ». Cela peut se commenter : une idée qui a les propriétés intrinsèques attestant sa propriété extrinsèque de vérité, c'est-à-dire de convenance avec son objet. Il n'est pas possible d'accorder à P. Macherey que l'idée d'adéquation « signifie fondamentalement que l'idée vraie n'a de rapport qu'à elle-même »[44] (il y a rapport et rapport) ; ni que « par adaequatio il faut penser tout le contraire de ce qui s'expose comme convenientia »[45] (autre chose, mais non le contraire). Et s'il est vrai que l'*Axiome 6* de la *Partie I* de l'*Éthique* (« L'idée vraie doit convenir avec son idéat ») n'est pas une définition et qu'il faut se demander pourquoi il en est ainsi, la réponse ne saurait être que l'idée « correspond [à son objet] parce qu'elle est adéquate », comme si les propriétés intrinsèques faisaient maintenant la définition de l'idée vraie, la propriété extrinsèque de convenance avec l'objet venant s'adjoindre comme une simple conséquence. Le début de la *Lettre LX* à Tschirnhaus ne laisse aucun doute sur ce point, non plus que la fin du *Scolie* de la *Proposition 43* de la *Partie II* de l'*Éthique*. (Ce qui rend la question difficile à maîtriser tient à la particularité de l'idée en ce qui concerne la place de la relation. La relation, d'une manière générale, se distingue des termes en relation, d'où la distinction de l'intrinsèque et de l'extrinsèque. Or l'idée a en elle-même, en raison de son *esse objectivum,* une relation à sa relation à son objet, et si elle est considérée en elle-même sans relation à son objet elle n'est pas pour autant considérée sans relation à cette relation).

Est-ce à dire que la conception spinoziste de l'idée adéquate ne soit pas originale ? Et par conséquent que la conception spinoziste de la vérité ne soit pas originale – à titre de variation originale sur un thème classique ? Nullement. Mais si l'on veut mesurer cette originalité, et notamment par le contraste avec Descartes, il

---

[44] P. 80.

[45] P. 76.

convient d'abord de situer Descartes. Et l'on ne saurait dire que par sa conception de la véracité divine Descartes ne soit qu'un exemple de la tradition : il est original dans cette tradition. Encore faut-il, de nouveau, mesurer l'importance de la garantie de la véracité divine chez Descartes : cette importance est généralement surestimée[46]. Ce qui est décisif, c'est le critère de clarté et distinction qui se tire immédiatement du *cogito.* Cela empêche-t-il la conception cartésienne de la connaissance d'être foncièrement théologique ? Nullement ; la véracité n'est qu'un des aspects du rôle fondateur de Dieu, qui est donateur de toute lumière, source de toute bonté et de toute vérité, immense lumière lui-même[47]. Et, de son côté, la conception spinoziste n'est pas moins théologique : elle l'est autrement[48].

Ce qui est le plus original et le plus surprenant dans l'idée adéquate spinoziste, ce n'est pas « adéquate », c'est « idée ». Déjà, chez Descartes, ce mot ne va pas de soi et Descartes ne l'ignorait pas[49] ; il y a peut-être là des présupposés implicites méritant déjà une enquête, laquelle ne cessera pas d'être pertinente à l'égard de Spinoza, et précisément quand on abordera ce qui chez lui est le plus surprenant, à savoir que c'est l'*idée*, et non plus le *jugement,* qui est désormais le lieu de la vérité ; et de ce point de vue, ce qui est le plus important n'est pas que l'on puisse, selon la perspective adoptée, échanger les locutions « idée vraie » et « idée adéquate », mais que dans les deux cas on parle d'idée. *Idea vera* : la locution est déjà chez Descartes, mais voici qu'elle change de sens sur la base pourtant d'un même sens. *Idea sive cognitio* : l'idée ou la connaissance[50].

Pour venir à bout des questions qui doivent ici se poser et que je me propose seulement de suggérer, il ne suffira pas de rappeler

---

[46] Cf. mon article « Quatre Études brèves sur Descartes ».

[47] *Principes* 1, 22 ; 29. *Méditations*, A.T., VII, p. 22 ; p. 52 ; cf. IX, p. 17 ; p. 41.

[48] Est-il besoin de préciser que la théologie dont je parle ici n'est pas celle qui se fonde sur une révélation ? (Distinction qu'il faut faire sans croire pour autant qu'elle suffise à épuiser la question).

[49] Cf. *Réponses aux 3èmes Objections,* sur l'*Objection 5.*, A.T., VII, p. 181 ; IX, p. 141.

[50] *Éth. II, scol.*, etc. Je note en passant – en-dehors de la présente discussion – que la substitution *idea sive cognitio* vaut, selon moi, sans restriction.

la fameuse phrase où Spinoza – reprenant d'ailleurs presque mot pour mot une phrase de Descartes[51] – nie que les idées soient « comme des peintures muettes sur un tableau ». Il ne suffira pas non plus de rappeler les autres textes où Spinoza nie que nous ayons la liberté de suspendre notre affirmation. Tout cela contribue à situer la question mais laisse encore trop de choses dans l'implicite. La libre suspension du jugement ou inversement l'impossibilité de cette suspension repose sur une certaine manière de distinguer l'idée et le jugement, qui s'articule d'abord sur une structure ontologique de ce qui est perçu ou conçu ; et là réside sans doute une de ces nuances par où il est décidé de l'essentiel (cf. ci-dessous ma note 52).

D'autre part l'idée cesserait-elle avec Spinoza, d'être représentation ? Je ne vois guère la possibilité de l'accorder à P. Macherey. Le verbe *repraesentare* est assez rare chez Spinoza ; il s'y trouve cependant et désigne bien une fonction de l'idée, encore que son emploi soit en fait limité au cas de l'idée imaginative. Mais le plus important n'est pas là. Spinoza, après Descartes et exactement de la même façon que lui, caractérise l'idée en distinguant et référant l'un à l'autre l'*esse formale* et l'*esse objectivum* ; or c'est cela même qui se dit autrement par le mot de *repraesentatio*, et Descartes écrit bien à l'*Article 17* de la *Première Partie* des *Principes* : *objective sive repraesentative*. La représentation n'est pas, du seul fait d'être une représentation, marquée du trait d'une sorte de passivité grossière, et il n'y a rien d'incompatible entre sa nature de représentation et le fait de n'avoir pas pour cause efficiente la chose représentée.

Mais il y a bien une problématique de l'idée et, ce qui revient au même, de la représentation, problématique qui est déterminante pour la philosophie dans son histoire, qui est déterminante notamment pour le système de Spinoza et qu'il n'est pas possible, justement parce qu'elle est déterminante, d'exposer et d'approfondir en se plaçant uniquement à l'intérieur de son système. Il serait téméraire de prétendre dominer cette problématique. Je me propose d'en tenter ici une sorte d'esquisse,

---

[51] *Ibid.* Cf. Descartes, *Secondes Réponses*, A.T., VII, p. 139 ; IX, p. 109.

très incomplète mais permettant du moins de rejoindre les problèmes qui viennent de nous occuper.

Bien que les mots de « sujet » et d'« objet » soient, dans le sens où il est d'usage de les prendre aujourd'hui, essentiellement liés à la philosophie moderne, et risquent, de ce fait, de cacher un implicite qui ne cesse pas d'être essentiel – la question décisive, mais assez régulièrement omise, étant : d'où vient que le *je* soit compris comme *sujet* et le *sujet* comme *je* ? –, il reste qu'ils peuvent, dans une première esquisse, permettre de mettre en place les problèmes. On pourrait caractériser le thème central de ce problème comme celui du « voir » en un sens très large, celui des rapports du « voyant », du « vu », et du « voir » lui-même. Le vu est l'« objet » du voir, le voyant en est le « sujet ». Il n'est pas nécessaire de supposer que le sujet et l'objet soient deux choses distinctes : mais on suppose qu'il peut en être ainsi. Le voir apparaît comme une relation entre deux termes. La notion de « relation entre deux termes » est très générale ; cependant cette relation qu'est le « voir » comporte un trait d'originalité irréductible. Comment penser cette situation ?

Tout d'abord il y a lieu de distinguer, du côté de l'objet, un « être-en-soi » et un « être-pour », à savoir, pour le sujet. Quel est au juste le degré de « réalité » (au sens où la scolastique parle de « distinction réelle ») de la distinction ? Laissons la question ouverte, mais remarquons d'abord ceci : l'être-pour reste un mode d'être *de la chose vue elle-même,* un mode d'être qui est le sien et donc encore d'une certaine manière « en » elle. D'autre part le sujet, en tant qu'il est lui-même déterminé par son « voir », en tant que « être » est, pour lui, « voir », n'est pas en quelque sorte confiné « en » lui-même, mais en voyant il est déjà auprès de ce qu'il voit. Dès lors voici ce qu'il convient de remarquer :

1. L'être-pour *n'est pas encore* l'*esse objectivum* que Descartes et Spinoza reprendront de la scolastique.

2. On peut parler d'une certaine « passivité » propre au voir ; mais c'est seulement par analogie, car, jusqu'ici, les catégories d'action et de passion n'ont pas encore été mises en place ; et elles n'ont pu l'être, car on a à peine distingué l'être-en-soi de l'objet et son être-pour, l'être du sujet et son voir.

3. On peut déjà parler d'une sorte de « convenance » du voir, et, pas conséquent, du voyant, avec le vu ; mais il faut préciser. D'une part cette convenance est, comme le voir lui-même, absolument originale et irréductible ; d'autre part elle caractérise le voir dans son essence antérieurement à l'apparition dans son champ de la double possibilité de convenance *ou* disconvenance, double possibilité qui présuppose la première convenance.

Cependant – et c'est un deuxième temps de la réflexion – la relation est entre deux termes ; l'un et l'autre terme *sont,* d'un être qui ne se réduit pas à leur être-en-relation, mais le précède et le fonde. À ce titre ils ont une détermination ontologique commune : ils sont l'un et l'autre *sujets* – en un sens qui reste fondamental – à la base de leur être-en-relation, et cela, tout aussi bien celui qui est dit « objet » que celui qui est dit « sujet ». Cette détermination ontologique qui leur est commune est, comme le montre l'histoire de la philosophie, dans la ligne de la catégorie de *substance.* Cette notion de substance, il convient de la laisser assez ouverte pour respecter les exigences qu'elle comporte et qui peuvent conduire à une radicalisation ; radicalisation qui, en s'effectuant, ne laissera peut-être plus subsister comme substance ce qui, préalablement, pouvait et devait être compris comme tel, sans que pourtant ce préalable, d'où est parti le mouvement de radicalisation, soit purement et simplement éliminé.

Dès lors, la situation précédemment décrite se charge de traits nouveaux :

1. L'être-pour, selon lequel l'objet fait face au sujet, se prolonge en un être-dans-le-sujet, lequel peut se nommer *esse objectivum*, distinct de l'*esse formale* ; c'est-à-dire que l'idée ou représentation est maintenant en place.

2. Les catégories d'action et de passion, de cause et d'effet, vont maintenant, elles aussi, pouvoir et devoir se mettre en place : quelle est la cause de la représentation produite dans le sujet ? – l'essentiel étant, ici, que ces catégories se mettent effectivement en place : qu'ensuite, sous la pression des problèmes, on voie la causalité s'exercer dans tel ou tel sens, de l'objet sur le sujet ou *vice-versa,* ou même ne s'exercer ni dans un sens ni dans l'autre – quelque chose devant alors y suppléer –, ce seront là des

différences très importantes, mais qu'il faudra comprendre comme des variations sur le même thème.

3. Le dédoublement de l'« être formel » et de l'« être objectif », dédoublement qui s'appuie sur le fait que sont mis en regard le sujet qui est « objet » et le sujet qui est « sujet », ajoute un trait nouveau à la convenance et oblige à la repenser : elle devient maintenant conformité de l'idée et de l'« idéat ». Toutefois, pour commencer il s'agit bien encore d'une convenance qui est préalable à l'alternative de convenance *ou* disconvenance, et qui ouvre à celle-ci le champ de sa possibilité. Mais ensuite cette alternative *doit* effectivement se faire jour (ce qui n'exclut pas qu'elle ait pu se faire jour antérieurement, mais en tout état de cause elle sera désormais marquée des traits de la structure présentement considérée). Elle doit se faire jour : car la relation a lieu entre deux *termes* qu'elle met en présence, et dont chacun a sa propre présence en dehors de la relation, et, de ce fait, la présence de la relation – ou, si l'on veut, la représentation – n'est pas immédiatement à la mesure de la présence en soi-même de l'objet ni de la présence en soi-même du sujet. Pour que la relation ait vraiment lieu, il faut que chaque terme soit pour lui-même rassemblé dans l'unité d'une présence. Dès lors il y aura lieu de déterminer de façon précise le statut de la diversité et de la non-présence, à la fois du côté du sujet et du côté de l'objet : comment penser *les* sujets, *les* objets ? comment penser *plusieurs* idées dans un même sujet ou dans plusieurs sujets ? comment penser l'unité dans ces diverses diversités ? Questions dont l'approfondissement pourrait bien être de quelque importance pour comprendre ce qui chez Spinoza est posé d'entrée de jeu comme allant de soi : *idea vera,* idée vraie. Car ce qui est étrange ici, c'est, comme nous l'avons vu, que la vérité soit attachée à la simplicité de l'idée (quoiqu'il y ait des idées complexes) au lieu de l'être à la complexité du jugement (quoiqu'il y ait peut-être un jugement simple, à savoir le jugement où le prédicat est strictement identique au sujet ; mais peut-être n'est-ce là qu'une apparence). Et il y a sans doute un rapport entre la façon dont, chez Spinoza, la diversité est rassemblée dans l'unité de la substance – rassemblement par quoi est déterminé l'*être* de chaque chose – et la façon

dont l'idée, en correspondance à cette unité, représente la chose telle qu'elle *est* [52]. Ici le mot « Dieu » ne vient pas par hasard. *Idea Dei, ex qua infinita infinitis modis sequuntur...*, « L'idée de Dieu, de laquelle suivent une infinité de choses en une infinité de modes...» [53].

Et cela nous ramène au problème de la causalité dans la production de la représentation. Incontestablement, le rassemblement de la diversité dans l'unité et, par conséquent, la possibilité de connaître par la cause *permettent* à la connaissance de se déployer comme une pure activité, bien loin que les idées

---

[52] Dans cette perspective, il y aurait à réfléchir méthodiquement sur ces quelques mots à première vue assez étranges du *Traité de la Réforme de l'entendement* : *idea sive cohaerentia subjecti et praedicati* « idée, c'est-à-dire cohérence du sujet et du prédicat » (Geb. II, p. 34 ; Appuhn, 1,p. 201). Cf. sup., p. 177.
On pourra également mieux voir à partir d'ici quel rapport existe entre les propriétés intrinsèques et extrinsèques de l'idée adéquate. La convenance avec la chose, c'est-à-dire avec celle qui est l'objet particulier de telle ou telle idée, est en définitive et au premier chef convenance avec la chose non telle qu'elle peut apparaître par rencontre, mais comme elle est en elle-même (cf. *ut in se est, Éth. I, prop. 5, dém ; coroll. 2, dém.).* Ce « comme elle est en elle-même » est, pour toute chose, en définitive et au premier chef déterminé par son rapport à *la* Chose par excellence (et même, en un sens, par exclusivité), la Chose unique et constamment présente. Ajustée convenablement à la présence de l'Unique, la juste perspective fait voir toute chose telle qu'elle est en elle-même, et ainsi les idées conviennent entièrement *(omnino)* avec leurs objets (cf. *Éth. II, prop. 32, dém.*). Une convenance partielle ne serait pas une « vraie » convenance. D'autre part, en déterminant la perspective de la vraie convenance, la structure de l'objet – l'Unique constamment présent à quoi tout est solidement attaché – fonde la possibilité d'un vrai voir, d'un « bien voir » intimement assuré contre toute surprise, incapable de dévier et éternellement confirmé en lui-même. Si donc les propriétés intrinsèques de l'idée adéquate attestent suffisamment sa propriété extrinsèque de convenance avec son objet, c'est que la convenance en tant que convenance détermine si radicalement l'essence de l'idée en tant qu'idée qu'il ne s'agit plus, pour l'idée, que d'être en accord avec son essence d'idée en se déployant comme un « bien voir ». Loin donc que la conception spinoziste de l'idée adéquate ait pour effet de reléguer la convenance au rang des accessoires, elle en apporte la définitive exaltation.
En outre, nous tenons sans doute maintenant la réponse à la question posée ci-dessus à propos de l'*Axiome 6* de la *Partie I* : l'idée vraie, c'est-à-dire convenant avec son idéat, ne serait pas telle si elle ne convenait *totalement* avec lui. Ce n'est pas à une définition de dire cela, mais bien à un axiome.

[53] *Éth. II, prop. 4.*

soient causées, au fur et à mesure, par les objets dans le sujet (ou les sujets). Mais cela *ne suffit* pas (ou peut-être faut-il dire que cela ne suffirait pas si n'intervenait tout ce que cela implique) ; car on pourrait concevoir que l'objet exerce en une seule fois sur le sujet l'action qui produit en celui-ci le tout de la représentation, de sorte qu'ensuite le développement de ce tout comme diversité unifiée (et unité diversifiée) serait le fruit de la pure activité interne du sujet. Et comme, même en ce dernier cas, une telle causalité présuppose l'existence du sujet et sa faculté d'être affecté, il faut de toute façon relancer la recherche de la cause dans une autre direction. Je ne développe pas davantage : la recherche de la cause qui rassemble en son unité non seulement l'objet, non seulement le sujet, mais le sujet *et* l'objet et ainsi le « voir » *lui-même avec lui-même*, il est assez clair que c'est bien encore à un Dieu qu'elle conduit. C'est bien, en tout cas, ce que dit Spinoza : c'est *en Dieu* que sont les idées, et, pour commencer, l'idée de Dieu.

C'est là ce que, me semble-t-il, P. Macherey ne mesure pas assez. Il écrit, par exemple : « [l'idée] ne communique pas avec son idéat, sinon par l'intermédiaire de la substance »[54]. C'est tout à fait exact. « La substance n'est rien d'autre que cette nécessité unique qui s'exprime à la fois dans une infinité de formes. Il n'y a donc aucun mystère à ce qu'on retrouve dans chaque genre d'être tout ce qui appartient aussi par définition à tous les autres... »[55]. Il n'y a aucun mystère, en effet, si l'on s'est donné cette substance ; mais le moins qu'on puisse dire est que se la donner ne va pas de soi. Et quant à dire que, sur le terrain où s'est placé Spinoza « les vieilles questions de la philosophie sont tout simplement invalidées », c'est tout le contraire que j'aperçois : les vieilles questions sont confirmées et les vieilles réponses sont quelque peu modifiées. Et l'un des éléments de cette modification est que l'entendement infini, tout infini et tout actif qu'il soit, reste pourtant, à certains égards – et ce n'est pas peu de chose – marqué d'une certaine passivité fondamentale, qui se montre à la fois en ce qu'il est lui-même une conséquence de l'essence divine et en ce

---

[54] P. 82.

[55] Pp. 131-132.

qu'il ne fait que voir tout ce qui suit de cette essence. Ce Dieu a une immense intelligence, mais c'est trop tard : il ne peut rien en faire !

Cette radicale spontanéité du savoir – et il faudrait dire aussi : spontanéité de l'être – dont il cherchait le principe et le développement, Hegel ne s'est pas mépris en pensant qu'elle ne se trouve pas dans le spinozisme : elle ne s'y trouve effectivement pas[56].

Les idées sont en Dieu : cela va me permettre de rejoindre le dernier point traité dans le chapitre, concernant le problème du faux et donc le statut de l'idée inadéquate. P. Macherey soutient que la conception spinoziste de l'erreur satisfait par avance aux requêtes de Hegel : dépasser l'opposition rigide du vrai et du faux. La fausseté a sa source dans la connaissance inadéquate. Il faut donc préciser le statut des idées inadéquates. Comment P. Macherey les voit-il ? Il me semble qu'il les voit comme constituant une certaine espèce d'idées. « Toutes les idées, en tant qu'elle sont rapportées à Dieu, sont vraies », dit Spinoza[57] dans une formule jugée provocante[58]. Le commentateur explique : « toutes les idées, c'est-à-dire aussi les idées inadéquates ou confuses ». Et « en tant qu'elles sont rapportées à Dieu » est interprété comme : « en tant qu'elles sont comprises d'après la nécessité causale du procès qui les a engendrées ». Ces idées sont pour nous incomplètes parce que « nous sommes empêchés d'en

---

[56] La *Prop. 7, Éth. II* : *ordo et connexio idearum idem est ac ordo et connexio rerum*, sur laquelle s'appuie en partie P. Macherey (cf. p. 74) appelle de mon point de vue deux remarques : 1. Elle développe dans une perspective panthéiste et cosmothéiste le thème fort classique selon lequel Dieu se connaît originellement soi-même et connaît en soi, cause première, toutes choses (cf. saint Thomas, *Summa theologiae*, I, qu. 14, a 5). 2. Elle n'a pas d'abord une portée épistémologique relativement à la science humaine (encore qu'elle l'ait aussi), mais d'abord une portée physique et cosmologique. Ce qu'elle permet de comprendre, c'est, sur la base de la connaissance qui est en Dieu, le déploiement, dans toute la Nature sous l'attribut pensée, des idées qui accompagnent tous les modes de l'étendue ainsi que des autres attributs, par conséquent, des idées qui constituent les âmes.

[57] *Éthique II*, *Prop. 32.*

[58] P. 83.

percevoir la nécessité »[59]. Et finalement la représentation imaginaire du soleil est adéquate si elle est prise pour exprimant ce qu'elle exprime en fait, c'est-à-dire la disposition de notre corps[60].

Je laisse, pour commencer, de côté le « toutes les idées » de la *Proposition 32*. Mais je conteste tout de suite l'interprétation donnée de « en tant qu'elles sont rapportées à Dieu ». Cela veut dire : en tant que ces idées sont en Dieu, en tant que Dieu les a. Et cela s'oppose, ou peut s'opposer, à : en tant qu'elles sont rapportées à une âme qui les a incomplètement. Et il est vrai que, de nos idées inadéquates, nous ne percevons pas la nécessité, mais un savoir surajouté ne les rendra pas adéquates. Enfin, s'il est vrai que l'idée inadéquate exprime la disposition de notre corps, elle l'exprime confusément, c'est-à-dire inadéquatement.

J'userai à mon tour d'une formule provocante (celle de Spinoza, citée tout à l'heure, ne l'est en réalité pas). Il n'y a pas deux espèces d'idées, les idées adéquates et les idées inadéquates. À proprement parler il n'y a pas d'idées inadéquates : il y a une modalité inadéquate de certaines idées. Toute idée est d'abord tout simplement en Dieu, et elle y est comme adéquate. Une idée peut être aussi en une âme, qui est d'ailleurs en elle-même une idée qui est en Dieu. L'idée qui est en une âme ne cesse pas d'être, à ce titre aussi, en Dieu : elle est, à ce titre, en Dieu en tant que Dieu constitue la nature de cette âme. Mais elle peut alors y être d'une manière incomplète. Alors l'idée est incomplète en l'âme (c'est-à-dire en Dieu en tant qu'il constitue la nature de cette âme) sans cesser d'être complète en Dieu (c'est-à-dire en Dieu en tant qu'il ne constitue pas seulement la nature de cette âme). L'idée inadéquate n'a *en tant qu'inadéquate* aucune positivité (ce qui ne l'empêche pas d'avoir une fonction positive). Il me semble que cela a des conséquences en ce qui concerne la question posée par P. Macherey : qu'y a-t-il de vrai dans les idées fausses ? Du point de vue de Dieu, l'inadéquation – qui est sinon la fausseté, du moins la source de la fausseté – se volatilise complètement. Le

59 P. 85.
60 P. 87.

mutilé et confus se résout entièrement en clair et distinct. Le rapprochement avec Hegel ne me paraît guère possible. P. Macherey restitue avec beaucoup de bonheur le mouvement de la pensée hégélienne, en montrant qu'elle s'organise autour du thème de l'ascension à soi-même du sujet : c'est dans ce cadre, et seulement en lui, qu'une philosophie peut prétendre à la vérité absolue tout en dépassant l'opposition rigide du vrai et du faux. Non moins justement, P. Macherey remarque – d'accord en cela avec Hegel – que Spinoza était à cent lieues d'une telle philosophie où l'absolu est sujet (la question du signe qu'il convient d'adjoindre à l'indication de la distance étant ici réservée) : une fois de plus il faut conclure que, malgré toute son ingéniosité, le critique n'a pas réussi à démontrer ce qu'il se proposait de démontrer, à savoir que Hegel a refusé de reconnaître chez Spinoza une part de lui-même qui s'y trouvait déjà[61]. Le quatrième argument principal se trouve invalidé tout entier.

---

[61] Je n'accorderai pas non plus à P. Macherey que la formule *verum index sui et falsi*, « le vrai est l'index de lui-même et du faux » implique que les idées fausses soient vraies aussi à leur manière (cf. p. 87) : c'est une tout autre question.

En ce qui concerne Hegel, la page de la *Phénoménologie de l'Esprit* citée pp. 89-90 (trad. Hyppolite I, p. 93) a bien pour objet de dépasser une façon simpliste d'opposer, en les hypostasiant, le vrai et le faux. Mais les deux extraits cités par P. Macherey n'ont pas le sens qu'il lui donne. « On peut bien savoir faussement » n'est pas la formulation brutale d'une thèse spécifiquement hégélienne. « Savoir faussement » veut dire à peu près « avoir l'air (y compris à ses propres yeux) de savoir, sans savoir réellement » ; c'est réaliser de façon défectueuse l'essence du savoir, qui est l'essence même du soi, c'est contrevenir à cette essence. C'est un problème classique : le mal n'est pas une essence, et en ce sens il n'existe pas ; cependant une chose peut mal être, mal agir, c'est-à-dire être inégale à elle-même, et en ce sens le mal existe. Analysant cela Hegel peut alors remarquer que l'inégalité à soi – il est vrai, sous des formes diverses – n'est nullement étrangère à l'essence du soi. D'autre part quand Hegel refuse la formule selon laquelle le faux serait « un moment du vrai », ce n'est pas pour la raison que le faux apparaîtrait, de la sorte, comme subordonné au vrai à la façon d'un simple moyen, d'un intermédiaire qu'on rejette une fois qu'on s'en est servi. Au contraire : *une fois reconnu* que le faux *n'est pas* un intermédiaire de cette sorte, *on peut être tenté* d'en conclure : « le faux est donc un moment ou même une partie constitutive du vrai ». Alors Hegel refuse *aussi* cette conclusion, autrement dit il nie ici non (comme l'a cru P. Macherey) que le faux disparaisse une fois le vrai atteint (il l'a *déjà* nié), mais qu'il subsiste *comme* faux ; certes il subsiste,

*
* *

Avec ce thème du sujet absolu nous tenons aussi le centre de la confrontation qui fait l'objet des *Chap. III* et *IV*, dont je ne dirai que quelques mots. Car tous deux, et le dernier plus explicitement, ont trait à la négativité et au statut de la déterminéité : ce qui, selon Hegel, ne se sépare pas de l'essence du sujet absolu.

Je remarquerai simplement qu'il n'est sûrement pas de bonne méthode, ni sur le plan historique ni sur le plan philosophique, d'exclure par principe le principe de la vision hégélienne et le droit, qui s'y rattache, de prétendre comprendre Spinoza mieux que celui-ci ne s'est compris lui-même. Et si l'on ne prend pas le parti d'une telle exclusion, la confrontation demande un système de traduction très finement mis au point. La question du statut de l'attribut, notamment, n'est pas tout entière suspendue à la lecture faite par Hegel de la définition de l'attribut, tant s'en faut ; si, du reste, Hegel a fait une erreur sur ce point – ce que je n'exclus pas mais qui serait à voir de plus près – cette erreur est plutôt moins grave que d'autres erreurs faites parfois par d'autres auteurs sur ce même texte et sur d'autres connexes.

Négativité et spiritualité vont de pair : voilà ce que dit Hegel. Or il est une question qu'on ne peut éluder indéfiniment : d'où vient à Spinoza ce qu'il dit ? D'où lui vient cette notion de l'infini sans laquelle pas une ligne de lui ne se justifie ni même ne se comprend ? Ce n'est quand même pas une constatation empirique !

Et finalement pour quelle raison Hegel a-t-il, selon P. Macherey, redouté d'être entraîné par Spinoza là où il ne voulait pas aller ? La réponse est simple et claire : Spinoza refuse toute téléologie, il refuse la primauté de l'esprit. Que telle soit la pensée de Spinoza, cela relève en effet de la simple constatation. Mais

---

mais non pas *comme* faux, et l'inégalité du soi à soi subsiste, mais *comme* surmontée.

Spinoza a-t-il été en cela particulièrement clairvoyant ou plutôt mal voyant ? « L'illusion finaliste », dit à maintes reprises P. Macherey, comme s'il allait de soi que le finalisme soit illusoire. Mais où sont ses arguments ?

Assurément le sens de l'anti-finalisme de Spinoza mérite qu'on s'y attarde. Kant, quoique assez mauvais historien de la philosophie, avait entrevu que la question n'est pas si simple. Delbos le rappelle dans ses admirables leçons sur le spinozisme : « Il rentre par là, semble-t-il, dans le système de Spinoza quelque chose de très analogue à la finalité [...] » ; et Kant « reconnaît qu'il y a une sorte d'acceptation de la finalité dans la position de l'unité absolue de l'Être comme antérieure aux modes qu'elle comprend, comme principe de leur enchaînement [...][62] ». Ces lignes sont dignes d'être méditées.

Il faut remercier P. Macherey de nous avoir, à sa manière, ramenés aux questions les plus essentielles.

---

[62] *Le Spinozisme*, Paris, 1926, pp. 89-90.

SPINOZA N'A PAS ASSIMILÉ LES MODES A DES PROPRIÉTÉS

La *Proposition 16* de la *Partie 1* de l'*Éthique* est : *Ex necessitate divinae naturae infinita infinitis modis (hoc est omnia quae sub intellectum infinitum cadere possunt) sequi debent* : « De la nécessité de la nature divine doivent suivre une infinité de choses en une infinité de façons (c'est à dire tout ce qui peut tomber sous un entendement infini) ». Sa démonstration n'a pas manqué de poser des questions aux commentateurs. Le ressort de cette démonstration est, en effet, que *ex data cujuscumque rei definitione plures proprietates intellectus concludit, quae revera ex eadem (hoc est, ipsa rei essentia) necessario sequuntur, et eo plures, quo plus realitatis rei definitae essentia involvit* : « De la définition donnée d'une chose quelconque l'entendement conclut plusieurs propriétés qui véritablement s'ensuivent (c'est-à-dire, suivent de l'essence même de la chose) nécessairement, et d'autant plus nombreuses que l'essence de la chose définie enveloppe plus de réalité.» Il est certain, par ailleurs, que les *infinita* qui suivent de la nécessité de la nature divine sont bien des « choses », en l'occurrence des « modes » ou « affections » de la substance, autrement dit de Dieu (nous nous intéresserons, en tout ce qui suit, aux modes finis). C'est ce que confirme notamment le *Corollaire 1*, qui donne pour conséquence immédiate que Dieu est la cause efficiente de toutes les *choses* (*omnium rerum*) qui peuvent tomber sous un entendement infini. Personne, du reste, ne le conteste.

A lire cela il semble que Spinoza assimile ces *choses* que sont les modes à des *propriétés*. Or les choses ne sont pas des propriétés. L'essence d'une chose ne saurait être une propriété d'une autre chose. On essaie souvent de tourner la difficulté d'une manière ou d'une autre. Mais Spinoza assimile-t-il réellement des choses à des propriétés ? Remarquons qu'il *ne dit pas* que les modes soient des propriétés ni que certaines propriétés soient des modes. Mais sans le dire, ne le suppose-t-il pas ?

Mais pour que la démonstration de la *Proposition 16* soit probante il n'est pas besoin de le supposer ; il suffit d'admettre que plus il y de modes de Dieu, plus il y a de propriétés de celui-ci. Exposons cela en raisonnant sur les nombres, nonobstant la dévalorisation spinoziste du nombre et sans entrer dans les redoutables problèmes que pose cette dévalorisation. Si l'on suppose qu'il n'y a qu'un nombre fini (c'est-à-dire, pour Spinoza, un nombre) de modes, alors un nombre plus grand de modes entraînera un nombre plus grand de propriétés de Dieu ; c'est donc que, jusque là, on n'avait pas rejoint la totalité des propriétés possibles. En fin de compte (quoiqu'il n'y ait pas de fin de compte) seule l'infinité, que j'appellerai « transnumérique », des modes est à la mesure de l'infinité transnumérique des propriétés.

Mais on insistera : s'il est vrai que Spinoza ne dit pas expressément que les modes de Dieu sont assimilables à des propriétés, n'est-il pas tout près de le dire dans le *Scolie* de la *Proposition 17* de la même *Partie 1* ? En effet il renvoie à la *Proposition 16* et explique par une analogie la façon dont les choses suivent (il emploie ici le mot *effluxisse*, « découler », mais *sequi* reste valable) de la nature de Dieu, à savoir, de la même façon (*eodem modo*) que, de la nature du triangle, il suit éternellement que « ses trois angles sont égaux à deux droits » (c'est à dire que leur somme est égale à celle de deux droits). Ainsi on a d'un côté l'essence – ici, celle de Dieu, là, celle du triangle – et de l'autre côté les conséquences – ici, des modes, là, une propriété, choisie à titre d'exemple. Donc, enchaînera-t-on, les modes sont assimilés à des propriétés.

Mais là encore on outrepasse le sens du texte. Revenons à la *Démonstration* de la *Proposition 16*. Spinoza y met en regard les *propriétés* d'une chose de moindre réalité et les *propriétés* d'une chose de plus grande réalité, et affirme que la seconde a plus de propriétés – les propriétés étant, dans tous les cas, conséquences de l'essence ; de là il passe à la chose qui a une infinie réalité, c'est-à-dire Dieu ; la conclusion immédiate, *mais implicite*, est que Dieu a une infinité de propriétés, conséquences de son essence ; la conclusion *explicite*, résultant de la première, est qu'une infinité de modes suivent de cette essence. Cela se comprend très bien en admettant que les propriétés de Dieu sont *associées* à des modes. Modes et propriétés relèvent de deux « catégories » différentes ; disons qu'ils ont en commun d'être des « objets de connaissance » ; nous dirons alors que les objets de connaissance associés suivent de l'essence infinie solidairement et de la même façon, *eodem modo*, et notamment avec la même nécessité. La façon, le mode de la consécution peut être considéré indifféremment, quel que soit le conséquent pris en considération, pourvu qu'il soit l'un des associés.

Considérons donc de nouveau l'analogie proposée par Spinoza. Ici Dieu et son essence, d'où suivent d'une même façon des objets de connaissance associés, les uns du type « propriété », les autres du type « chose ». Là le triangle et son essence, d'où suivent des objets de connaissance du type « propriété ». Enchaînons maintenant :

1 - Les propriétés de Dieu suivent de l'essence de Dieu de la même façon que les propriétés du triangle suivent de l'essence du triangle.

2 - Les modes de Dieu suivent de l'essence de Dieu de la même façon que les propriétés de Dieu suivent de l'essence de Dieu.

3 - Donc les modes de Dieu suivent de l'essence de Dieu de la même façon que les propriétés du triangle suivent de l'essence du triangle : c'est ce que dit Spinoza.

Il est légitime de s'attendre à pouvoir pousser l'analogie plus loin. Y a-t-il, dans le cas du triangle, des objets de connaissance du type « chose », associés à la propriété citée et correspondant à ce que sont les modes à l'égard de Dieu? Ces objets ne pourraient-ils être les angles, qui interviennent dans la propriété considérée du triangle? Le rapport des modes à Dieu et celui des angles au triangle ont ceci de commun qu'ils concernent l'un et l'autre une chose subordonnée et une chose principale.

Cependant le développement de l'analogie fait apparaître une difficulté : les modes sont conçus *par* la substance *en* laquelle ils sont (cf. *Part. 1*, *Déf. 5*) et qu'on peut bien, pour cette raison, qualifier de « chose principale » ; les angles sont bien, si l'on veut, « *en* » le triangle, mais ne sont-ils pas conçus *avant* le triangle, en vertu même de la définition de celui-ci? Mais en fait, malgré le nom « triangle » (*trigonon*) Euclide définit cette figure non à partir des angles mais à partir des côtés, à savoir comme une figure rectiligne trilatère (*tripleuron schèma*), n'introduisant le nom *trigonon* qu'ensuite et sans explication[1]. La difficulté paraît donc levée... si ce n'est que les côtés, à leur tour, peuvent être les supports de propriétés remarquables du trilatère et que, de toute façon, l'angle se conçoit indépendamment du trilatère.

Or nous avons la chance de disposer d'un autre exemple donné par Spinoza, et fort précieux, car non seulement il éclaire ce dernier point, mais de plus, et surtout, il confirme la thèse principale ici soutenue. Il s'agit du *Scolie* de la *Proposition 8* de la *Partie 2*. On considère un cercle, deux cordes sécantes et les rectangles constitués avec des côtés égaux respectivement aux segments que limitent, sur chaque corde, son point d'intersection avec l'autre corde et l'une de ses extrémités ; ces rectangles sont égaux (c'est à dire ont une aire égale). Là aussi Spinoza propose une analogie : à Dieu correspond le cercle, aux modes correspondent les rectangles. Nul ne pourrait tirer de ce texte que les modes sont assimilés à des propriétés de Dieu : les rectangles considérés ne sont certes pas des propriétés du cercle ! On pourra développer : de la nature du cercle suit cette propriété du cercle que les rectangles constitués comme on l'a dit sont égaux ; les objets de connaissance associés à cette propriété sont les rectangles. Et l'on pourrait continuer en forçant à peine : les rectangles, en tant (*quatenus* : mot très spinoziste) qu'ils sont

[1] Cf. *Éléments*, I, *déf.* 19 et 20.

précisément *ces* rectangles *ainsi* constitués, suivent de la nature du cercle *de la même façon* que la dite propriété.

Par ailleurs cette analogie ne présente pas l'inconvénient de la précédente : les rectangles en question n'entrent de toute façon pas dans la définition du cercle. Revenons cependant à l'exemple du triangle. Ce qui fait difficulté c'est que des éléments entrant dans la définition du triangle, et qui donc le « précèdent », peuvent intervenir dans la constitution de ses propriétés, lesquelles suivent de son essence, et qu'on hésite à considérer ces éléments comme comparables aux modes, qui, certes, n'entrent pas dans la définition de Dieu. Mais les éléments en question précèdent-ils le triangle à tous égards ? Ne pourrait-on dire que le triangle a une essence, pourvue d'une unité interne et qui, à ce titre, « précède » les angles et les côtés en tant qu'ils sont angles-du-triangle et côtés-du-triangle ? Certes, une telle priorité ne vaudra que jusqu'à un certain point ; car les angles du triangle sont, par ailleurs, des angles tout simplement et ses côtés, des droites tout simplement ; il existe des angles et des droites en dehors du triangle ; et il en va de même dans l'exemple du cercle : les rectangles constitués comme on l'a dit sont, par ailleurs, des rectangles tout simplement ; il existe des rectangles indépendamment du cercle ; tandis que les modes ne sont rien d'autre que modes de Dieu, et en Dieu. Aussi bien Spinoza lui-même prend-il soin de nous avertir des limites des analogies, s'agissant du statut des modes : « Si l'on désire une explication plus ample de ce point, je ne pourrai certes en donner une qui explique adéquatement le point dont je parle, attendu qu'il est unique ; cependant je m'efforcerai de l'illustrer autant que possible. »

Raison de plus pour revenir au rapport de Dieu à ses propriétés et à ses modes. Et tout d'abord, pouvons-nous préciser quelles sont les propriétés de Dieu associées aux modes ? Elles doivent avoir trait à la façon dont Dieu se rapporte aux modes. Spinoza expose ce rapport par différents mots, dont chacun en souligne un aspect. Dieu *cause* l'essence et l'existence des modes (I, *Prop.* 25) ; un attribut *est modifié* par une modification déterminée (I, *Prop.* 22) ; les attributs *sont exprimés* par un mode d'une manière particulière et déterminée (I,*Prop.* 25, *Cor.*). Causer, être modifié, être exprimé : ces formes de relation ont Dieu ou l'essence divine pour sujet. Leur actualité peut être transitoire ; mais elles sont, dans tous les cas, enracinées dans un pouvoir, un *posse*, qui appartient éternellement à l'essence divine. Un tel pouvoir – pouvoir causer, modifiabilité, exprimabilité – est une propriété de Dieu qui suit de l'essence de celui-ci.

Cependant une difficulté subsiste. En passant nous avons considéré l'association des modes et des propriétés comme une relation symétrique. Elle l'est en effet ; mais malgré cela n'y a-t-il pas entre les termes corrélatifs un ordre à considérer ? Ne devrait-on pas penser que les propriétés de Dieu résultent de la présence des modes, comme le suggère la formule employée plus haut : plus il y a de modes de Dieu, plus il y a de propriétés de celui-ci ? Cependant, c'est bien par les propriétés de Dieu que commence Spinoza pour passer ensuite aux modes et à leur infinité. N'était-il pas possible, et, en ce cas, préférable, de déduire les modes et leur infinité directement de l'essence divine ? En réalité, la priorité reconnue aux propriétés ne fait qu'exprimer la priorité absolue de l'essence divine. Pour le montrer, poussons même encore plus loin l'idée que la priorité reviendrait aux modes : en effet, si les propriétés de Dieu sont bien ce que nous avons dit, elles consistent en des formes d'être-en-relation aux modes : pouvoir causer *ces modes*, pouvoir être modifié *par eux*, pouvoir être exprimé *par eux* ; et s'il est vrai que l'être-en-relation visé par ces mots a pour sujet Dieu ou l'essence divine, il est non moins vrai qu'il n'est ce qu'il est qu'en raison de son objet, qui est le mode, et peu importe alors que le mode existe en acte ou non : à titre d'objet de la relation il est condition de la propriété. Mais complétons cela. On pourrait dire, en étant bien conscient du caractère nécessairement approximatif des formules, qu'en produisant les modes Dieu se donne les conditions de ses propriétés. Or le concept de condition est porteur d'une ambiguïté ontologique : d'un côté le conditionné précède essentiellement la condition, laquelle, n'étant qu'un « ce sans quoi » quelque autre ne serait pas, est par essence subordonnée à cet autre qui ne serait pas sans elle ; mais d'un autre côté la condition est ce qui précède. Mais si une chose *se donne* ses conditions, de nouveau c'est à elle que revient la priorité ; la condition perd la sienne, pour ne plus retenir que son autre aspect, qui exprime sa subordination. Dès lors la condition n'est plus tout à fait une condition... C'est bien cela qui se traduit dans la priorité de la propriété, expression de la priorité de Dieu.

Cependant ce que Dieu ne précède pas, c'est la loi ontologique selon laquelle le maximum absolu de la réalité doit, tout en exigeant l'unité la plus infrangible qui puisse être, se traduire par la déterminéité, la diversité et l'infinité transnumérique. Faut-il dire alors que cette loi précède Dieu ? Ce ne serait pas dénué de fondement ; mais en même temps il faut noter que cette loi n'a pas de consistance sans sa réalisation en Dieu ; on ne peut donc pas dire que la loi précède Dieu.

La même situation peut se dire d'une façon voisine : ce que le premier de deux ne précède pas, c'est la nécessité pour lui d'être le premier par rapport à un second, nécessité qui, pourtant, n'a de consistance que de par le premier.

Le lecteur de Hegel ne peut manquer de retrouver en tout cela cette dialectique de la « réflexion » que l'auteur de la *Science de la Logique* a thématisée dans la partie de l'ouvrage où il traite justement de l'ontologie spinoziste. On dit fréquemment, il est vrai, que Hegel a mal compris Spinoza ; mais a-t-on assez bien lu Hegel ?

Cette dernière référence suggère la présence chez Spinoza – et sans doute en va-t-il de même pour tout grand philosophe – d'un principe qui à proprement parler ne peut se dire dans le cadre de la technicité spinoziste, mais qu'il faut tenter de dire si l'on veut ne pas s'en tenir à une stérile répétition. Il s'agit, en un tel cas, d'un non-dit fondateur, d'un implicite incorporé à tout ce qui est énoncé par le philosophe. Mais quand Spinoza omet de dire que modes et propriétés de Dieu sont associés, et omet ainsi un chaînon du raisonnement, il s'agit là d'un non-dit d'une tout autre sorte, et qui pouvait parfaitement être énoncé dans le cadre de la technicité spinoziste ; toutefois la présence du non-dit fondateur peut expliquer l'omission de ce qui était énonçable, en ce qu'elle a pu contribuer à lui imprimer le caractère de ce qui « va sans dire » ; expliquer l'omission, oui, mais sans la rendre nécessaire, et nous sommes en droit de dire à notre tour, à la manière qui eût pu être celle de Spinoza lui-même : *melius hercle dicendo* ! « Par Hercule, cela va mieux en le disant ! »

Complément

La façon dont j'ai caractérisé les propriétés de Dieu ou de la Substance associées aux modes peut faire problème. Si, en effet, tenu compte de l'analogie, on se reporte aux exemples cités, les propriétés considérées se présentent autrement. Ainsi l'on considère le fait que les trois angles du triangle aient une somme égale à deux droits comme une propriété du triangle ; on considère le fait que les rectangles construits comme on l'a dit aient des aires égales comme une propriété du cercle. La propriété consiste en un être-ainsi de certains éléments, – angles, rectangles –, qui répondent d'abord à une définition générale et dont la particularité est déterminée par le triangle ou par le cercle, lesquels jouent le rôle de chose principale à laquelle ils sont subordonnés.

Cependant l'être-ainsi en question pourrait être considéré plus proprement comme une propriété des éléments eux-mêmes, en tant, certes, qu'ils sont déterminés par la chose principale ; si l'on le considère néanmoins comme propriété de celle-ci, on veut dire que celle-ci a la propriété de le fonder et, par métonymie, on le nomme « propriété de la chose principale ». Il faut d'ailleurs reconnaître la légitimité de la désignation métonymique dès lors qu'elle est bien comprise.

Si l'on revient au rapport de la Substance et du mode il convient, lorsque l'on fait ressortir l'analogie, de ne pas négliger la différence. Dans les exemples considérés la « chose principale » n'est telle que relativement, alors qu'eu égards aux modes la Substance l'est absolument. D'autre part, dans les exemples, l'être-ainsi considéré concerne plusieurs éléments dont chacun pris à part ne l'implique pas, parce qu'il n'implique pas de lui-même sa relation aux autres. S'agissant d'un mode l'être-ainsi correspondant serait, pourrait-on penser, l'essence même du mode ; mais celle-ci ne présente pas la même structure relationnelle : le mode est simplement ce qu'il est. Pour retrouver un véritable analogue de l'être-ainsi considéré d'abord il faudrait pour commencer faire ressortir ce qui, dans un mode, correspond à la définition générale du mode, autrement dit le mode en tant que mode, qui n'implique pas *l'essence particulière* de *ce mode-ci*. Le fait qu'un mode ait *cette* essence serait l'analogue de l'être-ainsi considéré plus haut, et pourrait de même, par métonymie, valoir comme propriété de la Substance qui le fonde.

Cependant les limites de l'analogie sont manifestes. Ce qui, dans un mode, répond à la définition générale du mode n'est pas « quelque chose » : ce n'est « rien » ; (de même, avant d'avoir établi qu'il n'existe et ne peut exister qu'une substance, on peut dire avec Spinoza que deux substances ayant des attributs différents n'ont rien de commun, *nihil inter se commune*[2]) ; un tel « néant » n'a pas de statut dans l'ontologie spinoziste. A sa place il convient de considérer la Substance en tant qu'elle *n'est aucun* mode mais *peut causer* un mode. Finalement l'être-ainsi qui concerne la chose secondaire consiste ici en ce que l'essence d'un certain mode est causée par la Substance. Cet *être-causé* est, vu du côté du mode, la même chose (qui n'est pas une « chose » !) que le *causer* qui a pour sujet la Substance. Ce causer est propriété de la Substance ; par métonymie l'être-causé du mode peut être considéré comme propriété de la Substance.

---

[2] *Éth. I, Prop. 2.*

LE DÉBAT ENTRE CASSIRER ET HEIDEGGER SUR KANT

Mon propos est d'essayer de réfléchir au débat qui a opposé les deux philosophes concernant l'interprétation de Kant, à partir de la recension du livre de Heidegger *Kant et le problème de la métaphysique* écrite par Cassirer et parue dans les *Kantstudien* en 1931.

Cassirer pose une question : Heidegger a-t-il bien compris Kant ou l'a-t-il défiguré, et cela dans le sens de sa propre pensée ? Sa réponse est partagée.

Du côté positif Cassirer pense que Heidegger a vu et examiné admirablement, dans l'explication de l'*Analytique transcendantale* – et c'est dire aussi dans l'explication de la connaissance de la nature –, l'importance du schématisme et, par là-même, de l'imagination transcendantale qui procure aux catégories leurs schèmes temporels.

Du côté négatif Cassirer objecte à Heidegger que l'imagination transcendantale peut bien être au centre de l'Analytique, mais non pas au centre du Système. « Le thème "Kant et la métaphysique" ne se laisse pas traiter exclusivement *sub specie* du chapitre sur le schématisme, mais *sub specie* de la théorie kantienne des idées, en particulier *sub specie* de la théorie kantienne de la liberté et de sa théorie du beau »[1].

---

[1] E. CASSIRER, M. HEIDEGGER, *Débat sur le kantisme et la philosophie*, (traduction du texte de Cassirer par P. Quillet), Paris, Beauchesne, 1972, p. 74.

Sans nul doute Cassirer a touché une réelle difficulté. Sans prétendre traiter celle-ci complètement je me propose de montrer que certains reproches peuvent être regardés comme injustifiés. Cela n'exclut pas que Cassirer puisse avoir partiellement raison ; mais peut-être ses thèses devraient-elles alors être reformulées moyennant une prise en considération de l'ensemble de la position philosophique de Heidegger et une critique adéquate de celle-ci.

Il faut d'abord signaler une erreur de Cassirer qui concerne l'entreprise centrale de Heidegger et n'est pas sans conséquences pour la compréhension de l'interprétation heideggerienne de Kant. Décisif est pour Heidegger – et aussi, d'après lui, dans certaines limites, pour Kant – le traitement du problème de l'ontologie. Ce traitement exige que la compréhension de l'être, qui caractérise le *Dasein*, « l'étant que nous sommes nous-mêmes », soit examinée. L'*Analytique existentiale* – dont le titre ne peut pas ne pas évoquer l'*Analytique transcendantale* de Kant – doit apporter le fondement de l'ontologie et peut pour cette raison être nommée « ontologie fondamentale ». Mais Cassirer croit qu'ontologie *fondamentale* veut dire, selon Heidegger, *authentique* (*echte*) ontologie[2] ; la tâche de l'ontologie serait de « découvrir et dévoiler l'essence de l'homme »[3]. De la sorte Cassirer peut dire : Heidegger lit la théorie du schématisme dans le sens d'un dévoilement de la temporalité du sujet, alors qu'en fait elle contribue à la théorie de la connaissance objective[4] ; en quoi Cassirer omet de rappeler qu'une telle théorie de la connaissance objective est en même temps une théorie de l'objet de cette connaissance ; or c'est justement ce que Heidegger reconnaît comme étant essentiel, au point de voir dans la *Critique de la raison pure* l'élaboration des principes de l'ontologie qui est réalisable dans le cadre de la finitude – ontologie dans laquelle « objet » est le nom de l'étant – et ce, en accord avec ce que dit Kant dans une lettre à Ludwig Heinrich Jakob[5] et dans les *Progrès de la métaphysique* (et c'est

[2] *Ibid.*, p. 57.

[3] *Ibid.* p. 75.

[4] *Ibid.*, pp. 76-77.

[5] Édition de l'*Akademie der Wissenschaften*, Berlin, 1910 sqq. (noté *Ak*), X, p. 494.

bien là qu'il est fâcheux de faire un contresens sur ce que Heidegger entend par « ontologie »). Finalement, d'après Cassirer, Heidegger abandonnerait le sol de la « déduction objective » des catégories au profit de celui de la « déduction subjective », ou encore il abandonnerait le sol de la « phénoménologie de l'objet » au profit de celui de la « phénoménologie du sujet »[6]; par là il privilégierait démesurément la question – certes posée par Kant – « qu'est-ce que l'homme ? ». Dans ce cadre, continue Cassirer, Heidegger fait entrer toutes les composantes de la finitude de l'homme développées par lui dans *Être et temps*, telles que l'être-vers-la-mort (*Sein zum Tode*), qui n'ont rien à faire ici.

Afin de renforcer son argument Cassirer souligne que la théorie du schématisme ne s'accomplit chez Kant que dans le chapitre sur les principes de l'entendement pur, chapitre que précisément Heidegger ne cite ni ne commente. A quoi il convient de répondre d'abord que Heidegger, certes, n'entre pas dans tous les détails des principes particuliers mais qu'il consacre le §24 de son livre au principe suprême de tous les jugements synthétiques : le reproche n'est pas pertinent. Plus importante, mais aussi plus déformante, est la référence au traitement de la finitude dans *Être et temps*. Cassirer méconnaît que d'après Heidegger le *Dasein*, pour être central, n'en est pas moins « excentrique », comme le souligne un texte paru lui aussi en 1929[7], de sorte que sa temporalité n'est pas seulement « subjective », mais est précisément ce en quoi se forme l'objectité de l'objet. Par suite, naissance et mort ne concernent pas seulement « l'intérieur » du « sujet », mais l'être-au-monde et par conséquent le monde et la nature. Par ailleurs, du point de vue de Heidegger, il est légitime dans certaines limites de faire abstraction de l'être-vers-la-mort, même sans assumer explicitement cette abstraction ; que la problématique kantienne de l'expérience fasse cette abstraction peut valoir comme vraisemblable ; en revanche, dire que, si l'on s'attache à prendre les questions de manière plus complète en supprimant l'abstraction, on s'oppose à l'esprit de cette même problématique,

---

6 *Op.cit.*, p. 76.

7 *Ce qui fait l'être-essentiel d'un fondement ou raison*, in : *Questions* I, Paris, Gallimard, 1968, p. 141.

c'est émettre un jugement non pas historique, mais philosophique et, comme tel, contestable.

Si les traits de la temporalité humaine jugés par Cassirer non pertinents en ce qui concerne la théorie de la connaissance objective ont néanmoins une pertinence pour Kant, ce doit être du moins dans le domaine du pratique (là la mort est prise en considération par le biais du problème de l'immortalité de l'âme, et avant même cela, d'ailleurs, du seul fait que faire son devoir peut conduire à renoncer à sa vie). Mais c'est précisément la perspective du pratique qui, selon Cassirer, nous contraint à repousser le « monisme de l'imagination », caractéristique de l'interprétation heideggerienne, au profit du dualisme du sensible et de l'intelligible, caractéristique du Kant authentique ; car le problème de Kant « n'est pas le problème d'*être* et *temps*, mais le problème d'*être* et *devoir*, d'*expérience* et *idée* »[8]. Il faut donc considérer ce qui concerne ce dualisme et ce problème kantiens, et cela dès avant la considération du pratique.

Remarquons d'abord que la problématique de Cassirer caractérisée par la distinction des deux problèmes n'est pas adéquate. Heidegger a – sans doute après 1929, et peut-être en partie en réponse à Cassirer – attiré l'attention sur le fait que le *et*, dans le titre *Être et temps*, n'indique pas une opposition comme c'est le cas, au moins en partie, dans une formule telle que *être et devoir* ; il s'agit au contraire de se demander si être et temps ne font pas, d'une certaine manière, un plutôt que deux, et si le temps n'est pas « l'horizon de l'être » ; mais alors l'être est pris dans un sens assez large – parce que fondamental – pour englober le devoir, qui en est une modalité ; et c'est seulement secondairement que l'être en vient à se restreindre à une modalité de lui-même qui s'oppose au devoir, conformément à la formule « être et devoir » ; or dans la mesure où le devoir, malgré l'opposition, doit aussi être vu comme modalité de l'être, il est aussi concerné par le problème « être et temps » ; ainsi, caractériser la problématique en mettant en balance deux formules

---

[8] *Op. cit.*, p. 73.

en fait hétérogènes, comme s'il fallait choisir entre les deux, c'est installer la confusion.

Précisons encore le véritable rapport des deux formules. Si l'on admet, à titre d'hypothèse, que le rapport « être et temps » soit aussi fondamental que l'a pensé Heidegger, il est assez vraisemblable que ce rapport détermine lui-même l'émergence de la restriction et de l'opposition à l'instant mentionnées et que les deux opposés vont de pair avec deux aspects du temps ; ainsi c'est en approfondissant le problème « être et temps » qu'on approfondira le problème « être et devoir ».

Et précisément parce que les deux problèmes respectivement désignés par les deux formules ne sont pas situés sur le même plan, l'expression « le problème de Kant » est, tout comme le « et », ambiguë : peut-être le problème « être et devoir » est-il le problème de Kant en ce sens que Kant l'assume expressément et directement, mais le problème « être et temps » est peut-être aussi le sien en ce sens qu'il est contraint par la « chose même » de l'aborder.

En ce qui concerne la constitution du dualisme, une importante critique adressée par Cassirer à Heidegger doit être d'abord soulignée. Selon Heidegger le point suivant est fondamental chez Kant : la connaissance est premièrement intuition ; l'intuition humaine est sensitive, réceptive, donc finie, par opposition à l'intuition divine, qui est intellectuelle, créatrice, donc infinie, ce qui est précisé dans une explication donnée par Kant à la fin de l'*Esthétique transcendantale*. C'est par cette référence à l'entendement infini que Heidegger constitue sa propre explication de la « chose en soi » kantienne : celle-ci, en somme, est la chose pour autant qu'elle est pour Dieu (*quoad se*, dirons-nous, équivaut à *quoad Deum*). A ce sujet Cassirer dit : ce rapport à l'entendement créateur n'est rien d'essentiel pour la philosophie transcendantale, et, du reste, un tel entendement n'est pour Kant qu'un problème et donc « n'est pas quelque chose comme une borne réelle, de l'ordre de la chose (*eine reale, dingliche Schranke*), sur laquelle buterait notre connaissance[9] ».

---

[9] *Ibid.*, p. 64.

La retombée de la critique est la suivante : en insistant excessivement sur la finitude de notre mode d'intuition, Heidegger se ferme à la reconnaissance du caractère créateur de la spontanéité de l'entendement et de la raison. Or il est permis de trouver cette critique faible pour deux raisons.

Tout d'abord il faut souligner qu'il y a chez Kant, comme il est bien connu, et comme l'histoire de la « réception » de Kant le prouve abondamment, un point obscur concernant la « chose en soi ». La cohérence complète de la doctrine n'est pas absolument manifeste, et nous sommes de toute façon contraints de proposer des interprétations qui attribuent à Kant des présupposés tacites et plus ou moins clarifiés pour lui-même. Heidegger, assurément, a fait un choix. Mais lorsque, de son côté, Cassirer dit : « La philosophie transcendantale n'a rien à voir avec l'existence absolue des objets »[10] il y a lieu de répondre (et c'est la deuxième raison) : 1/ l'affirmation de l'être-en-soi des choses est en tout état de cause fort importante pour Kant (même si Kant a pu varier à ce sujet) ; 2/ précisément l'orientation vers le suprasensible, soulignée par Cassirer contre Heidegger, fonde l'assimilation, souvent admise par Kant, de la chose en soi à l'intelligible, assimilation qui ne laisse pas de poser quelques questions : peut-il y avoir un intelligible sans un entendement pour lequel il soit ? Ou bien suffit-il de la possibilité d'un tel entendement ? Mais la possibilité est-elle ici autre chose qu'un concept vide ? Kant aurait-il oublié sa distinction de la possibilité logique et de la possibilité réelle ou transcendantale ? Ces questions demeurent ouvertes. Sans doute Heidegger a-t-il tort de laisser penser (quoiqu'il ne le dise pas ni d'ailleurs ne le pense) que Kant aurait donné à la question du statut de la chose en soi une réponse univoque ; mais Cassirer partage ce tort avec lui.

Nous l'avons déjà vu : tandis que Heidegger insiste sur la réceptivité, que par ailleurs il oppose à la création divine, il méconnaît, d'après Cassirer, le pouvoir en quelque sorte créateur de l'entendement fini et de la raison. Cependant dans l'entretien de

---

[10] *Ibid.*

Davos de 1929 Heidegger avait reconnu expressément une certaine force créatrice et une certaine infinitude même à l'imagination, et donc aussi à l'entendement. Mais si, à propos de l'entendement, il est assez visible que Cassirer se bat en vain, la question est peut-être plus difficile en ce qui concerne la raison à proprement parler (d'abord comme raison théorique). Là Cassirer souligne la fonction du « questionner en dépassant » (*Hinausfragen*) par delà les conditions de l'expérience possible et, par là, la suppression du renvoi à l'intuition sensitive ; ainsi la raison, qui opère ce dépassement, n'est-elle pas « finie » comme l'entendement ; et même ce dernier prend part à l'infinitude, en ce que la raison lui impose une tâche allant à l'infini[11]. Mais Cassirer sous-estime d'une part l'échec partiel de la raison, d'autre part la finitude qui revient à toute tâche en tant que telle (le fait qu'une tâche soit infinie souligne, en un sens, cette finitude : on peut ici se souvenir de ce que Hegel dit du « mauvais infini »).

Pour porter le débat à son vrai niveau il faudrait poser la question suivante : en admettant que l'échec partiel de la raison théorique souligne la finitude de la connaissance humaine, la raison ne fait elle pas néanmoins signe en direction d'une infinitude à laquelle l'homme participe d'une certaine manière ? Et Heidegger prend-il assez en considération cet aspect des choses ? Mais Cassirer prend la chose autrement. Il conteste radicalement que l'on puisse parler à bon droit, avec Heidegger, d'une « raison sensitive » et d'une « spontanéité réceptive » : ce serait un « cercle carré » (en allemand : « du fer en bois », *hölzernes Eisen*[12]). Certes les expressions sont hardies ; elles peuvent cependant être douées de sens, même en ce qui concerne la raison prise en tant qu'elle tend à dépasser le conditionnement sensitif de l'entendement. Le §29 de *Kant et le problème de la métaphysique* est sans doute assez embrouillé ; mais peut-être en résulte-t-il ce qu'on pourrait énoncer ainsi : la spontanéité de la faculté humaine de connaître traîne comme un boulet, si j'ose dire, la forme du « se référer à un ob-jet » ; et cet « ob- » va de pair avec la réceptivité. Avant Heidegger, Fichte, lecteur de Kant aussi

---

[11] *Ibid.*, p. 67.

[12] *Ibid.*, p. 74.

profond qu'audacieux, avait su faire droit à un « cercle carré » du même genre.

Mais ce qui est décisif relève du domaine du pratique. Là aussi Heidegger entreprend très hardiment de ramener la raison pratique à l'imagination transcendantale comprise comme spontanéité réceptive. Ici Cassirer souligne à juste titre : « La loi morale elle-même a certes la forme de l'impératif et se tient de ce fait en face et à l'encontre de nous – mais la manière de se tenir en face n'est pas pareille à celle de l'objet théorique »[13] ; Heidegger confondrait ces deux manières. Or Heidegger explique expressément à la fin de son §30 que « dans le respect, la loi et tout aussi bien le soi agissant ne sont pas saisis objectivement, mais précisément sont manifestes d'une manière plus originelle, non-objective et non-thématique, comme devoir et agir, et forment l'être-soi non réfléchi, agissant » : une fois de plus Cassirer se bat en vain. En revanche, qu'une telle spontanéité réceptive ne fasse qu'un avec l'imagination transcendantale, voilà ce qui, sans doute, n'est pas suffisamment justifié par Heidegger, ce qui n'exclut pas que cela puisse l'être ; peut-être l'effort de Heidegger vise-t-il à dégager une essence de la spontanéité réceptive plus radicale que l'imagination transcendantale *stricto sensu* et qui engloberait celle-ci.

Au fond il serait sans doute nécessaire de dépasser le point de départ kantien dans la mesure où sont admises des facultés de l'esprit toutes faites, afin de ressaisir celles-ci comme des moments de l'ipséité : car c'est bien la structure de l'ipséité qui est au cœur de la problématique.

Vraisemblablement cette problématique a quelque chose à voir avec la dernière question abordée par Cassirer, concernant le point sans doute le plus faible de l'interprétation heideggerienne, à savoir le « recul » de Kant devant sa propre découverte du rôle central de l'imagination transcendantale, recul qui se traduirait en particulier par la réécriture de la *Déduction transcendantale des*

---

[13] *Ibid.*, p. 70.

catégories dans la seconde édition de la *Critique de la raison pure*. Cassirer remarque que, d'une part, cette explication présente le défaut de toute explication psychologique et, d'autre part, il n'y a pas trace chez Kant d'un quelconque effroi. Mais en décrivant l'interprétation de Heidegger il place l'objet de l'effroi ailleurs que ne le pense Heidegger, à savoir, comme s'il s'agissait du renoncement à une « métaphysique de l'Absolu », renoncement qui depuis longtemps en tout cas n'éveillait aucun effroi chez Kant[14]. Mais pour Heidegger ce qui était en jeu, c'était la suprématie de la *ratio* : suprématie pouvant, certes, s'exprimer dans la métaphysique dogmatique, mais pouvant aussi se faire valoir dans le cadre de la philosophie critique malgré les restrictions apportées par celle-ci. Kant pouvait s'effrayer de la mise en cause d'une telle suprématie ; ce qui ne veut certes pas dire qu'il se soit effectivement effrayé.

Mais la formulation de la thèse de Heidegger pourrait éventuellement être améliorée. D'une part le recul de Kant aurait été inconscient, d'autre part il aurait eu lieu, au fond, déjà dans la première édition, puisque c'est déjà dans une *Logique* que celle-ci traite des stades terminaux de la fondation de l'ontologie (le premier étant traité dans une *Esthétique*). Cela n'exclut pas que par la suite Kant ait remarqué dans la première édition la présence d'un danger, qu'il n'aurait cependant perçu que comme danger d'une erreur de lecture, ce qui suffisait à le conduire à affirmer plus fortement la prééminence de l'entendement dans la seconde édition.

En tout cas l'essentiel de la question demeure. Que d'après Kant la spontanéité de la pensée existe en quelque manière à l'état pur, autant que cela puisse être le cas d'une faculté, ne fait aucun doute et Heidegger le reconnaît ; mais cela signifie pour Heidegger que la pensée est vue alors comme coupée de sa propre racine. Ce jugement, qui est un jugement philosophique, nous avons encore à l'examiner en essayant d'approfondir l'essence du soi. Étant donné que le problème *être et devoir* est, comme l'a souligné Cassirer, décisif pour Kant, il est permis de remarquer,

---

[14] *Ibid.*, p. 79.

d'une manière quelque peu hégélienne : si je dois, c'est que je ne suis pas encore ce que je dois être ; et c'est aussi que je le suis déjà en quelque façon. Par là s'ouvre la perspective de l'intelligible ; cet aspect de la question est-il suffisamment pris en considération par Heidegger ? On peut se le demander. Mais remarquons de nouveau qu'il n'est pas étranger à la problématique *être et temps* prise en elle-même. Il pourrait justement conduire à approfondir l'essence du temps (et la temporalité de l'essence).

Encore une fois nous devons reconnaître que le problème de cette interprétation de Kant ne se situe pas sur un plan purement historique. Mais ce serait voir trop court que de dire : « maintenant nous allons nous occuper de ce que Kant lui-même a pensé ». Certes des mises au point purement historiques peuvent et doivent souvent être faites pour réfuter telle lecture erronée ; mais les limites de ce genre d'entreprise sont assez vite atteintes. Comprendre ce que dit un philosophe ne va pas sans une précompréhension de la problématique, pas plus que la description d'un évènement physique ne va sans recours à un référentiel ; le cercle herméneutique est inévitable. Cela ne signifie rien moins que : à chacun sa vérité ![15]

Ainsi le débat Heidegger-Cassirer demeure-t-il une source importante de notre tâche philosophique, même si Cassirer n'a pas été là à son plus haut niveau.

Complément

La problématique de la « chose en soi », traitée assez légèrement par Cassirer, alors qu'elle avait tourmenté plus d'un contemporain ou successeur immédiat de Kant, est d'une importance capitale, tant en ce qui concerne Kant lui-même qu'en ce qui concerne l'interprétation heideggerienne. Il est vrai qu'en identifiant en quelques lignes le concept de « chose en soi » à celui de chose connue par le créateur, Heidegger procède quelque peu avec ce que Sartre appelait naguère « sa manière brusque et un

[15] J'ai bien écrit « rien moins » et non pas « rien de moins ». (Qu'on me pardonne de faire cette remarque, rendue nécessaire par la fréquence de la confusion).

peu barbare de trancher les nœuds gordiens plutôt que de tâcher à les dénouer »[16]. Cela ne justifie pas qu'on écarte cette identification d'un revers de main pour la raison que le concept d'intuition créatrice est chez Kant problématique. (Ajoutons que dans son cours de 1927-1928 *Interprétation phénoménologique de la Critique de la raison pure de Kant*[17] Heidegger est plus nuancé ; mais Cassirer ne connaissait pas ce texte).

On notera d'abord que, réagissant notamment à une critique de Cassirer, Heidegger lui-même nous a laissé, dans l'annexe figurant dans la troisième édition du *Kantbuch*, une mise au point sur la portée de ce qu'il avait affirmé : il ne s'agit que d'« expliquer (ou clarifier : *erläutern*) ce qu'il y a lieu d'entendre par la finitude de notre connaissance » en faisant ressortir la réceptivité de notre intuition : « la connaissance absolue n'est qu'une idée construite »[18]. Heidegger ne fait d'ailleurs là que reprendre ce que dit Kant à la fin de l'*Esthétique transcendantale*, après avoir montré que l'espace et le temps ne sont pas formes des choses telles qu'elles sont « en soi », et opposé l'intuition réceptive à l'intuition créatrice que nous pouvons au moins penser : cette dernière remarque, note-t-il, doit être « comptée comme simple explication (*Erläuterung*), non comme raison probatoire (*Beweisgrund*)[19] ».

Cela n'empêche pas Heidegger de demander à la dernière page du livre, après avoir réinterprété l'entreprise kantienne dans la ligne d'une « métaphysique du *Dasein* » : « Mais la finitude dans le *Dasein* se laisse-t-elle développer, ne fût-ce que comme problème, sans une infinitude " présupposée " ? De quelle sorte est, d'une manière générale, ce " pré-sup-poser " dans le *Dasein* ? Que signifie l'infinitude ainsi " posée " ? ». Le fait que la question reste là sans réponse ne nous dispense pas de chercher de quelle manière la référence à la connaissance infinie peut être

---

[16] *L'Être et le néant*, Paris, Gallimard, 1943, p. 301.

[17] Cf. la traduction d'E. Martineau, Paris, Gallimard, 1982, notamment §6, b.

[18] *Kant und das Problem der Metaphysik*, Frankfurt am Main, Klostermann, 1991³, GA I, 3, p. 297.

[19] *Critique de la raison pure*, *Ak.* III, p. 73.

effectivement explicative, comme il est dit dans l'annexe citée ci-dessus. Autrement dit, l'explication doit elle-même être expliquée.

En revanche Cassirer aurait pu légitimement émettre un doute sur la pertinence de la citation d'un passage de l'*Opus postumum* faite par Heidegger à l'appui de sa thèse : « La différence des concepts d'une chose en soi et de la chose dans le phénomène n'est pas objective mais uniquement subjective. La chose en soi n'est pas un autre objet mais une autre relation de la représentation au même objet »[20]. Que la chose en soi ne soit pas un autre objet que le phénomène, cela ressort aussi d'autres textes de Kant [21] ; mais que l'autre relation de la représentation au même objet soit celle qui caractérise la connaissance infinie (laquelle, d'ailleurs, ne doit ni être représentative ni – ce qui revient d'ailleurs au même – relative à un ob-jet [22]), cela, à tout le moins, ne ressort pas clairement. De plus, si l'on rapproche ces lignes d'autres assez semblables figurant dans l'*Opus postumum*, il semble bien qu'une autre intention s'y fasse jour, au point qu'on peut se demander si Kant, lorsqu'il les écrit, ne modifie pas, et considérablement, sa doctrine antérieure, ce qui oblige à n'user de ces textes qu'avec une extrême prudence. Mais la question demeure : la référence à la connaissance infinie pour justifier le concept de « chose en soi » est-elle pertinente ?

D'autres déclarations de Heidegger doivent encore être prises en considération. Au §45 du même ouvrage il écrit : « Que signifie le combat contre la " chose en soi " mis en route dans l'idéalisme allemand, sinon l'oubli croissant de ce que Kant était en train de conquérir, à savoir : que la possibilité interne et la nécessité de la métaphysique, c'est à dire son essence, sont au fond portées et maintenues par l'élaboration plus originelle et le maintien renforcé du problème de la finitude ? »[23] Heidegger lui-même juge essentiel

---

[20] *Kant et le problème de la Métaphysique*, trad. A. de Waehlens et W. Biemel, Paris, Gallimard, 1953, p. 93.

[21] Ex. *Préface* de la 2e édition de la *Critique de la raison pure, Ak.* III, p. 17 : phénomènes et choses en soi sont « tout justement les mêmes objets », *eben dieselbe Gegenstände.*

[22] *Kant et le problème...*, p. 92.

[23] *Ibid.*, pp. 299-300.

de prendre au sérieux la finitude du *Dasein*, mais il s'efforce de la penser *sans* la « chose-en-soi », et ce, non en prenant position *contre* celle-ci, mais en renouvelant la problématique. Chez Kant, cependant, l'affirmation de la finitude de la connaissance humaine, et généralement de la finitude humaine, se présente comme solidaire de l'affirmation de la « chose en soi ». Si l'on suit, afin de la comprendre, la démarche de Heidegger, on peut admettre l'existence d'une problématique commune à Kant et à l'« idéalisme allemand », problématique à l'égard de laquelle Heidegger prend ses distances.

Or Heidegger a jugé que l'« idéalisme allemand » a encore surenchéri sur la seconde édition de la *Critique de la raison pure* où Kant, reculant devant sa propre découverte, ne voit déjà plus dans l'imagination transcendantale qu'une fonction de l'entendement[24]. Il n'a nullement nié qu'une tendance ouvrant la voie à l'« idéalisme allemand » existât initialement chez Kant. Cette tendance se rattache au statut du *moi* de l'aperception pure, qui, en vertu de sa radicale spontanéité, exige l'unité synthétique de ses représentations ; l'entendement et la raison sont des expressions de cette spontanéité. Celle-ci est une sorte d'image de l'infinitude : Heidegger, dans les entretiens de Davos, qui précédèrent la parution du *Kant et le problème de la métaphysique*, l'a reconnu, comme je l'ai noté dans mon exposé. La tendance dont il s'agit ici ne va certes pas à une négation pure et simple de la finitude humaine mais à une unité de la finitude et de l'infinitude qui finalement absorbe celle-là en celle-ci ; elle va donc à la constitution d'une certaine forme de théologie.

Il n'est pas déraisonnable de penser que Kant résiste à son insu à cette tendance non reconnue pour telle, et ce en la réorientant. Cette résistance prendra une double forme : d'une part, symétriquement au moi principe de ses propres représentations, doit être admis un opposé qui échappe radicalement au pouvoir de ce même moi et vaut comme son image inversée ; d'autre part, l'infinitude qui est par là retirée au moi est reportée en un Dieu extérieur dont la spontanéité est pensée comme directement

[24] *Ibid.*, pp. 251-252.

productrice de la présence des « choses » telles qu'elles sont « en elles -mêmes ». Mais ces deux formes relèvent du même principe et sont inséparables ; et il n'est pas déraisonnable de penser que la théologie plus classique en quoi consiste la seconde forme soit secrètement déterminante à l'égard du concept de « chose en soi », sans pouvoir faire l'objet d'une affirmation dogmatique et alors même que les raisons alléguées pour justifier le concept de « chose en soi » sont autres, à savoir : 1/ nous ne saurions admettre sans absurdité qu'il y ait des phénomènes sans quelque chose qui là apparaît (ou « se fait phénomène »), *etwas, was da erscheint*[25] ; 2/ est requise une cause de l'affection qui, advenant à notre faculté représentative, est un constituant de l'intuition réceptive[26] ; raisons qui l'une et l'autre, témoignant de la présence d'une ontologie instable, modulent la première forme de la résistance (et qui, d'ailleurs, doivent bien au fond n'en faire qu'une).

Cette théologie plus classique dont je parlais confirme et fixe comme définitive la finitude de l'homme et de la connaissance humaine ; mais elle n'exclut pas, elle non plus, une certaine unité de la connaissance finie et de la connaissance infinie, puisqu'à sa source traditionnelle elle énonce que l'homme est à l'image de Dieu[27] et appelé à connaître comme il est connu[28]. C'est sur la base de cette unité que la différence des deux connaissances est reconnue comme indépassable ; c'est sur cette base aussi que la finitude de la connaissance humaine est vue comme solidaire de la « chose en soi ». Et cette même finitude implique que cette théologie, bien que déterminante, ne soit que problématique ; mieux : qu'avant même d'être explicitée aux fins de simple « explication » elle doive n'être déterminante qu'en étant implicite et telle qu'en s'explicitant elle doive être jugée problématique.

Mais par ailleurs cette théologie ne serait pas déterminante si l'affirmation de son caractère problématique devait être le dernier mot. Kant, c'est bien connu, la retrouvera sous la forme d'une

---

[25] *Op.cit.* p. 17.

[26] *Op. cit.* p. 446 ; p. 477.

[27] Gen. 1, 26.

[28] 1 Cor.13, 12.

« théologie morale ». Certes, à bien des égards l'action paraît, chez Kant, juxtaposée à la connaissance ; mais bien des indices conduisent à ne pas en rester là – et l'on sait que c'est un des points que les successeurs de Kant ont dû reprendre.

Or si Kant présente la distinction du phénomène et de la « chose en soi » comme le préalable qui permet de penser la liberté et la moralité, il y a des raisons de juger que c'est, inversement, l'obligation de penser la liberté et la moralité qui donne son sens au concept de « chose en soi » – et d'abord à celui de « moi en soi », les autres « choses » devant alors se comprendre par rapport au moi. Et quand je me vois moi-même et vois les autres « choses » sous l'angle de mes devoirs, je me vois et les vois en quelque manière comme Dieu me voit et les voit. Certes le mot « voir » fait problème : il est ici employé à dessein afin d'être rapproché du mot « intuition ». De nouveau on se rappellera que l'« idéalisme allemand », tout d'abord avec Fichte, a perçu la nécessité de faire fructifier le principe de la philosophie kantienne en élargissant le champ de notre intuition et en admettant une intuition intellectuelle du moi. Élargissement que Kant refuse d'avance, certes, mais dont à tout le moins le germe est présent chez lui. Le développement de ce germe dans le cadre strictement kantien comporte le statut de l'intelligible – et sur ce point la requête de Cassirer peut être satisfaite – avec sa dimension théologique ; dimension théologique qui détermine aussi le statut de la « chose en soi » avant même que les exigences de la morale soient prises en compte.

On peut donc raisonnablement penser que le nœud gordien n'avait pas été trop mal tranché.

Il est non moins important philosophiquement (et non seulement historiquement) de considérer ce que Heidegger écrivait à Jaspers le 25 Juin 1929, environ trois mois après les entretiens de Davos et peu avant la parution de *Kant et le problème de la métaphysique* : « Actuellement je fais pour la première fois un cours sur Fichte, Hegel, Schelling – et c'est de nouveau un monde qui s'ouvre à moi. »[29]

[29] *Correspondance avec Karl Jaspers,* trad. C.-N. Grimbert, Paris, Gallimard, 1996.

L'UNITÉ PROBLÉMATIQUE DU CONCEPT DE NATURE

Le titre général du thème du congrès est : « la nature ». Pour ma part je serais tenté de le formuler : « la nature ? ». Et, tirant parti des possibilités qu'offre, avec certaines autres, la langue française, je dédoublerais volontiers cette formulation en : « la *nature* ? » et « *la* nature ? ». Pourquoi ces interrogations ? Si l'on s'en tient à la formule « la nature », on semble admettre comme évident que le concept de nature est déterminé avec assez de précision, et que dans le réel quelque chose lui correspond, qu'il existe quelque chose que l'on peut effectivement penser comme « nature ». Or ces deux points sont loin d'être évidents. Tout d'abord l'unité de ce qu'on conçoit habituellement sous le mot est loin d'être un fait constatable ; on constate plus directement des différences ; du reste, même si l'unité était évidente du fait de l'usage, cela ne nous assurerait pas encore de la consistance du concept. Ensuite, même si le concept est consistant, sommes-nous sûrs que quelque chose lui correspond ?

La recherche que je me propose d'esquisser porte sur le concept ; mais, dans mon esprit, elle ne peut se séparer de la question de l'existence. Si, comme je l'ai dit, elle ne se situe pas dans le cadre de l'histoire de la philosophie, il reste que la philosophie dans son histoire – avec d'ailleurs ses retombées dans la culture – nous offre les témoignages privilégiés de cette situation complexe et problématique que j'ai évoquée. Dans un premier temps je tenterai de repérer et mettre en place les principaux usages du mot « nature » ; ensuite je proposerai une interprétation en présumant une unité diversifiée et une pertinence du concept de nature.

Il me semble que les principales significations, que je désignerai conventionnellement par des lettres, peuvent s'ordonner assez bien selon le schéma d'un croisement de deux dualités. Selon la première le mot vise tantôt

(A) l'essence des choses (les mots « essence » et « nature » sont d'ailleurs souvent synonymes) ; on trouve souvent l'expression « nature de... » ;

tantôt

(B) un ensemble de « choses », d'étants ; en ce cas on parle généralement de « *la* nature » en entendant un singulier qui n'admet pas de pluriel.

Selon la seconde dualité le mot vise tantôt

(a) la totalité de ce qui est,

tantôt

(b) un domaine limité à l'intérieur de cette totalité.

On peut donc considérer les combinaisons (A,a), (A,b), (B,a), (B,b). Observons que le type (b) – éventuellement selon les modalités (A,b) ou (B,b) – se rencontre dans une multiplicité de couples d'opposés : nature et... loi, coutume, art, grâce, pensée, liberté, esprit. On peut présumer que les domaines visés par le mot « nature » dans ces différents cas ne se recouvrent pas tous totalement, mais dépendent chaque fois de la perspective qui commande l'opposition ; cependant, d'autre part, on peut présumer aussi qu'il existe un noyau de signification commun.

Je n'ai procédé jusqu'ici qu'à un repérage statique ; mais une certaine communication entre les types se laisse déceler, laissant, elle aussi, présumer la présence d'une unité diversifiée ou se diversifiant.

Considérons le type (A), la nature comme « essence », et, tout d'abord, à titre d'exemple mais combien important, sa forme (A,b) telle qu'elle est exposée par Aristote, la *physis* comme objet de la « physique ». Aristote la définit comme principe immanent de mouvement et de repos (mais le repos appartient au même registre que le mouvement) ; notons au passage que ce mouvement a toujours un caractère spatial, même s'il ne s'agit pas seulement du « mouvement local » (on peut le souligner car il n'est pas absurde de considérer une autre forme de mobilité, par exemple purement « spirituelle ») ; les diverses et profondes modifications qui auront lieu dans les approches scientifiques ultérieures n'écarteront pas ce que cette antique approche a de fondamental (on peut penser au mot de Heidegger : « sans Aristote, pas de Galilée »). Or on peut hésiter à voir dans une « nature » ainsi comprise un cas de l'essence ; pourtant Aristote fait parfois aller de pair *physis* selon le type (b) et *ousia*, qui est littéralement « essence ». On le comprend si l'on ne perd pas de vue le fait que l'essence est fondatrice, principe des diverses présentations d'une chose, à tout le moins de ses propriétés, et ce, même dans le cas d'une chose « immobile » et non-spatiale (« immatérielle »).

Lorsqu'on comprend « la » nature de la sorte, l'unité qu'exprime le singulier grammatical est d'abord celle d'un caractère commun à beaucoup de choses ; on peut donc considérer diverses natures, unifiées par ce trait commun ; mais leur unité n'est pas seulement celle d'un trait commun ; elle est aussi celle d'une connexion qui, en fin de compte, leur est essentielle. « La nature » est donc l'essence fondatrice d'une totalité de choses, ou d'une chose totale ; et cela favorise sans doute le glissement du type (A) (nature de...) au type (B) (ensemble de choses) ; à partir de (A,b) (le principe interne du mouvement) c'est tout naturellement à (B,b) (l'ensemble des étants en mouvement) que se fera le passage.

Quelques brèves remarques seront utiles pour baliser le terrain.

1 - Le type (B,a) (l'ensemble de toutes les choses) n'est pas exclu ; par ex. lorsque Leibniz écrit « il y a dans la nature une raison pourquoi quelque chose existe plutôt que rien ».

2 - Les oppositions signalées plus haut se ramènent sans doute à l'opposition nature-esprit.

3 - Mais la situation est encore plus compliquée ; car même lorsque, conformément au type (a), le mot « nature » est pris au sens le plus englobant, de sorte que la nature ne laisse place à rien d'autre qu'elle, l'esprit se montre comme la source d'une

opposition dans la mesure où il ajoute quelque chose à ce qui est déjà là « naturellement ». Comme cette situation est difficile à penser, certains estiment que le fin du fin est de penser qu'il n'y pas d'opposition et que tout est uniformément nature.

4 - Cette façon de voir se précise parfois lorsque, partant du type (b), compris de telle sorte que la nature soit opposée à l'esprit, certains considèrent que *cette* nature est précisément la totalité, le prétendu « esprit » qui s'y opposerait n'en étant qu'un produit et une partie : donc, (b) avec la valeur de (a).

Ne pensons pas qu'on puisse s'en tenir à un inventaire des significations ni choisir arbitrairement l'une d'entre elles (« j'entends par "nature"... ») : des concepts sont engagés, une vérité est en question.

Tentons alors une interprétation permettant une mise en place. Partons d'une expérience, celle d'une opposition trouvée en nous-mêmes, où les opposés sont inséparables de leur opposition, donc soudés l'un à l'autre. Quelle opposition ? Entre la spontanéité du projet, esquisse d'une liberté pure, et la présence de ce qui nous impose le déjà là et l'irrévocable. Cette présence est, certes, en nous, mais prolongée en un « hors de nous », qui est d'ailleurs encore d'une certaine manière (et non accidentellement) en nous (même s'il s'agit de la plus lointaine galaxie...). Justement parce que la spontanéité pure est en quelque sorte freinée, elle a la forme d'un dynamisme et d'un devenir ; et d'autre part l'opposé, en étroite corrélation avec celui-ci, est lui aussi dynamisme et devenir, un devenir qui devient le nôtre (le jour et la nuit rythment notre existence...), qui nous impose sa nécessité, mais qu'au fur et à mesure nous ne cessons de conduire, par notre action, plus loin qu'il n'irait de lui-même.

« De lui-même » : cette locution prête à l'opposé une spontanéité propre ; de fait, l'opposé d'une spontanéité est lui-même une contre-spontanéité, donc à sa manière encore une spontanéité. Par là, par cette conjonction des traits de spontanéité et nécessité, nous avons rejoint le noyau du concept de nature (et cela ne vaut pas seulement pour le concept étroit aristotélicien, mais aussi pour le même concept modernisé). Plus précisément nous rejoignons d'abord le type (A,b) (cf. la *physis* d'Aristote) ; mais justement parce que la « nature » concernée est à certains égards (et à divers degrés) pour nous un *autre*, d'un seul et même geste nous désignons le type (A,b) (le principe immanent du mouvement) et le type (B,b) (l'ensemble des choses « matérielles » en mouvement).

S'il est vrai que, comme le dit le premier Heidegger, nous nous comprenons nous-mêmes le plus souvent à partir de ce qui n'est pas nous-mêmes, à partir de l'étant intramondain, nous inclinons à prendre la nature ainsi considérée pour l'ensemble des étants absolument parlant (quoiqu'il y ait une distinction à faire entre nature et monde, point que je ne peux traiter). Mais pourtant – et parfois malgré nous – nous ne nous perdons pas de vue nous-mêmes ; et ainsi nous sommes conduits *aussi* à une *extension* du concept, extension qui est en vérité *reprise* à partir du plus radical et *retour* à un plus ample qui précède toute restriction. En effet la liberté est également loi pour elle-même ; son élan, peut-être infini, pure « agilité » dirait Fichte, n'exclut pas mais appelle sa propre stabilité et, d'une certaine manière, la fixité d'une essence ou nature et une certaine forme de nécessité. Il se pourrait donc que la façon prédominante d'entendre la locution « la nature » nous enfermât à notre insu dans une vue de l'être soit trop étroite (« il n'existe que le non-spirituel »), soit trop morcelée (« il existe la nature, qui n'est pas esprit, *et* l'esprit, qui n'est pas nature »). La vérité demande sans doute de savoir maintenir à la fois opposition et homogénéité ; notamment on pourrait ainsi éviter bien des confusions concernant le concept de nature humaine, qu'il apparaît à certains comme le fin du fin (un autre fin du fin...) de déclarer obsolète.

Donc, si nous savons être attentifs : oui, *la nature*.

Complément

Aristote lui-même emploie parfois *physis* au sens (B,b), normalement assumé par la formule *ta physei onta*, « les étants par nature », ou plus brièvement *ta physei* [1].

---

[1] Cf. *Métaphysique*, A, 2, 982 b 7.

La différence des sens A et B se retrouve dans la distinction scolastique de nature naturante et nature naturée, mais infléchie en ceci que la nature naturante est conçue comme cause universelle, cause dont l'unicité est à la mesure de la connexion qui rassemble en un tout les étants constituant la nature naturée. Le mouvement de pensée conduisant à une telle cause universelle s'inscrit aisément dans la perspective onto-théologique.

Chez Spinoza (dans la ligne de Giordano Bruno) le concept de principe interne est remodelé dans cette perspective, Dieu étant considéré comme cause immanente et la nature naturée étant considérée comme l'ensemble des modes de Dieu. L'expression spinoziste « Dieu ou la Nature » est souvent comprise comme si c'était uniquement le mot « nature » qui éclairait le mot « Dieu » ; en réalité l'éclairage – ou l'obscurcissement ? – est réciproque, et c'est justement ce qui fait l'intérêt de la formule[2].

Dans une perspective différente Kant repense la nature au sens (Bb) comme « nature considérée matériellement », (*materialiter spectata*), c'est à dire « l'ensemble de tous les objets de l'expérience », tandis que la nature au sens (Ab) est repensée comme « nature considérée formellement » (*formaliter spectata*), consistant en « la légalité des déterminations de l'existence » de ces mêmes objets. Cette légalité comprend deux parts, celle relative aux lois nécessaires au regard de notre entendement et que nous pouvons connaître *a priori*, et celle relative aux lois contingentes au regard de notre entendement et qui ne nous sont connues que par l'expérience[3].

On pourra se demander pourquoi, en notant que la nature au sens étroit est souvent pensée comme terme d'un couple d'opposés, je n'ai pas signalé que cette remarque avait été faite par

---

[2] On se reportera avec fruit à l'excellent *Appendice* n°13 du tome 1 du *Spinoza* de Gueroult.

[3] Cf. *Prolégomènes à toute métaphysique future qui pourra se présenter comme science*, §16 et 17 ; *Critique de la raison pure*, 2ème édition, § 26. On voudra bien se reporter également à la fin de mon article « Hegel critique de Kant dans le champ de la philosophie de la nature », tome 1 du présent ouvrage.

Heidegger au début de son Étude traduite sous le titre *Ce qu'est et comment se détermine la ΦΥΣΙΣ*[4]. La réponse est d'abord que cette remarque n'appartient pas à Heidegger : elle est un constat des plus faciles à faire, l'important étant ce à quoi elle ouvre la voie ; ensuite que la voie que j'ai suivie est différente de celle de Heidegger et qu'une confrontation avec cette dernière eût excédé les limites de l'esquisse que j'ai été amené à présenter.

[4] Cf. *Questions* 2, Paris, Gallimard, 1968, p. 178.

ÊTRE, TEMPS ET MORT

Le titre de cette communication semble nous écarter quelque peu du thème de notre congrès : y figure, en effet, le mot *être*, et non le mot *vie*. La raison et la portée de cette différence apparaîtront, je l'espère, chemin faisant. Pour commencer je prendrai un raccourci en partant d'une situation historique qui est la nôtre. Les deux premiers mots du titre, *être* et *temps*, composent le titre du célèbre ouvrage de Heidegger datant de 1927 ; dans cet ouvrage, le thème de la mort tient une place importante. A ce constat j'ajoute un jugement, à savoir, que la pensée de Heidegger est incontournable. Elle n'est d'ailleurs telle que pour qui se tient prêt à aller plus loin, s'il le peut. Remarquons en outre que, m'attachant à *Être et temps*, c'est la pensée du « premier » Heidegger que je considérerai. Nous ne devons pas écarter l'idée qu'une remise en question partielle de certains des résultats d'*Être et temps* pourrait ne pas laisser intacte l'orientation du cheminement ultérieur de Heidegger.

Il me faut donc d'abord présenter brièvement l'apport de Heidegger sur le thème « être, temps et mort ». Je ferai d'abord un bref rappel en huit points de ce qui est indispensable pour aborder la question de la mort dans le cadre d'*Être et temps*.

1- Ce que le mot *être* donne à entendre est à la fois clair et obscur. L'élucidation du sens de l'être ne peut consister qu'en l'approfondissement de notre compréhension de l'être déjà existante.

2 - Le plus souvent le temps est compris à partir de l'être, lui-même supposé compris directement. Cependant l'être est compris comme *présence*, notamment comme présence constante. Or c'est là à notre insu une détermination temporelle : l'être est compris à partir du temps. Il faut repenser le rapport et repenser le temps.

3 - L'approfondissement de notre compréhension de l'être requiert une analyse ontologique de l'étant que nous sommes nous-mêmes, que Heidegger nomme *Dasein* (« être-là », mais avec le sens d'« être-le-là » ; je maintiendrai le mot allemand) ; en effet comprendre l'être appartient à l'être même du *Dasein*.

4 - Si le *Dasein* comprend l'être, c'est en se rapportant compréhensivement à son propre être comme à ce dont pour lui « il y va ». L'être du *Dasein*, en tant qu'il a cette structure, a le trait du *pouvoir être*. Comme étant essentiellement pouvoir être le *Dasein* se *projette* vers ses possibilités.

5 - Chaque *Dasein*, ayant à assumer personnellement son être, peut soit s'assumer vraiment comme soi-même et être en mode « propre » (*eigentlich*), soit se perdre et être en mode « impropre » (*uneigentlich*).

6 - Le *Dasein* est essentiellement *être-dans-le-monde* (ou *être-au-monde*) ; le monde et lui ne doivent pas être supposés d'abord indépendants et ensuite mis en relation.

7 - Les possibilités inscrites dans le monde sont aussi celles du *Dasein*, quoique à certains égards elles ne soient pas les siennes ; cette ambiguïté va de pair avec la possibilité du mode impropre : le *Dasein* se perd dans le monde, ou plutôt dans les choses du monde qui l'occupent.

8 - Le *Dasein* est *projet jeté* dans le déjà-là de son être-dans-le-monde. Loin qu'il soit « dans le temps », *sa temporalité se forme* dans cette tension de son être : projet (avenir) ayant à revenir sur son être-jeté (passé, ou plutôt avoir-été), et, à partir de cette double ouverture, être auprès de ce qui le rencontre (présent). Notons le primat de l'avenir.

Cependant cette première découverte de la temporalité du *Dasein* ne suffit pas : permet-elle, en effet, de saisir celui-ci dans sa *totalité*, ce qui est indispensable en vue de l'élucidation de l'être lui-même ? Ne s'oppose-t-elle pas plutôt à ce que le *Dasein* soit un tout ? La structure du projet et le primat de l'avenir ne confèrent-ils pas au *Dasein* un caractère foncièrement inachevé ? On va voir qu'il n'en est rien.

C'est ici que la mort va prendre sa signification particulière. Une première approche montre déjà que la mort, comme fin de l'être-dans-le-monde, clôt le *Dasein* et, par conséquent, devrait permettre enfin de le présenter tout entier. Mais cette constatation banale se heurte à cette autre non moins banale que, dès lors, il est justement trop tard pour que le *Dasein* soit présenté. Mais c'est que, pour penser la mort comme fin, nous en sommes restés à la conception courante du temps comme suite des « maintenant ». Or la mort du *Dasein* n'*est* que dans le rapport anticipateur du *Dasein* à sa mort comme à l'imminence d'une possibilité qui le concerne en propre, possibilité paradoxale car inversée en impossibilité, possibilité du ne-plus-pouvoir-être-(le)-là ; et c'est dès qu'il existe qu'il « touche à sa fin », comme on dit (quoique cela ne lui soit pas découvert immédiatement). Il me faut ici insister sur le fait que *Sein zum Tode* ne doit pas être traduit par « être pour la mort » comme c'est trop souvent encore le cas : le mot « pour » suggère une finalité et fait flotter devant l'esprit l'idée de je ne sais quelle exaltation de la mort, choses totalement hors de propos ; on peut proposer « être en rapport à la mort », « être vers la mort », « être à la mort », « être allant à la mort », « être quelqu'un qui va mourir » ; peut-être mieux : « être envers la mort » (qu'on pourrait écrire : « être (en)vers la mort »)[1] .

Le *Dasein* est donc bien un tout, un tout d'une nature particulière qui ne peut être comprise à partir de celle des touts

[1] Il faut approuver F. Vézin d'avoir adopté « être vers la mort » dans sa traduction de *Sein und Zeit* (Paris, Gallimard, 1986), même si cette solution n'est pas parfaite. On notera que dans une lettre à Hannah Arendt de 1954, parue dans la correspondance publiée en 1998, Heidegger déplore la persistance d'« être pour la mort » et recommande précisément « être vers la mort » (*Lettres et autres documents*, Paris, Gallimard, 2000, p. 139). (N.B. : note écrite en 2000).

auxquels nous pensons le plus souvent ; c'est plutôt l'inverse qui est vrai, c'est à partir de ce tout que nous pouvons comprendre authentiquement les autres. Il faut ajouter que le plus souvent le *Dasein* ne se rapporte à l'imminence de la mort qu'en s'en détournant ; le rapport lucide à la mort et le mode d'être propre s'impliquent réciproquement, préparant l'authentique compréhension de la temporalité du *Dasein* ; de même, le mode d'être impropre, pour lequel l'avenir est à la remorque du présent qui l'occupe, prépare la conception courante du temps. Celle-ci a d'ailleurs sa légitimité, mais dérivée et subordonnée ; reportée sur le *Dasein,* elle le défigure ; or c'est la temporalité du *Dasein* qui est le temps originel et qui structure toute compréhension, notamment la compréhension de l'être ; plus simplement : le temps est l'horizon de l'être, et cet horizon est marqué par la mort.

Le second point mènera directement à mon propos. Malgré certaines apparences, Heidegger ne prétend nullement nier ce qu'on appelle une « vie future » (ici, assurément, le mot *vie* n'est employé qu'en première approche), un « au delà de la mort ». Sa position – il le dit expressément – est bien plutôt de ne rien décider à ce sujet, parce qu'une telle question ne relève pas de l'analyse ontologique du *Dasein*, elle-même ordonnée à celle de la compréhension de l'être. Que cette question puisse même être d'ordre théorique, il déclare ne pas se prononcer sur ce point, laissant cependant entendre qu'elle pourrait bien appartenir à un tout autre registre que celui de la philosophie. Nous pouvons sans doute préciser le sens de cette ouverture maintenue précautionneusement en prêtant attention à l'une des qualifications que Heidegger attribue à la mort : elle est *unüberholbar.* On peut traduire : indépassable ; mais cela veut dire qu'elle ne peut pas être annulée par une possibilité plus forte ; autrement dit, elle est inéluctable, et non pas seulement à la façon d'un fait prévisible, mais comme un évènement imprimant sa marque à tout ce qui nous concerne. A supposer qu'il y ait pour nous un « après la mort », un « au delà », cela ne nous décharge pas de la mort, mais nous impose de la traverser. Toutefois, jusqu'à ce point de l'analyse, cette possibilité reste vide ; il s'agit pour nous de savoir si l'être du *Dasein* peut comporter un principe qui donne à cette possibilité un contenu. Essayons d'explorer rapidement cette voie.

Si la fin du *Dasein* n'est pas absolument la fin de *celui qui est selon le mode d'être du Dasein,* c'est que ce mode d'être est capable d'une transformation. Celle-ci, concernant l'avenir, doit aussi concerner le *Dasein*, et donc satisfaire à deux exigences : que cet avenir soit indissociable de la structure du *projet* et qu'il permette, ou mieux, exige, de considérer le projetant comme un *tout*. Cela pourrait avoir lieu s'il se rattachait à un principe qui concernât le *Dasein* radicalement et une fois pour toutes. Un tel principe peut-il être montré?

Au moins à titre d'exemple incitateur j'évoquerai le premier postulat de la raison pratique selon Kant, celui de « ce qu'on nomme, dit Kant, l'immortalité de l'âme » et qui pose, sur la base de l'impératif catégorique, l'exigence que le progrès moral personnel se poursuive à l'infini. « Tu dois, donc tu seras ! », pourrait-on résumer, en précisant que cet être-avenir est : se rapporter à son propre « sans fin », être vers le « sans fin », toucher, pour ainsi dire, à ce « sans fin », analogiquement à ce « toucher à sa fin » que j'évoquais plus haut.

Mais une difficulté se présente : un tel principe n'est-il pas indépendant du rapport à la mort au point de s'y substituer ? Est-ce donc bien le principe d'une transformation du *Dasein*, s'il est vrai que le rapport à la mort est essentiel à celui-ci ? Ou bien la mort serait-elle, au fond, une sorte d'accident pour le *Dasein* ? Certes il convient de s'interroger sur le fondement du caractère inéluctable de la mort. Ce caractère tient sans doute à l'être-jeté. Or l'impératif, repensé à partir des analyses heideggeriennes, ne comporte-t-il pas structurellement une référence à l'être-jeté ? Il en est bien ainsi, car l'impératif est, selon Kant, la forme que prend la loi pour qui est non seulement raisonnable mais aussi sensitif ; or Heidegger repense la sensitivité dans la dimension de l'être-jeté. Il se pourrait donc bien que le principe dont nous parlions ne fût pas vraiment indépendant du rapport à la mort ; inversement la transformation du *Dasein* n'éliminerait pas tant le là, l'être-dans-le-monde et l'être-jeté qu'elle les transformerait analogiquement.

L'être-sans-fin qui aurait traversé la mort confirmerait encore la temporalité du *Dasein*. La perspective ainsi ouverte pourrait avoir des conséquences importantes concernant l'être comme tel ; car elle laisse entrevoir un *toujours* qui ne serait pas négation du temps, sans pourtant se réduire à une prolongation indéfinie de la suite des « maintenant ». Avec le thème de la présence constante, c'est le « problème de la métaphysique », sur lequel Heidegger n'a cessé de méditer dans sa quête d'un autre commencement, qui pourrait ainsi se trouver renouvelé.

Complément

L'explication (qui n'est pas une traduction) du mot *unüberholbar* à l'aide du mot « inéluctable » présente l'inconvénient, insuffisamment compensé par la mise au point donnée ensuite, de suggérer un rapport à un évènement intramondain. En outre il convient de souligner que Heidegger rattache le caractère de l'indépassable à la structure de cette possibilité qu'est la mort en tant qu'elle est une possibilité qui s'inverse en impossibilité ; cette structure lui interdit d'être relativisée en étant intégrée à une possibilité plus riche : de fait, elle ne pourrait être relativisée qu'en étant annulée.

En toute cette problématique il faut aussi souligner que lorsque Heidegger parle des possibilités du *Dasein* il ne fait pas fond sur un concept général de possibilité déterminable dans le cadre d'une ontologie déjà constituée.

La locution « toucher à sa fin », que j'ai employée, doit être prise en en corrigeant le sens usuel ; celui-ci concerne normalement les étants n'ayant pas le type d'être du *Dasein* et donne à entendre que la distance de l'état présent à la fin future est réduite au minimum, alors que selon Heidegger « la mort est une manière d'être que le *Dasein* assume aussitôt qu'il est »[2] et que « le *Dasein* meurt de fait aussi longtemps qu'il existe »[3] ; ce qui, d'ailleurs, ne revient pas à nier qu'il y ait chez le mourant un « être sur le point de finir » spécifique, accordé au type d'être du *Dasein* et devant être compris comme modalité du *Sein zum Tode*.

L'expression *Sein zum Tode* suggère intensément un rapprochement avec la traduction donnée par Luther du texte de l'*Évangile selon Jean*, 11, 4 : Αὕτη ἡ ἀσθενεία οὐκ ἔστιν πρὸς θάνατον [...]. Luther traduit ; « *Die Krankheit ist nicht zum Tode* [...] ». *Die Krankheit zum Tode* est la traduction allemande du titre d'un ouvrage de Kierkegaard terminé en 1848 ; le préambule de l'ouvrage s'ouvre sur cette citation de Jean. Tisseau a traduit l'ouvrage sous le titre *La maladie à la mort* ; il traduit la citation par « Cette maladie n'est pas à la mort [...] ». La Vulgate traduisait : « *Haec infirmitas non est ad mortem* [...] ». Le *à* de Tisseau, qui fait quelque violence à la langue française, rappelle le *ad* de la Vulgate. L'*Einheitsübersetzung* (traduction œcuménique) donne : « *Diese Krankheit wird nicht zum Tode führen* [...] », « cette maladie ne conduira pas à la mort ». La *Bibel im heutigen Deutsch (Bible en allemand d'aujourd'hui*) traduit presque identiquement. La *Bible de Jérusalem* traduit : « Cette maladie n'est pas mortelle [...] » ; la T.O.B. : « Cette maladie n'aboutira pas à la mort [...] ». Ces traductions montrent bien que le *zum Tode* vise le fait de conduire à la mort, sans que celle-ci soit considérée comme un but.

La phrase de Jean ne s'achève pas sur ces mots : elle se poursuit par ἀλλ' ὑπὲρ τῆς δόξης τοῦ Θεοῦ. Luther traduit : « *sondern zur Ehre Gottes* » : il emploie donc le même mot *zu* pour rendre les deux mots bien différenciés πρός et ὑπέρ. Les autres traductions citées, au contraire, les différencient nettement ; par exemple la *Bible de Jérusalem* traduit la seconde partie de la phrase par « elle est pour la gloire de Dieu », l'*Einheitsübersezung*

---

2 *Sein und Zeit*, Tübingen, 1993[17], §48, p. 245 (la pagination de cette édition est reportée dans la traduction de F. Vézin).
3 *Ibid.*, §50 p. 251.

par « *sondern dient der Verherrlichung Gottes* », « mais sert à la glorification de Dieu ».

Ces exemples montrent que le mot *zu* dit d'abord l'aboutissement d'un mouvement et peut se charger d'un sens incluant la poursuite d'un dessein. Mais il n'y a aucune raison de penser que Luther et ses lecteurs, ainsi que les lecteurs allemands de Kierkegaard, lui aient donné ce sens en sa première occurrence. Certes, si un mot se révèle plurivoque, les différences sont généralement des modulations d'un même sens. Celles-ci n'ont pas lieu par hasard : elles traduisent les particularités concrètes en lesquelles une même forme se réalise. Le processus conduisant d'un état initial à un état final ne se retrouve pas identique en tous points selon que l'étant en lequel il a lieu a ou non le caractère d'être en projet de soi-même. Dans ce dernier cas il apparaît « normal » que l'état final soit celui en quoi le projet est accompli. Comme il n'en est pas toujours ainsi, un évènement peut donner lieu à un jugement ironique en lequel on fait comme s'il avait été poursuivi comme but ; ainsi dans le *Cid* don Diègue venant de recevoir un soufflet s'écrie :

N'ai-je donc tant vécu que pour cette infamie ?
Et ne suis-je blanchi dans les travaux guerriers
Que pour voir en un jour flétrir tant de lauriers ?

Encore faut-il que le contexte fasse comprendre, comme c'est le cas ici, la nuance ironique attachée au mot *pour*.

De tels exemples font ressortir la dualité qui s'inscrit, en français, dans le mot « fin » qui – à la suite d'ailleurs du latin *finis* – dit d'abord la limite où quelque chose cesse d'être, mais ensuite le but qui, lorsqu'il est atteint, cesse d'être poursuivi. La même dualité se retrouve dans le grec *télos*, mais celui-ci a d'abord la nuance de la perfection et peut dériver vers celui de la cessation pure et simple, ce qui a provoqué une remarque d'Aristote, qui distingue le terme ultime (*eschaton*) et le ce-en-vue-de-quoi (*hou hénéka*) : dans le *télos* les deux sont conjoints, mais ce n'est pas toujours le cas [4]. Heidegger, de son côté, s'est

[4] Cf. mon article « Mouvement, devenir. Aristote, Hegel », t. 1 du présent ouvrage.

attaché, au §48 d'*Être et temps*, à distinguer les diverses formes de la fin, comme nous l'avons vu. Ainsi peut-il, au §50, faire ressortir la modalité de la fin propre au *Dasein*, qu'il faut comprendre dans le cadre du *Sein zum Ende,* « être-(en)vers-la-fin » ; il souligne alors, donnant ainsi une clef pour bien entendre le *Sein zu* : « L'extrême non-encore a le caractère de quelque chose *à quoi* le *Dasein se rapporte* » (*w o z u das Dasein s i c h v e r h ä l t*)[5] ; ce se-rapporter-à... est un se-comporter-envers...

Nombreux sont dans *Être et temps* les exemples qui imposent d'entendre correctement le mot *zu.* Je me limiterai à quelques uns.

Das Sein zum eigensten Seinkönnen besagt [...] *ontologisch* : *das Dasein ist ihm selbst je schon v o r w e g . Dasein ist immer schon « über sich hinaus ... », nicht als Verhalten zu anderem Seienden, das es n i c h t ist, sondern als Sein zum Seinkönnen, das es selbst ist* [6]. « L'être (en)vers le pouvoir-être le plus propre signifie [...] ontologiquement : le *Dasein* est, dans son être, en chaque cas déjà en avance sur lui-même. Le *Dasein* est toujours déjà "au delà de soi... ", non comme se rapportant à [ou : se comportant à l'égard d'] un autre étant qu'il *n*'est *pas*, mais comme être (en)vers le [ou (allant) au] pouvoir-être qu'il est lui-même. »

Le *Sein zu* consistant à se rapporter à un étant d'un autre type est aussi à considérer dans le cas du *Besorgen,* compris comme : le fait de s'occuper de ce qui est à faire avec les choses environnantes et le monde ambiant : *ein* [...] *besorgendes Sein zu der einen « angehenden » Welt*[7], « un être en rapport – sur le mode du s'occuper-de... – au monde qui nous "concerne" [plus littéralement : qui "vient à nous" ; le contexte met en cause la proximité et l'éloignement] ». Mentionnons encore le comportement relatif au signal annonçant qu'une voiture va tourner : *das* [...] *Verhalten (Sein) zu dem begegnenden Zeichen,* « le comportement (être) envers le signal qui nous rencontre » consiste à ralentir ou s'arrêter pour laisser passer la voiture. Dans

---

[5] *Op. cit.,* p. 250.

[6] *Ibid.*, §41, pp. 191-192.

[7] *Ibid.,* §17, p. 79.

aucun de ces exemples il ne viendrait à l'idée de quiconque de traduire *Sein zu* par « être pour » !

*
* *

Il peut être éclairant de rapprocher ce que Heidegger dit de la mort de ce que dit Hegel notamment dans la *Logique :* [...] *das Sein der endlichen Dinge als solches ist, den Keim des Vergehens als ihr Insichsein zu Haben, die Stunde ihrer Geburt ist die Stunde ihres Todes*[8], « l'être des choses finies comme tel est d'avoir le germe de leur périr comme constituant leur être-dans-soi, l'heure de leur naissance est l'heure de leur mort ». A la différence de Heidegger, Hegel situe ici ses énoncés dans le cadre de l'ontologie générale ; il généralise les concepts de naissance et de mort, d'une manière ouvertement rhétorique. Ce n'est pas à dire qu'il les banalise ou qu'il oublie leur spécificité : plutôt voit-il dans la naissance et la mort la concentration des essences respectives du commencement et de la fin. D'autre par il montre ailleurs qu'il comprend la mort dans une perspective d'abord « biologique » – il en traite dans la philosophie de la nature – , alors que Heidegger s'attache d'emblée à la mort de l'étant que nous sommes nous-mêmes. Toutefois, comme c'est par une généralisation rhétorique que Hegel assimile ici toute fin à la mort, le particulier dont il part pour généraliser, à savoir la fin du vivant, non seulement englobe la mort du vivant spirituel que nous sommes mais peut sans abus lui emprunter son aspect émouvant : aspect qui n'est pas déplacé dans la *Logique*, puisque aussi bien la *Remarque* qui suit immédiatement les lignes citées commence en mentionnant la tristesse (*Trauer*) qui s'attache à la pensée de la finitude. De fait, si la mort est pour Hegel un évènement proprement naturel, il est non moins vrai que l'esprit est la vérité de la nature[9] et que la mort, évènement naturel, est aussi *der Tod*

---

[8] *Wissenschaft der Logik, Werke* 5, Frankfurt am Main, Suhrkamp, 1986, pp. 139-140.

[9] *Encyclopédie* (1830), §376 ; §381.

des Natürlichen [10], « la mort du naturel », et la venue à soi, ou la naissance, de l'esprit. La mort d'un vivant spirituel a une signification et une profondeur spirituelles.

Si, selon Hegel, l'heure de la naissance des choses finies *est* l'heure de leur mort, c'est que le temps est *à la fois* effectivement réel et dépassé dans l'unité d'une présence. Cette présence une, unique, constante, s'exprime dans la distinction et la succession ordonnée des deux heures considérées. Si les deux heures n'en font qu'une, c'est en étant distinctes et ordonnées *de cette manière-là*. Inversement si elles sont distinctes et ordonnées, c'est en n'en faisant qu'une *de cette manière-là*. Comprendre qu'il en est ainsi, c'est dépasser une conception superficielle (mais non dépourvue de fondement) du temps, selon laquelle on ne verrait dans le futur qu'un non-encore et dans le passé qu'un ne-plus ; dépasser cette conception superficielle du temps, c'est aussi, et c'est d'abord, s'accorder à la présence constante qui dépasse le temps et comprendre le temps à partir de là.

Ce que dit Heidegger présente une analogie avec ce que dit Hegel. Dans les deux cas il s'agit de dépasser une conception superficielle, mais non dépourvue de fondement, du temps ; dans les deux cas il apparaît nécessaire de ne pas en rester au non-encore et au ne-plus, de comprendre la distance temporelle comme une forme particulière de proximité et de voir dans ce qui est communément vu comme absence temporelle une forme particulière de présence. Mais pour Heidegger il ne s'agit pas, pour obtenir cette rectification, de s'accorder à la présence constante qui dépasse le temps : il s'agit de redécouvrir le temps primordial. Il faut d'ailleurs noter que la formule à l'instant employée « une forme particulière de présence » ne vaut que provisoirement, car elle ne fait pas assez ressortir l'originalité de l'avenir et de l'avoir-été.

On manquerait l'intérêt du rapprochement qui vient d'être esquissé si on le comprenait comme donnant lieu à la simple comparaison de deux doctrines : la pensée de Heidegger dans *Être et temps* tend à remettre en question le thème de la présence

---

[10] *Ibid.*, §376.

constante qui dépasse le temps ; elle propose une herméneutique qui doit s'appliquer entre autres à Hegel, même si en fait elle ne lui a pas été appliquée en ce qui concerne le thème de la mort. Le rapprochement n'a d'intérêt que s'il permet de travailler à une décision qui elle-même ne s'en tienne pas au point de vue historique mais soit proprement philosophique.

RÉFÉRENCES DES ARTICLES DU TOME 2

« Heidegger, Aristote et le thème de la vérité ». Paru dans la *Revue de Philosophie ancienne* VIII, 1990, pp. 75-96.

« Méditation cusaine ». Traduction de l'exposé prononcé en allemand sous le titre «*Cusanische Meditation* » à l'Université de Mayence en 1991 ; paru dans la langue originale dans *Philosopher sans frontières, hommage à Joachim Kopper,* Dijon, Éditions Universitaires de Dijon, 1994, pp. 46-52.

« Quatre Études brèves sur Descartes ». Paru dans *Les Études Philosophiques* 1984, pp. 321-335.

« Postlude sur Descartes ». Paru dans la *Revue philosophique de la France et de l'Étranger* 1996, pp. 133-143.

« Heidegger et l'esprit cartésien ». Prononcé dans le cadre du 26ème congrès de l'*Association des Sociétés de Philosophie de Langue Française* sur l'*Esprit cartésien* tenu à Paris en 1996. Paru dans le CD ROM contenant les Actes du congrès, Paris, Vrin, 2001.

« Remarques sur les onze premières propositions de l'*Éthique* de Spinoza ». Paru dans la *Revue de Métaphysique et de Morale* 1976, pp. 221-261.

« Extraits de réponses à quelques objections », extraits de « Réponse à Mlle Dreyfus à propos du *Spinoza* de Martial Gueroult ». Paru dans les *Cahiers Spinoza* 3, 1980, pp. 209-237.

« Spinoza lecteur de Hegel ? A propos d'un ouvrage de Pierre Macherey ». Paru dans la *Revue de Métaphysique et de Morale* 1984, pp. 99-122.

« Spinoza n'a pas assimilé les modes à des propriétés ». Paru sous le titre « Remarque ponctuelle sur Spinoza » dans *La recta ratio. Criticiste et spinoziste ? Hommage en l'honneur de B. Rousset*, textes réunis par L. Bove, Paris, Presses de l'Université de Paris-Sorbonne, 1999, pp. 119-125.

« Le débat entre Cassirer et Heidegger sur Kant ». Prononcé à l'Université de Mayence en 1993. Inédit.

« L'unité problématique du concept de nature ». Prononcé dans le cadre du 25ème congrès de l'*Association des Sociétés de Philosophie de Langue Française* tenu à Lausanne en 1994, paru dans *La nature*, *Revue de Théologie et de Philosophie*, Lausanne, 1996, pp. 457-460.

« Être, temps et mort ». Prononcé dans le cadre du 24ème congrès de l'*Association des Sociétés de Philosophie de Langue Française* tenu à Poitiers en 1992, paru dans *La Vie et la mort,* Poitiers, Société Poitevine de philosophie, 1996, pp. 76-78.

TABLE DES MATIÈRES

Achevé d'imprimer le 10 décembre 2001
sur les presses de

Imprimerie D. Guéniot
Langres - Saints-Geosmes
Photocomposition : L'Harmattan
Dépôt légal : décembre 2001 - N° d'imprimeur : 4553